高等学校人力资源管理系列精品教材

人员招聘与甄选

（第4版）

赵永乐　姜农娟　凌　巧◎编　著

电子工业出版社

Publishing House of Electronics Industry

北京 · BEIJING

内 容 简 介

本书围绕"招、选、聘"这条主线，系统、全面地阐述了招聘工作的流程和实操技巧，包括招聘概述和招聘前的基础性工作，"招、选、聘"工作的开展，人员招聘评估，以及招聘的实践操作四大部分，既有理论阐述又有实践操作。每章开篇设置了引导案例、学习目标和学习导航，章尾安排了自测题，便于学习和巩固。各章节中设置了相关链接、案例等栏目，以拓展知识和创新学习方式。另外，本书提供了电子课件和课后自测题参考答案等教辅资料，以便课后学习。

本书既可作为高校人力资源管理专业本科层次或工商管理类专业本科层次的教材使用，也可供社会各界从事人力资源管理工作的人员参考阅读。

图书在版编目（CIP）数据

人员招聘与甄选 / 赵永乐，姜农娟，凌巧编著. —4 版. —北京：电子工业出版社，2024.5

ISBN 978-7-121-47564-1

Ⅰ. ①人… Ⅱ. ①赵… ②姜… ③凌… Ⅲ. ①人力资源管理－高等学校－教材 Ⅳ. ①F243

中国国家版本馆 CIP 数据核字（2024）第 061575 号

责任编辑：刘淑敏

印　　刷：三河市龙林印务有限公司

装　　订：三河市龙林印务有限公司

出版发行：电子工业出版社

　　　　　北京市海淀区万寿路 173 信箱　　邮编：100036

开　　本：787×1092　1/16　印张：14.25　字数：374 千字

版　　次：2009 年 7 月第 1 版

　　　　　2024 年 5 月第 4 版

印　　次：2024 年 5 月第 1 次印刷

定　　价：59.00 元

凡所购买电子工业出版社图书有缺损问题，请向购买书店调换。若书店售缺，请与本社发行部联系，联系及邮购电话：（010）88254888，88258888。

质量投诉请发邮件至 zlts@phei.com.cn，盗版侵权举报请发邮件至 dbqq@phei.com.cn。

本书咨询联系方式：（010）88254199，sjb@phei.com.cn。

前 言

1. 写作背景

习近平总书记在党的二十大报告中强调，必须坚持科技是第一生产力、人才是第一资源、创新是第一动力，深入实施科教兴国战略、人才强国战略、创新驱动发展战略，开辟发展新领域新赛道，不断塑造发展新动能新优势。人才是兴国之本、发展之源，习近平总书记强调人才强国战略，将人才摆在国家发展战略的核心位置。企业是科技创新主体，在国家发展中发挥着十分重要的作用。人才对企业而言亦是至关重要的，人才兴则企业兴。当前人口老龄化、人才高流动、人才竞争全球化趋势增强，人才竞争愈加激烈，这给企业引才带来挑战。国家积极开放的人才政策支持、人工智能等科技赋能为企业人才吸引和招聘工作提供了政策和技术保障。面对这些机遇和挑战，企业需要重新审视招聘工作，创新招聘策略，改进招聘方式和方法，提升招聘效率和效果。这对高校的人力资源管理专业教学也提出了新要求。

1）企业招聘工作面临的挑战与机遇

（1）"全球引才"竞争加剧，企业招聘紧迫性和难度加大。随着全球经济进一步深度融合，各国经济国际化程度和经济开放程度越来越高，人才流动性加强，流动范围扩大，人才全球化、多元化趋势进一步增强，"全球引才"竞争加剧，加之复杂多变的国际环境，企业海外引才和招聘工作的紧迫性和难度加大。当前，我国企业正在加快全球化布局，加速国际化进程。出海已经从"走出去"迈向"走进去"阶段，加速在东道国的本地化进程。然而，企业在面向全球范围引才中存在很多的困难与挑战，如对海外市场、当地法律法规、用工政策等了解不足，人才发掘能力薄弱，缺乏招聘渠道，人才甄选困难，雇主品牌缺乏吸引力等，这需要企业在国际环境认知、招聘思维、招聘能力和技术、雇主品牌等多方面加强建设。

（2）科技赋能企业招聘，提升了招聘成效。互联网技术、大数据和人工智能等技术大量运用于招聘，改变了招聘理念、技术和渠道，提升了招聘成效。从企业视角看，互联网技术的不断发展使得全天候、高效率的网络招聘成为普遍的招聘模式，其中直播招聘成为近年网络招聘的重要方式。大数据和 AI 推动招聘升级，其应用场景包括简历解析与筛选、人岗匹配、招聘客服（聊天机器人）等，同时通过采集大量数据进行综合分析，辅助企业更有效地改进招聘和入职流程以吸引和保留目标人才。另外，企业开始尝试元宇宙招聘，借助"游戏化场景生成"、"实时音视频交互"和"虚拟社交身份"等技术创建元宇宙空间、元宇宙 open day、元宇宙面试间等场景，以全新的方式吸引候选人。就求职者而言，随着网络招聘平台技术的持续迭代，其精准匹配、AI 面试等功能大大改善了求职体验，提升了求职效率，成为求职者特别是年轻一代的首选。求职者还关注企业官网和社交网络发布的招聘信息。

（3）人口结构变化促使企业重新规划招聘。当前我国人口结构呈现老龄化、少子化、长寿化趋势。中国人口红利期已结束，老年人口进入就业市场，老年就业群体呈逐步扩大趋势。随着 Z 世代步入职场，年轻一代的择业观发生变化，他们有其个性需求或求职偏好，即对企业的需求更加多元复杂。对此，企业应及时关注人才市场供需情况，科学制定人力资源规划，借助新技术，采用新策略，提升招聘成效，根据经营战略进行适当的人才储备，同时应重视雇主品牌建设，打造有吸引力的雇主品牌，增强人才吸引力。

（4）人力资源管理法律环境变化促使企业招聘更加审慎。人力资源管理法律环境的变化主要体现在劳动法律法规体系的完善和人力资源管理法律环境国际化两个方面。

① 劳动法律法规体系的完善对招聘的影响。我国对《中华人民共和国劳动法》和《中华人民共和国劳动合同法》等法律法规进行了相应的修改和完善，在保护劳动合同双方当事人合法利益的基础上，进一步加强了用人单位的用工责任，这无形中提高了企业招聘风险和用人成本。招聘工作作为重要的人才入口关，企业应该更加审慎把握，力求"选准人、选对人"。如果选人不慎，必将给企业后续人力资源管理工作带来风险，增加更多的潜在用工成本。

② 人力资源管理法律环境国际化对招聘的影响。在全球化发展趋势下，跨国企业不断涌入我国，我国企业也加快了全球化布局，企业出海从"走出去"向"走进去"跨越发展。随着企业人才本土化策略的实施，以及国际化人才的流动和聘用，企业人力资源管理的法律环境不应再局限于本国的法律规范，而应从全球的范围来分析和判断。企业在招聘时应加强法律意识，充分考虑本国、东道国、人才所在第三国的劳动法律环境，同时在了解各国人员的价值观、工作方式、生活方式等基础上严格而审慎地选聘人才。

2）高校人力资源专业教学的新要求

招聘理念、技术和方法等变化对高校专业教材的编写和教学提出新的要求。

（1）将前沿动态融入教材。及时关注招聘环境的变化，以及对应的招聘理念、招聘内容、招聘技术的变化，将这些前沿动态融入教材中，以此指引学生领会和体验招聘的动态变化，把握新的招聘理念，掌握科学的招聘技术和方法。

（2）补充课程实验实训内容。当前招聘方面的书籍中针对企业管理者使用的培训类参考书籍居多，用于高校专业教学的教材相对较少。招聘教材中实验实训内容也偏少，且实训内容大多以案例形式在各章节中体现，可操作性不强，因此不利于指导课堂实验。所以，教材内容有必要提供实验内容及具体操作方法，以单独的章节来阐述是比较好的方式，以此明确实践的重要性，突出指导性、可操作性的特点。

（3）顺应教学改革趋势。教学改革的目标是为学生构建一个开放式、多元化的探究性学习环境，促使学生积极、主动地"动脑"和"动手"，培养和开发学生解决问题和实践操作的能力。教材编写上注意理论和实践内容的比例、客观和主观思考题的比例，以及案例分析题的设计和在章节内容中的比例，注意围绕有利于实现教改目标和有效进行研究性教学操作的目的进行合理安排，注重实用性、创新性和前瞻性。

2. 写作特色

作为高等院校人力资源管理系列规划教材，本书的特色主要表现在以下四个方面。

（1）围绕"招、选、聘"这条主线，系统、全面地介绍了招聘的相关知识，有助于学生掌握招聘的脉络，理解其中的层次关系和内在逻辑。

（2）每章结束后的"自测题"能够帮助学生评估其对每章内容的理解程度，并在此基础上进行复习回顾，通过循环复习使学生系统、全面地掌握所学内容。

（3）对招聘过程中的实验操作环节进行了梳理，并单列一章，对实验内容、操作步骤等做了详细的阐述，具有较强的针对性、指导性和操作性。

（4）融入招聘的前沿动态和实验实践，充分体现了实用性、创新性和前瞻性的特点，也顺应了实验教学改革的总趋势，侧重培养学生的创新、动手能力。

因此，对学生而言，这本实务性教材能够帮助其更直观地理解招聘理论和实践操作知识，并能够应用教材中的招聘与甄选方法进行操作。对教师而言，本教材也是一本指导课堂教学和实验操作不可多得的教学指导书。

3. 写作思路与结构安排

在本书的写作中，逻辑思路和章节结构相比之前版本没有大的变化，仍然围绕"招、选、聘"这条主线，即如何进行人员招募、如何进行人员甄选、怎样做出聘用决策的写作逻辑展开，具体如图 0-1 所示。

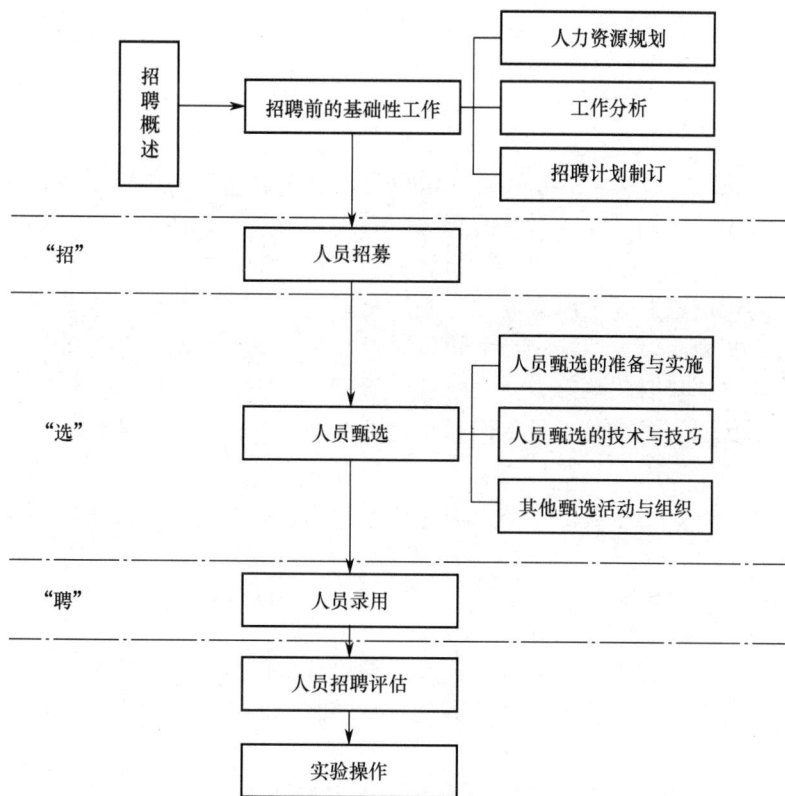

图 0-1　本书写作逻辑

本书共 9 章，第 1 章、第 2 章主要介绍招聘概述和招聘前的基础性工作；第 3 章～第 7 章是核心部分，介绍如何开展"招、选、聘"的工作；第 8 章是人员招聘评价；第 9 章是人员招聘与甄选实验操作。本书每章后面均安排了自测题，题型包括判断题、单选题、多选题、练习与思考、案例分析，以帮助读者复习和巩固。

各章具体内容安排如下：

第 1 章是招聘概述，从招聘的含义和作用，招聘的历史沿革与发展趋势，招聘的目的、原则与流程，以及招聘的影响因素分析方面，对招聘做了宏观和微观的描述。

第 2 章是招聘前的基础性工作，包括人力资源规划、工作分析和招聘计划制订。招聘工作只有在这些工作有效完成的基础上才能顺利开展。

第3章是人员招募，包括人员招募的渠道分析和实施等。

第4章是人员甄选的准备与实施，包括人员甄选的含义、作用、内容、程序及具体实施等。

第5章是人员甄选的技术与技巧，包括笔试、面试、评价中心技术。

第6章是其他甄选活动与组织，主要介绍人才库建设甄选、人员外派甄选和人才评优甄选活动。

第7章是人员录用，包括录用决策、录用程序和文件管理、新员工入职与培训。

第8章是人员招聘评估，包括招聘评估概述、招聘评估指标体系、招聘成本评估、招聘投资收益评估。

第9章是人员招聘与甄选实验操作。通过实验操作，将招聘与甄选各知识点连成一个整体。实践内容包括人员招聘、招聘广告的拟定与发布、面试技术中的结构化面试、评价中心技术中的无领导小组讨论和公文处理测验等。

4．本书说明

《人员招聘与甄选》（第4版）在第3版以"招、选、聘"为逻辑主线和体系结构的基础上，对理论知识和案例进行了必要的删减、补充和修订，具体如下：

（1）更新与补充了理论知识。随着经济的高速发展和科技的更新换代，人员招聘理念、招聘技术、招聘渠道等发生了巨大变化，人才全球化、人才多元化及大数据和人工智能等技术应用对人才招聘决策、甄选工作和招聘质量产生了重要影响。基于此，本书结合当前招聘发展的变化和趋势对相关理论知识进行了更新和补充。

（2）更新了案例。对全书引导案例和相关链接中的案例进行了更新，案例选择上做了调整，案例不局限于国内外知名优秀企业，也涉及国内中小型企业，尽可能反映各类企业面临的各种招聘问题，同时对招聘案例做了进一步分析，以引导读者思考和借鉴。

5．相关说明

1）教材建议的学时数

各章节在学时数设置上较为均衡，前8章理论章节均设置为3学时；第9章为实验操作，设置8学时（各节可以安排在相应的理论章节之后）。总体课程时数为32学时。

2）教材的后续服务形式

教师在指定本书为教材后，可以联系出版社获取每章节的自测题参考答案和电子课件。

3）本次再版的分工

本次修订主要由南京信息工程大学姜农娟老师和盐城师范学院凌巧副教授执笔；河海大学博士生导师赵永乐教授负责全书的编审工作。本书的再版得到了许多同人的帮助和支持，他们提出了很多宝贵和中肯的意见与建议，在此表示感谢。

限于作者编写水平，书中难免存在错误和不足之处，敬请批评指正。

目 录

第1章 招聘概述

引导案例

H公司的招聘失败

H公司是某跨国公司在中国投资的独资子公司，主营业务是为电信运营商提供技术支持、手机移动增值和广告服务。该公司所处行业为高科技行业，薪资待遇高于其他传统行业。公司位于某省会繁华商业区的高级写字楼，对白领女性具有很强的吸引力。总经理为外国人，在中国留过学，自认为对中国很了解。

公司因业务发展需要，先后通过校园招聘渠道招聘了两名应届大学毕业生担任行政助理：小A，23岁，专科就读于某商学院，后专升本毕业于该市某知名大学，读书期间做过一年少儿剑桥英语的教师。小B，21岁，大专学历，毕业于该市的广播电视大学电子商务专业，上学期间在两个单位工作过，一个为拍卖公司，另一个为电信设备公司，职务分别为商务助理和行政助理。小B曾参加过选美比赛，形象气质俱佳。

公司的招聘流程为：①在网上发布招聘信息。②筛选简历。筛选标准为专科以上应届毕业生，学校最好是名校，照片看上去形象气质俱佳。③面试：人力资源（HR）进行初步面试，用人部门经理进行最终面试。④根据具体情况确定新员工的工作岗位、职责、薪资、入职时间。⑤面试合格后录用并直接进入工作。

结果：

小A入职的第二天就没来上班，公司打电话联系不到她本人。三天后，小A来公司表示决定不来上班了。她的工作职责是负责前台接待。入职当天晚上，公司举行了聚餐，她和同事谈得也挺愉快。她自述的辞职原因：工作内容和自己的预期不一样，琐碎繁杂，觉得自己无法胜任。HR对她的印象是，内向，有想法，不甘于做琐碎、接待人的工作，对批评非常敏感。

小B工作十天后也辞职了。小B的工作职责是负责前台接待、出纳、办公用品采购、公司证照办理与变更手续等。她自述的辞职原因：家里很有钱，不需要给人打工。HR对她的印象是形象极好、思路清晰、沟通能力强、行政工作经验丰富。总经理对她的印象是商务礼仪不好，经常是撒娇的样子，需要进行商务礼仪培训。

思考

H公司招聘失败的原因是什么？

学习目标

1. 了解招聘的含义、作用和目的。
2. 了解招聘的历史、现状和未来的发展趋势。
3. 掌握招聘的基本原则和一般流程。
4. 掌握招聘的影响因素。

学习导航

```
                第1章  招聘概述

1.1  招聘的含义和作用          1.2  招聘的历史沿革与发展趋势
1.1.1  招聘的含义             1.2.1  招聘的历史沿革
1.1.2  招聘的作用             1.2.2  招聘的发展趋势


1.4  招聘的影响因素分析         1.3  招聘的目的、原则与流程
1.4.1  企业内部因素           1.3.1  招聘的目的
1.4.2  企业外部因素           1.3.2  招聘的基本原则
1.4.3  求职者个人因素         1.3.3  招聘的一般流程
```

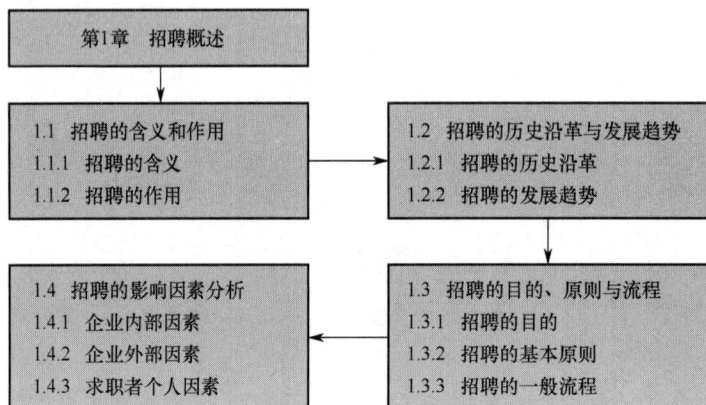

员工之于企业就像血液之于生命。"企"字的文字结构告诉我们，企无"人"则"止"。拥有一支素质优良、结构合理、能够满足岗位工作要求的员工队伍，是企业生存与发展的关键。不言自明，招聘是企业人力资源管理中最关键的环节，对企业人力资源的引进、使用、开发和管理都起着至关重要的作用。企业各部门的各级领导（不只限于人力资源部的主管）都应当把招聘工作当作一项长期而艰巨的任务，做慧眼识才的"伯乐"，为企业的发展注入生机与活力而贡献力量。

1.1　招聘的含义和作用

要成为一个慧眼识才的"伯乐"，首先应该知道招聘包含哪些相关工作，以及哪些工作和招聘工作密切相关。

1.1.1　招聘的含义

关于招聘的书籍很多，它们对招聘的定义也不尽一致。

美国学者乔治·T. 米尔科维奇等认为，招聘是确认和吸引大量候选人并从中挑选符合雇用要求的人的过程。亚瑟·W. 小佘曼等认为，招聘是寻求和鼓励潜在的应征者申请现有的或预期的空缺职位的过程。在此过程中，组织应致力于使应聘者得到有关工作要求和职位机遇的全部信息。某项工作由组织内部还是外部来承担，取决于人员的可用性、组织的人力资源政策和工作的要求。

我国学者对招聘给出了很多定义。廖泉文等认为，招聘是企业获取合格人才的渠道，是组织为了生存和发展的需要，根据组织人力资源规划和工作分析的数量与质量要求，通

过信息发布和科学甄选，获得本企业所需的合格人力资源，并安排他们到企业所需岗位工作的过程。胡君辰等认为，招聘分为广义和狭义两种：广义的招聘是指企业为了发展的需要，为了安置空缺的岗位，向企业内外吸收、挑选、安置人力资源的全过程；狭义的招聘是指企业为了发展的需要，为了安置空缺的岗位，向企业内外发布有效信息，集合应聘者的全过程，不包括选拔与安置过程。

鉴于本书的写作宗旨，我们更加关注一个将招聘过程的主要元素联结起来的定义：招聘是指企业为了生存和发展的需要，根据市场需求和人力资源规划，以及具体用人部门的职位要求，采用一定的方法和媒介，向目标受众发布招聘信息，吸纳或寻找具备任职资格和条件的求职者，并按照一定标准采取科学的方法筛选出合适的人员予以聘用的工作过程。

这个定义中包含了以下几层意思。

（1）指出招聘的目的。招聘的目的是满足企业自身生存与发展的需要，解决企业人力资源的供需矛盾。

（2）强调招聘的计划性和科学性。招聘不是一种盲目和应急的活动，而是有计划、有步骤的活动。首先，招聘应该根据企业人力资源规划，从全局和发展的角度来决定人力资源的需求数量和质量，在此基础上制订招聘计划和具体的行动方案，不仅要把人力资源规划中需求的数量和类型具体化，而且要制订具体的行动计划。其次，招聘要遵循市场规律，按照人力资源市场的供需、价格、竞争三大机制的规律办事，无论是薪酬确定还是媒介、招聘时间的选择等都不能违背市场规律。最后，招聘要严格按照工作分析文件中岗位的任职资格要求选人聘用，并根据岗位要求的不同，选择合适的甄选方法。

（3）指出招聘工作是一项系统性工作。招聘工作是一项由多个连续的、相互联系的环节组成的系统性工作。具体来讲，招聘包含如下四个相对独立的环节。

① 计划，即根据企业的发展战略，制定人力资源战略规划，并根据人力资源战略规划制订相应的招聘计划。

② 招募，即通过各种媒体与渠道寻找和吸引相关求职者前来应聘。

③ 甄选，即根据岗位任职资格的相关要求，运用各种测评和选拔方法对候选人进行识别和判断，挑选合格员工。这里要强调的是，甄选是整个招聘过程中最为重要的核心环节。

④ 聘用，即为合格人选办理相关录用手续，使其到相应的岗位上工作。

这四个环节之间没有绝对的界限，有些环节之间可能相互重叠，如招募环节和甄选环节，招募的过程中往往也包含甄选的内容。

（4）指出招聘的依据，即根据什么来招聘。简单来说，招聘的主要依据是人力资源规划和职位说明书两个文件。人力资源规划，即根据企业战略制定的对企业发展所需人员的数量、类型及所需时间的预测。在人力资源规划下制订的招聘计划，进一步具体说明在什么时间、地点，用什么方法和媒介，由哪些人去负责招聘，以及招聘所需物质条件的安排等。任职说明书（也可以是岗位说明书或职位说明书），对空缺职位任职人员的资格提出具体要求，如受教育程度、专业要求、经验、资历、性别、年龄等，以及该职位工作的性质、内容、发展方向等。任职说明书不仅为招聘甄选提供了标准，也为求职者了解未来工作、事先进行自我筛选、决定是否应聘提供了参考依据。

招聘专员做什么

- 根据企业人力资源规划，协助部门经理建立、完善公司各种员工招聘制度及政策，并根据需要进行及时调整和修改。
- 根据企业人力资源规划和各部门的人力资源需求计划，协助部门经理制订员工招聘计划。
- 定期或不定期地进行人力资源内外部状况分析及员工需求调查，并进行员工需求分析。
- 对企业所在行业和所在地区人力资源市场进行定期或不定期调研，分析相关专业、职业的供需情况，了解市场薪酬动态和人员流动态势等。
- 利用企业的有利资源，组织开拓和完善各种人力资源招聘渠道，发布招聘信息。
- 主动寻访、搜集简历，评估目标候选人，对简历进行分类、筛选和推送，对候选人进行电话邀约。
- 组织开展笔试、面试等甄选工作。
- 对拟录用人员进行背景调查，完成人员录用和新员工入职等工作。
- 分析招聘数据，评估招聘效果，对招聘结果进行跟进、反馈和修正。

1.1.2 招聘的作用

招聘是企业吸引应聘者并从中选拔、录用企业所需人员的过程。作为人力资源管理的一项基本职能，招聘对企业的作用主要体现在以下六个方面。

（1）招聘是企业获得人力资源的基本途径。对于企业而言，人力资源经常处于稀缺状态。首先，企业内部人力资源不可避免地会向社会其他组织流动，导致一些职位发生空缺；其次，企业内部人员的升职、降职、解雇、辞职、退休、死亡等，也会导致职位空缺；再次，企业在激烈的市场竞争中，总是要不断地采取不同的竞争战略以取得竞争优势，这就需要获取与战略匹配的各种战略性核心人才；最后，企业自身也在发展和变化，企业的发展和变化过程也是人力资源拥有量的扩张过程和人员的替换过程。上述情况均意味着企业的人力资源需要不断补充。因此，通过市场获得所需的人力资源成为企业的一项经常性任务。

（2）招聘为人力资源开发与管理奠定了基础。招聘工作是人力资源开发与管理的基础性工作。没有招聘，人力资源规划就无法实现；招不到合适的人员，就会造成人岗不匹配，或者大材小用，或者小材大用，或者根本不能用，就谈不上人力资源的配置；招聘过程中没有把好选拔关，培训工作的成效肯定会大打折扣；招不到合适的员工，绩效管理不论采取何种先进的工具，也难以达到其根本目的——绩效的提高。可以说，除人力资源规划外，人力资源开发与管理的各项工作基本上都是招聘工作的延续。

（3）招聘直接影响企业的用工成本。作为企业管理的一项重要活动，招聘工作主要有四项成本：一是直接成本，主要指招聘过程中的一系列显性花费；二是重置成本，主要指由于招聘不妥导致必须重新招聘所花费的费用；三是机会成本，主要指因新聘人员的能力不能完全胜任工作所带来的隐性花费；四是风险成本，主要指由于企业的稀缺人才流失或招聘不慎，导致未完成岗位的招聘目标，给企业管理带来的不必要花费。有效的招聘通过严密的筹划和安排，以及科学的甄选和谨慎的录用，可以降低招聘的显性花费，减少招聘的失误，降低招聘的风险，从而降低企业的用工成本。

（4）招聘有助于创造组织的竞争优势。21 世纪是知识竞争的时代，是人才竞争的时代。哪个企业拥有人才，哪个企业就掌握了现代企业制胜的武器。只有做好招聘工作，吸引企业需要的人才加盟，形成一支具有很强战斗力的人才队伍，企业才有可能在激烈的市场竞争中立于不败之地。此外，新员工所带来的新思维、新观念、新技术和新的管理方式，也能为企业的观念创新、技术创新、制度创新和管理创新等注入新的生机和活力。招聘对战略层面支撑业务价值实现的贡献一度难有客观量化的依据，未来招聘将逐步从财务价值的角度来衡量招聘工作对企业战略与业务目标的影响。通过构建预测招聘与录用结果的财务建模工具，可以分析不同的招聘策略所带来的成本、风险和回报，展示招聘结果和改进的业务成果之间的直接的货币化关联，有力地证明招聘对企业战略与业务目标实现的贡献。

（5）招聘影响企业文化的整合。企业文化是企业的灵魂所在，企业文化的整合关键在于企业员工的"同质性"，而这个"同质性"的关键在于招聘时的把关——人企匹配。因此，招聘工作对企业文化的影响是源头性的。

（6）招聘有助于企业形象的传播。现代招聘已非传统意义上的招聘，而是被赋予了新的含义和功能。在招聘过程中，树立公关理念、强化公关意识已经变得非常重要。招聘部门和人员在招聘工作中树立公关理念、强化公关意识，既有利于向社会公众宣传企业的优良形象，扩大企业的影响力和知名度，也可以使求职者了解企业的组织结构、经营理念、管理特色、企业文化等，有利于吸引合适的人员前来应聘和促使求职者事先进行自我筛选。此外，从人员招聘的整个过程来看，企业无论是发布招聘信息，还是接待申请者到企业并实施甄选，在某种意义上都是企业形象和企业文化的展示。这个过程在求职者心目中会留下深刻的印象，而这一印象的好坏直接影响求职者及周围的人对企业的产品或服务的认同。尽管人员招聘不是以传播企业形象为目的的，但是招聘过程客观上具有这样的功能，这是企业不容忽视的一个重要方面。

讨论

目前，企业在人才网站上发布招聘信息一般都是按年收费的，不少企业经常通过网络常年发布招聘信息，却并不真正招聘人员。对此，人们持两种观点：一种观点认为，企业在网上发布这种招聘信息不需要多付费用，却可以达到廉价甚至免费宣传企业的效果，还可以起到薪资调查的作用，何乐而不为呢？另一种观点认为，企业长期在网上发布虚假的招聘信息，对应聘者是一种不尊重的表现，长期如此会损害企业形象！你怎么看待这件事？为什么？

1.2　招聘的历史沿革与发展趋势

1.2.1　招聘的历史沿革

招聘在我国由来已久。商汤时期商高宗武丁派人五次往返，"以币聘"伊尹，任以国政；春秋战国时期，人才招聘蔚然成风；两汉时期汉高祖刘邦曾下诏招聘人才。三国曹操，唐朝李渊、李世民，都利用招聘选拔了不少人才。特别是明朝朱元璋，不但在金陵录

5

用了一批著名的儒士，而且派学士分行天下招聘人才。明初，招聘成为官吏的重要来源，最多一次招聘到 3 700 多人。我国古代历史上"求贤""求才"的成语和典故也不胜枚举。"萧何月下追韩信"、刘备"三顾茅庐"都已成了现今高端人才招聘的典范。唐韩愈《杂说》曰："世有伯乐，然后有千里马。千里马常有，而伯乐不常有。"现在"伯乐"就成了善于发现和选拔人才的人的代名词。

然而，作为科学管理活动的招聘，却只能追溯到泰勒的科学管理时代。由于招聘活动是伴随着资本主义工业大生产对人力资源大量、集中的需求而出现的，因此欧美等国家在人员招聘方面的研究和应用都比较早。招聘活动在我国企业中得到普遍重视，还是近十几年的事。我国自改革开放以来，劳动人事制度改革成绩斐然，人力资源的配置不再由国家统包统揽，而是自主择业、双向选择。全国各地的人才市场、劳动力市场如雨后春笋般地发展起来，各种类型的猎头公司也日益活跃，扮演着越来越重要的角色。市场机制使人力资源源源不断地被配置到效益较好的企业中去，推动着国民经济和社会又好又快地发展。同时，各企业的招聘工作作为人力资源配置的主要环节，其本身在这个过程中也取得了长足进步，并还将不断发展。

1.2.2　招聘的发展趋势

综观今日的招聘，可以看出四个方面的发展趋势。

（1）互联网招聘成为主流模式，细分渠道多样化。随着经济和科学技术的不断发展，招聘媒介已经发生了巨大变化。从媒介的种类来看，20 世纪 90 年代中期前，企业招聘主要通过内部推荐或张贴招聘广告进行。90 年代中期以后，企业招聘逐步发展为在报纸、杂志上刊登招聘广告或通过广播、电视发布招聘信息，也举办集市般的大型人才招聘会。目前，随着互联网技术的不断发展，全天候、高效率的网络招聘成为普遍的招聘模式，同时衍生出很多细分的招聘渠道。例如，通过网络高额"悬赏"举荐高级人才；通过行业或专业网站及论坛建立行业人脉，结识优秀人才；通过微博、QQ 群、微信群、抖音平台、快手平台等发布招聘信息；等等。

（2）技术赋能招聘，以提升招聘体验和效率。大数据的应用进一步推动了招聘升级。招聘中使用大数据与预测性指标，可以帮助招聘人员采用量化的方式对人才状态进行实时度量，把企业面临的招聘问题和机会看得更加清楚，以指导采取适当行动提升招聘的可预测性。利用 AI 技术可以帮助企业智能筛选简历和搜寻人才，招聘聊天机器人、AI 面试、AI 人才测评等技术的普及应用，将大大降低企业 HR 的工作量，加快招聘流程，提升招聘效率，帮助企业以更低的时间和金钱成本招到更合适的人才。随着产业变革、技术升级、政策扶持及 90 后用户人群的崛起，求职者对招聘体验提出了更高要求，企业在招聘提效的同时应该更加注重优化求职者体验。AI 技术通过大数据集群及对用户操作行为进行分析，可以为求职者提供职位的精准个性化推荐，为求职者提供更加安全、真实、高效的求职体验，如使用聊天机器人与求职者沟通互动，收集求职者的信息，向求职者智能推荐职位，为求职者提供更好的求职体验。

（3）可视化招聘迎来发展热潮，视频招聘成为企业招聘最主要的方式。受新技术发展和新冠疫情的双重影响，可视化招聘获得广泛运用。智联招聘发布的《2022 年春招市场行情调查问卷》报告显示，2022 年春招有 63.8%的企业采用了视频面试、视频介绍或线上双选会等可视化招聘方式，其中，视频面试是企业招聘最主要的方式。视频面试也是求职者广泛使用的求职方式。78.4%的求职者在 2022 年春招使用过可视化求职方式,六成人通过视频面试找工作。大多数求职者反映视频招聘更加高效,覆盖面更广,打破了时空限制。AI 技术的引入进一步优化了视频面试,使面试过程更加智能,AI 视频面试将成为主流面试趋势。在这种趋势下,AI 面试官将自动与候选人交流,AI 算法将实现对候选人面试答案的综合分析,为企业推荐合适人选。

相关链接

AI 面试官来了!

让 AI 来做面试官,除直接听取求职者对面试问题的回答外,AI 还可以通过视频,参考求职者的动作、神态、措辞等判断求职者是否能够胜任该岗位。

AI 面试系统融合了语音识别和面部识别等多个方面,它可以看到求职者的表情、神态,识别求职者的语言,根据所获取的特征对多个项目进行打分。在面试结束后,AI 面试官会生成一份求职者分析报告,报告中包含 AI 对该求职者的性格、稳定程度、求职意愿、能力判断等多个维度的分析。

AI 面试官与人类面试官各有优劣。人类面试官考核方式更灵活,人与人之间的直接交流也能够让沟通更高效。AI 面试官则有它独特的面试优势。AI 面试官可以通过摄像头观察求职者的一举一动,没有一个元素会被忽视。求职者的每一个表情、每一个微动作都会被 AI 记录下来,AI 会从这些细节里分析求职者的性格等。当你参加一场面试时,你可以通过面试官的反应来判断自己的问题,对方在什么时候皱眉了,又在什么时候表现出欣赏,这些都是可以让面试者受益的反馈。但 AI 面试官只会告诉你"通过"或者"不通过",在面试时你看不到任何有价值的反馈,面试结束后你也完全不知道自己为什么行或者为什么不行。

(4)企业更加注重雇主品牌建设,雇主品牌宣传渠道更加多元化。越来越多的企业已经认识到,企业品牌建设是最重要的招聘策略。为此,企业更加注重由内而外的雇主品牌建设。雇主品牌宣传渠道更加多元化,除传统媒体的传播渠道(如报纸、杂志、期刊、广播、电视、门户网站等)和线下传播渠道(如校园招聘会、校园活动、社会招聘会、各类广告传播实物载体等)外,互联网时代涌现的全新渠道在品牌宣传中发挥了更加强大的作用。线上自媒体的宣传渠道,主要包括企业官方网站、内部网站、内部信息系统、官方微信、官方微博、官方公众号、官方视频号、官方抖音号、官方 B 站等。线上新媒体平台的传播渠道,主要集中在微信公众号、微信视频号、抖音、小红书、知乎、脉脉、B 站、应届生论坛等主流平台。线上招聘平台的传播渠道,主要包括前程无忧、智联招聘、58 同城、领英、猎聘、BOSS 直聘、拉钩等主流的第三方专业招聘平台,以及各大高校的线上就业服务平台。与此同时,企业也应注意舆情监控,建立健全雇主品牌的实时舆情监控机制,以及时掌控相关风险。

1.3 招聘的目的、原则与流程

1.3.1 招聘的目的

盲目招聘、随意招聘都有可能给企业带来多方面甚至严重的损失。有明确目的的招聘则不仅能为招聘工作的开展指明方向，而且能为检验招聘工作的成功与否提供标准。有效的招聘至少应该具有并达到如下四个方面的目的。

（1）提高企业核心竞争力。人力资源是企业核心竞争力的决定性因素，现代企业竞争的实质就是人力资源的竞争。作为企业人力资源管理与开发的基础，招聘工作一方面关系到企业人力资源的形成，另一方面影响企业人力资源管理与开发其他环节工作的开展，最终为企业核心能力的形成提供保障。例如，能否招聘到高素质的一线员工，决定了企业能否向客户提供高质量的产品和服务；能否招徕高素质的研发人才，不仅决定了企业研制开发工作能否高效有序运行，而且决定了企业未来能否拥有可持续发展的市场。

（2）扩大企业知名度。招聘工作涉及面广，企业在利用各种媒介和渠道（如网络、电视、报刊、广播、多媒体等）发布招聘信息的同时，也扩大了企业的知名度。很多企业都借助震撼人心的高薪、颇具规模和档次的招聘形式和过程，来表明企业对人才的渴求和企业的实力。因此，企业在通过招聘招收到所需的各种人才的同时，也向外界展现了本企业的良好形象。从这个意义上讲，对外招聘是企业赢得市场、建立品牌的重要手段之一，招聘战略也是企业战略的重要组成部分。

（3）增强企业内部凝聚力。有效的招聘，一方面可以使企业更多地了解应聘者到本企业工作的动机与目的，使企业可以从诸多候选者中选出个人发展目标与企业发展目标趋于一致并愿意与企业共同发展的员工；另一方面可以使应聘者更多地了解企业，不仅了解企业的岗位要求，更重要的是了解企业战略、企业文化和价值观，让他们根据自身的能力、兴趣与发展目标来决定是否加入企业。有效的双向选择可以使员工愉快地胜任所从事的工作，从而减少因员工离职所带来的损失，增强企业内部凝聚力。

（4）发挥员工潜力。调查表明，员工在同一岗位上工作达八年以上，容易出现疲顿现象，而合理流动会使员工感受到新岗位的压力与挑战，刺激员工内在潜能的发挥。一个有效的招聘系统，应该能够通过促进员工合理流动，给员工找到适合的岗位，实现职能匹配，从而调动员工的积极性、主动性和创造性，使员工的潜能得以充分发挥，人员得以优化配置。

1.3.2 招聘的基本原则

任何企业和用人单位，无论招聘多少人，也无论招聘工作由谁完成，只有坚持一定的原则，才能确保整个招聘工作的有效性。

1. 前瞻性原则

随着人力资源管理战略地位的提升，招聘的任务不再是简单地获取能够填补岗位空缺的人员，而是要获取企业赖以生存和发展的战略资源。在招聘过程中，企业不仅要关心人员能否胜任当前的工作，而且要关注企业的长远战略规划，关注人员能否支持企业战略目标的实现。企业必须从战略高度制定人力资源规划，并依此制订出切实可行的招聘计划，以指导招聘工作，减少招聘的盲目性，提高招聘工作的效率。

2. 能级匹配原则

招聘应该本着因职选人、因能量级的原则，既不可过度追求低成本而造成小材大用，也不可盲目攀比而造成大材小用。小材大用会贻误工作，大材小用则会导致学历虚高或人才高消费。有一幅漫画入木三分地刻画了招聘高消费的误区。武大郎招聘烙烧饼的短工，招聘启事上赫然写着学历要求："博士学位。"现实企业中，这种现象也很普遍。有关资料显示，大多数企事业单位招用的高学历人才并没有被安置在合适的岗位上发挥其应有的作用，而是有的长期闲置，有的高能低就，这种不顾实际需要、盲目引进"千里马"的做法只会导致企业人力成本的上升和企业之间的恶性竞争，危害极大。

能级匹配原则要求"不求最好，但求合适"，即在合适的基础上要给岗位胜任度留有一定的空间，挑选既能较大程度地满足岗位能力需求，又能具备一定的提升空间和培养潜力的人才，使其"永远有差距，永远有追求"。坚持能级匹配原则可以有效提高人员稳定性，降低新员工流失率。

相 关 链 接

学历虚高

学历虚高的含义表现在三个方面：一是高学历的人大材小用，造成能力浪费；二是高学历的人由于种种原因不能适应岗位的要求（如缺少实践经验、学非所用、工作条件欠缺、人际关系复杂等），发挥不出应有的作用；三是一些高学历的人虽然书本知识掌握得很系统，但缺少应有的运用知识的能力。学历虚高现象产生的原因涉及很多方面，如专业教育与实际需求脱节、用人单位领导喜好装点门面、人岗不匹配、个人能力差等。当然，企业在发展过程中进行人才储备时，也会发生这种现象。因此，企业在扩张时，虽然需要未雨绸缪，进行人才储备，形成合理的人才梯队，但也要防止人才储备带有盲目性或随意性，造成人才浪费和人才队伍不稳。

3. 竞争原则

首先，招聘方案的设计要考虑经过简历分析、结构化面试、心理和行为测试、业绩考核等一系列过程，来确定评价应聘者的优劣高下，以便在竞争中择优录取。其次，企业必须设法动员和吸引更多的人来应聘，竞争越激烈，就越容易选拔到优秀人才。在难以避免的"人才争夺战"中，企业要想争取到更多的应聘者参与竞争，还必须了解竞争对手的情况，不仅要了解它的人员队伍、企业文化、发展趋势、市场情况等，还要了解其招聘职位、招聘规模，以及招聘战略和策略，从而有针对性地确定相应的招聘时间、地点、薪酬，以及招聘战略和策略，有效提高应聘者的数量和质量。

4. 公平原则

公平原则主要表现在两个方面。首先，招聘的单位、职位名称、数量、任职资格、测评方法、内容和时间等信息必须向可能的应聘人群或社会公告周知，公开进行。其次，招聘应该一视同仁，不能人为地制造各种不平等的限制和条件。常见的不平等现象有三种。一是性别歧视。目前，限制性别的招聘广告依然比比皆是，其中主要是拒绝女性求职者。有些企业招聘广告中虽然没有完全拒绝某种性别，但也会出现某种性别优先的字样；有的企业虽然招聘广告上没有性别限制，但是到了面试阶段仍然会出现"重男轻女"的现象。这些都是性别歧视的表现。二是年龄歧视。在招聘广告中，我们时常可以看到有关年龄的限制性条件，如一般对女性的要求在 30 岁以下、男性在 35 岁以下等。求职者一旦到了 40 岁以上，就很难再找到合适的工作。三是容貌歧视。有些招聘广告上会有对应聘人员的容貌要求和身高要求，如容貌端庄、身高 1.70 米以上等，使得不少有才华、有志向的人才因为相貌原因无法找到理想的工作。此外，招聘中还存在姓名歧视、籍贯歧视、血型歧视、肝炎歧视等问题。招聘中的歧视问题，究其根本原因，一是我国长期以来在这方面的法律、法规还不健全，二是招聘方的法律意识淡薄和求职者缺乏应有的维权意识。

5. 差异化原则

企业应该针对不同类型人力资源的不同特点及不同的招聘对企业的重要程度，分别采取不同的招聘方法和策略。在招聘面试团队组建、招聘渠道选择、甄选技术、人才的吸引和保留等方面，均应根据不同招聘对象的特点，有针对性地选择不同的方法和策略。

对企业战略实施有重要作用的核心人才往往也是同行竞争对手争夺的对象。在行业中有较大竞争优势和领先地位的企业，在招聘中相对处于优势地位；而对于在行业中处于劣势地位的企业来说，要想取得好的招聘效果，往往需要采取非常规的方法和手段。不少企业在薪酬、福利待遇、工作环境等方面为企业核心人才设立特区，在招聘方法与渠道上实行多元化，就是差异化原则的具体体现。刘备三顾茅庐，历尽千辛万苦，也给现代企业领导人招聘人才树立了榜样。对特殊人才和重要人才的引进，绝不能拘泥于常规。

6. 突出核心员工原则

招聘工作必须紧紧围绕提高组织绩效、提高组织核心竞争力、促进组织战略目标的实现这个中心，而要做到这一点，就必须突出核心员工的地位和作用，把核心员工招聘作为招聘工作的首要任务。

一个企业的核心能力突出地表现在企业所拥有的核心员工身上。在现代社会，核心员工已经取代资金、技术等要素而成为企业最重要的战略性资源，是构成企业核心竞争力的基本要素，是形成企业核心能力的基础。作为知识和技能"承载者"的核心员工，他们代表了企业所拥有的专门知识、技能和能力的总和，是企业创造独占性的异质知识和垄断技术优势的基础。因此，招聘工作应该把核心员工这一特殊的战略性资源作为招聘的重点。

7. 全面考察原则

人才难得更难识，企业对于人才的识别一定要坚持全面考察的原则。也就是说，企业要全方位、多角度地考察应聘者，不仅要看学历、专业，还要深入了解应聘者的工作经历与背景，从其职务的变动、所从事的主要工作、个人学习成长和培训经历、工作成果等多方面、分层次地对求职者进行考察；要根据任职条件和职位发展的要求，尽可能全方位、多角度地进行评价，通过对应聘者的上级、下级、平级及直接或间接客户的调查，确保所招聘员工的特长和优势与企业的现实职位需要、组织需要和长期发展要求相适应。

🔄 相 关 链 接

谷歌招聘之行为准则
- 雇用那些比你更聪明、更有见识的人。
  不要雇用那些不能让你有所收获也不能对你构成挑战的人。
- 雇用那些能给产品和文化带来价值的人。

不要雇用那些无法为产品和文化带来积极影响的人。
- 雇用那些做实事的人。
  不要雇用那些只想不做的人。
- 雇用那些满腔热情、自动自发的人。
  不要雇用那些只想混口饭吃的人。
- 雇用那些能启发别人且善于与人相处的人。
  不要雇用那些偏爱自己单干的人。
- 雇用那些能随着团队和企业一同成长发展的人。
  不要雇用那些枯燥乏味、不具备全面技能的人。
- 雇用那些多才多艺，兼有独特兴趣和天赋的人。
  不要雇用那些只为工作而活的人。
- 雇用那些道德高尚、坦诚沟通的人。
  不要雇用那些趋炎附势、工于心计的人。
- 务必雇用优秀的候选人。
  宁缺毋滥。

参考资料：《重新定义公司》，Eric Schmidt, Jonathan Rosenberg, Alan Eagle.

1.3.3　招聘的一般流程

企业招聘工作的一般流程包括招聘前的基础性工作、人员招募、人员甄选、人员录用和人员招聘评估五个阶段（见图 1-1）。每个阶段的主要工作和任务各不相同。

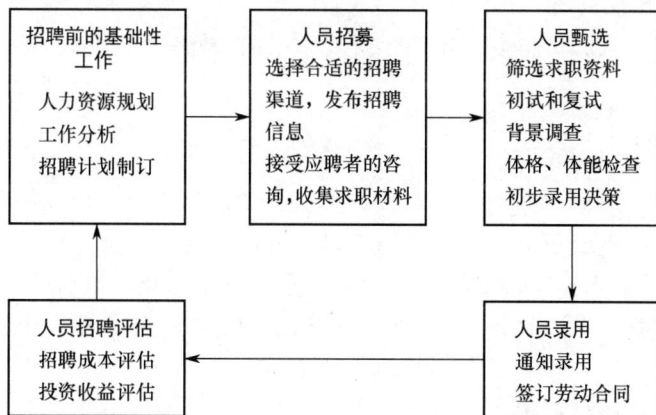

图 1-1　招聘的一般流程

1. 招聘前的基础性工作

招聘前的基础性工作主要包括人力资源规划、工作分析，以及招聘计划制订三项内容。通过人力资源规划，企业可以预测为达到未来战略目标所需要人员的数量、质量等。工作分析主要是对工作岗位的相关信息的收集、整理和加工。人力资源规划与工作分析作为招聘的基础性工作，为招聘提供事实依据，如让企业了解应该招聘多少员工、招聘什么类型的员工等信息。招聘计划制订则是依据人力资源规划和工作分析所得的信息，确定企业人力资源的数量和质量要求，招聘的时间、渠道，以及招聘组成人员等，为实施招聘做好准备。这部分内容将在第 2 章做具体介绍。

2. 人员招募

人员招募工作，是指企业采取适当的方式寻找或吸引能够胜任的求职者前来应聘的工作过程。人员招募工作是比较重要的一个环节，这个环节关系到应聘者的数量和质量。招募工作做得不好，就会导致求职者数量不多且质量不高。求职者数量少，企业就无人可选；求职者质量达不到要求，企业就找不出合适的人选，招聘任务就无法完成。

人员招募工作主要有两项任务：一是选择合适的招聘渠道发布招聘信息；二是接受应聘者的咨询，收集求职材料。

发布招聘信息就是向目标人群传递企业招聘的信息。企业应当根据不同的招聘岗位，选择不同的招聘渠道。如果是内部招聘，一般采取内部公告或部门推荐的方式进行。如果是外部招聘，就要分析各种信息发布渠道的效果。信息发布的选择要考虑兼具覆盖面广和针对性强两个方面。覆盖面广，接收招聘信息的人数多，"人才蓄水池"就大，找到合格人选的概率就大；针对性强，可以使符合特定岗位的特定人群接收到信息，有助于提高招聘的效率和效益。企业应该综合考虑招聘岗位的特点（工作内容、职位要求、应负责任、任职资格等）、招聘时间和地点，以及招聘成本等因素，统筹考虑，精心安排，采取最有效的方法来发布企业的招聘信息。招聘工作人员要及时整理应聘人员信息，为下一步开展人员筛选做好准备。如发现应聘者数量不足或质量不高，则应及时改变信息发布的渠道和方法。

因为招聘信息传递的信息量是有限的，所以招聘信息发布以后，招聘工作人员在接下来的时间里还会经常接到求职者的电话或邮件咨询，向求职者介绍本企业招聘的有关情况，回答求职者提出的问题。

在求职者提交了求职资料后，招聘人员还要及时收集和整理求职资料，以便为初选和面试工作提供依据。

3. 人员甄选

人员甄选是指采用科学的方法，对应聘人员的知识、能力、个性特征、品质和动机等进行全面了解，从中选出最符合空缺岗位要求人选的过程。人员甄选这一过程主要包括筛选求职资料、初试和复试、背景调查、体格和体能检查，以及初步录用决策等环节。

首先，对求职者的求职资料进行审核。根据录用标准，排除明显不合适的人选，确定需要进一步面试的人选，并发出面试通知。其次，按照预定的笔试、面试流程或方案对应试者进行一系列遴选测试，选出最合适的人选。对于一些重要或特殊岗位，还需要进行背景调查或体格、体能检查等。值得指出的是，上述程序不是固定不变的，有的组织就会将背景调查放在测试之前，有的根本不做背景调查，这需要根据组织的实际情况决定。最后，将筛选结果送交用人部门和主管部门进行审核决定是否录用。无论是否录用，企业都应该按照诚信的原则操作，及时发出录用通知或辞谢通知，一方面避免企业在激烈的人才竞争中错失良才，另一方面避免耽误求职者寻找其他工作。

人员甄选环节是整个招聘工作中最复杂的一个阶段，最能体现一个企业的招聘工作水平，直接决定了企业招聘工作的效率和效果。目前测试测评的方法除笔试和面试这些传统方法外，还出现了心理测试、笔迹分析、评价中心等测评技术。这些测评方法各有其一定的适应性，企业应该根据不同的岗位选择合适的测评方法。

4. 人员录用

人员录用是招聘活动中最重要的一个阶段，它是企业经过层层筛选之后做出的慎重决策。人员录用工作的主要任务是制定录用决策，根据录用决策的结果，通知录用人员报到，安排上岗前的培训，签订劳动合同或聘任合同，并安排一定期限的试用期对录用人员进行实际考察。此外，企业还要对录用文件进行制作和妥善管理。

5. 人员招聘评估

人员招聘评估是指企业按照一定的标准，采用科学的方法，对招聘活动的过程及结果进行检查和评定，总结经验，发现问题，在此基础上不断改进招聘方式，提升招聘效率的过程。招聘评估主要包括招聘成本评估和投资收益评估两个方面。

招聘成本评估指对在员工招聘工作中所花费的各项成本进行评估。招聘成本包括招募、选拔、录用、安置，以及适应性培训的成本等。

投资收益评估指对新员工入职后在岗位上所做出的业绩、利润，以及其他绩效结果的评估，一般通过与历史同期或同行业的标准做比较来确定。

招聘评估是招聘程序中最后一个环节，也是最容易被忽视的一个环节。任何一次招聘，都会存在这样或那样的问题，如招聘渠道、招聘方法选择不当，招聘地点不当，选人标准过高或过低等，都会影响招聘成本和招聘效果。在招聘活动结束之后对招聘进行一次全面、深入、科学、合理的评估，可以及时发现问题并解决问题，为改进今后的招聘工作提供依据。

1.4　招聘的影响因素分析

案例

小王的困惑

小王大学毕业后来到了一家软件公司担任招聘专员。不用说，工商管理专业出身的小王很喜欢这份工作。像这样品牌响当当的公司，薪酬高，待遇好，何愁吸引不到优秀人才！而且招聘工作中可以接触到各方面的人，肯定能增长很多见识。小王想，凭自己的实力和热情，一定能做出成绩来！

可没到一个月，小王就懵了，招聘工作并不像他想象中那般简单。一方面，公司开出的薪酬尽管不低，但对人才的要求也很高，真正适合的人几乎"绝迹"；另一方面，公司软件工程师缺口很大，但在人才市场上却很难找得到，即便标出高价也无人问津。小王陷入困境。

分析：招聘是一项复杂而艰巨的工作，招聘的有效性受到多种因素的影响。作为一名招聘专员，除需要具有工作热情和敬业精神外，还需要具备多种知识和技能，善于分析企业自身的需要和外部市场状况，采取不同方法和策略进行招聘。本案例中，小王作为一名刚毕业的大学生，要想成为一名合格的招聘专员，他要学习的东西还很多很多……

虽然影响招聘的因素有很多，但从来源看不外乎企业内部、企业外部和求职者个人三方面的因素。这些因素制约和影响着应聘者的来源、招聘方法、招聘标准、招聘效率等。

1.4.1 企业内部因素

1. 企业的经营状况与发展前景

从企业规模来看，良好的经营状况和发展前景意味着市场对企业产品的需求增加，企业便会扩大生产规模，从而对劳动力的需求增加。如果企业现有人力资源存量不能满足企业扩大生产规模的需要，则会造成扩张型人力资源短缺，从而产生招聘需求。扩张型人力资源需求越大，企业招聘需求就越大。

企业的经营状况决定了一个企业在同行业中的竞争地位，也是吸引求职者的关键因素。因为良好的经营业绩不仅意味着企业有着良好的管理和发展前景，也意味着更高的薪酬和福利待遇；而良好的发展前景则意味着更多的发展机会和提升空间。因此，经营状况和发展前景良好的企业一般被认为是理想的雇主，能够吸引更多的求职者来应聘，招聘效果也会比较理想。而经营状况不佳或发展前景不好的企业，一般比较难以吸引到优秀的人才，招聘工作的难度也会更大一些。

企业的经营状况也决定着企业对招聘的可投入资金数额的大小，因而对招聘有着重要影响。充足的招聘资金可使企业在招聘方法上有更多的选择；反之，经营状况不佳的企业只能选择较为廉价的招聘方法，从而使得招聘的活动范围较小，选择余地也较小，这对招聘的整个活动及招聘的效果都会产生不利影响。

2. 企业文化和企业声望

企业文化是企业全体成员所认可和接受的共同价值观和行为准则的聚合，一旦形成既能起到激励作用又能起到约束作用。不同的企业文化会导致不同的招聘行为。例如，有的企业进行招聘只是单纯的招聘也就是为了获取人才；有的企业则将招聘作为一种营销行为，以便通过招聘提高本企业的知名度。有的企业倾向于从外部获取人才，有的企业则侧重于内部晋升。

企业文化是企业能否吸引较多求职者的重要因素，也是招聘双方在进行双向选择时重点衡量的内容。一方面，如果求职者认为企业文化非常适合自己的发展，他们就会主动报名并在整个招聘过程中积极配合；另一方面，招聘单位会根据求职者的个人特质，选择与本企业文化相融合的人。此外，招聘人员的态度、行为方式及招聘方式的选择也都受企业文化的影响。

国外人力资源管理咨询公司曾经做过一项调查，发现人们在选择进入哪一家企业就业时，主要考虑的因素是企业声望。企业声望由许多因素构成，如员工待遇、产品服务质量、企业参与社会事务的态度等。求职者在进入一家企业前，一般对企业的内部信息知道得很少，只能通过企业的外部名声来做决策。一个不知名的企业，可能管理水平很好，很有前景，薪酬也不低，但是由于求职者不了解，一般还是不太愿意进入这样的企业。而名气大、形象好的企业一般较容易招到高素质人才。企业的形象越好，越容易吸引人才加盟。其实这些因素都是企业文化不同层次的组成部分。

3. 雇主品牌

雇主品牌（The Employer Brand）是指一种通过各种方式被广泛传播的雇主和雇员之间的情感关系。好的雇主品牌能表明企业是值得期望和尊重的雇主，雇员在企业中的工作满意度、文化认同感和工作责任感都较高。卓越的雇主品牌是人力资源市场上的一面旗帜，可以提高企业人力资源声誉，降低招聘成本，吸引人才加盟。通过雇主品牌的树立，可以向潜在的应聘者传递企业文化、价值观等全方位的信息，吸引更为文化认同的人才，减少雇用双方适配的风险。雇主品牌还可以给招聘带来成本优势：良好的雇主品牌可以更容易地吸引更多的人才，从而减少宣传推广的投入，缩短招聘周，进而大幅度降低企业的招聘成本；良好的雇主品牌能够让员工更加"稳定"，从而降低因人才流失所导致的"空职成本"和"人才重置成本"；良好的雇主品牌能够提升企业的"议价能力"——让人才在选择企业时更倾向于"良好的雇主品牌"，而不仅仅是把眼光放到薪酬上，从而降低薪酬成本，同时节约挽留核心人才的成本。

4. 企业战略

企业战略是指决定企业发展方向，用以整合企业主要目标与政策的总体计划。企业战略可分为增长战略、稳定战略、收缩战略和组合战略四种类型。一般情况下，企业有什么样的总体战略，就会要求有什么样的人力资源战略与之相对应。因此，企业战略对招聘无疑将产生重大影响。例如，实施增长战略的企业通常采取发展式人力资源战略，注重个人发展与团队建设，注重绩效管理制度建设与实施，管理人员一般从内部提升，初级人员则从外部大量引进；而实施收缩战略的企业通常采取转向式人力资源战略，在进行企业组织结构调整的同时，一般会裁减冗余人员，减少对人员的招聘。此外，企业战略实施过程的不同阶段对人员素质的要求也会有很大变化。

5. 组织变化

随着全球经济进入数字化时代，平台型、网络型等越来越多的新型组织形态不断出现，数字化生存的思维正在不断推进组织变革与人力资源管理体系创新，这对招聘产生了深刻的影响。

组织变化主要体现在三个方面：一是组织设计的出发点发生了变化。传统的组织设计是基于目标和功能的，新型组织设计则是基于战略业务发展需求和客户发展导向的。二是职位和工作内容发生了变化。在传统组织中，职位是稳定的，工作内容与职责是确定和明确的；而在新型组织中，工作内容与工作职责变得越来越不确定和不明确，大量例外工作成为常态。三是处理组织与人之间的矛盾的法则发生了变化。在传统组织中，协同各个部门之间关系最基本的准则是权力法则；而在新型组织中，处理组织和人的矛盾则是基于顾客和市场需求的，部门间基于市场与客户需求同级自动协调。

在这样的组织变化下，招聘工作也发生了根本性的变化。一是招聘的目的发生了变化。组织招聘的目的不再是将潜在的人力资源纳入组织内部以实现人力资源与职位任职条件的最佳匹配，而是追求人力资源与客户需求的快速匹配，因而其工作范围已经延伸到了组织外部，招聘工作实际上已经转变为对人才供应链的管理和建设，通过人才供应链平台的建设与管理，保证了对客户需求的最大化响应。二是对人才的要求发生了变化。传统组织对员工技能的要求体现为专业化；新型组织形态则更加追求人才组合的协同性，更加强调人员的协同能力和学习能力，对人的个性、价值观等深层次的素质要素需求也越来越强烈。

常年招聘为何人员短缺现象却越来越严重

某企业正处于快速发展时期，营销收入每年都要翻番，然而该企业的总经理和部门经理们在这种快速发展中却感到手忙脚乱，措手不及。

为了满足企业发展的需要，公司连续五年招进大批的新员工。人力资源部每年都要根据企业目前的需要招聘新员工，以保证公司业务的正常运作。但公司总经理发现，尽管公司人力资源的供需在量上大体平衡，而业务骨干和中层管理人员的缺口却越来越大，企业内部的培养机制也解决不了这个缺口问题。

分析： 该企业招聘时使用的标准是企业目前对员工的要求，这只能暂时满足企业目前工作的需要，却不能满足企业未来发展的需要，尤其是难以满足对业务骨干和中层管理人员的需要。要求得企业长期稳定的发展，企业从老总到人力资源部，再到各个部门的经理，都必须用发展的战略眼光看待招聘，而且在招聘过程中要综合平衡企业当前和未来的需要。

6. 企业管理队伍的素质

企业管理队伍的素质及管理水平的高低对招聘有着重大的影响。一方面，企业管理人员的素质和水平越高，企业的管理水平相应就越高，从而对招聘工作的重视程度及招聘工作的规范程度就越高，招聘的效果也就越好。例如，公平的招聘程序对应聘者有积极的影响，不公平的招聘程序对应聘者的影响则是消极的。企业高层决策人员对内部招聘和外部招聘的倾向性看法，对企业采取哪些招聘方法也起着决定性作用。另一方面，企业高层领导者的水平和能力，也是求职者尤其是高素质人才选择是否加盟的重要因素。如果求职者感到企业领导者有着强烈的事业心，有魄力，有远见，有能力，那么即使目前企业规模并不大，实力并不强，待遇并不高，求职者也可能愿意加盟，甚至愿意放弃部分物质利益。

7. 招聘者的专业素养

招聘者作为企业发现、招募并甄选人才的执行者，无疑是影响企业招聘的一个重要因素。因为招聘者的水平也决定了能否为企业招来合适的人才。招聘者的水平主要从三个方面来衡量。首先是招聘者应该具备良好的个人品质和修养，能够客观、公正地开展招聘活动，尽可能避免主观因素影响，尤其是在面试过程中，招聘者代表着企业的形象，是连接企业和应聘者的桥梁，招聘者应使每位应聘者在与他们的接触中感受到企业的文化及价值观。其次是招聘者应具备一定的专业知识和经验。招聘是一项专业性很强的工作，要做好这项工作就必须具备相应的专业知识和经验。最后是招聘者应对所招聘的岗位有很好的理解。招聘者只有熟谙组织状况及岗位要求，才能帮助企业选出真正需要的人才。在招聘前，招聘者要仔细阅读所招聘岗位的工作分析文件，了解岗位的工作性质、内容、职责、工作条件和环境等，并且要准确把握岗位的任职资格及潜在要求。

8. 企业的薪酬水平

薪酬问题是企业和应聘者最为敏感和关心的问题之一，也是招聘者在招聘过程中普遍感到头疼的问题。对应聘者来说，如果他们对企业给出的薪酬不满意，则一般不会接受企业的邀约。但对企业来说，过高的薪酬意味着企业运营成本的增加，而较低的薪酬又很难招聘到满意的人员。所以，了解同行和竞争对手的薪酬政策，从而建立起有竞争力的薪酬体系，无疑是企业在招聘工作开始前的必要准备工作之一。薪酬调查可以请专业咨询公司或猎头公司进行，也可以自己进行。通过收集竞争对手的招聘信息、从来自竞争对手的应聘者那里进行了解等方法，去伪存真，逐步了解竞争对手的薪酬结构和水平，并建立自己有竞争力的薪酬体系。有了这样的薪酬体系，招聘时就有了依据，就可以给不同层次的人员确定合适的薪酬，拒绝那些不切实际的对薪酬要求偏高的应聘者。

9. 企业提供的发展机会

一个企业是否能吸引到优秀人才，和这个企业能否给人才提供发展机会有关。发展机会可以使员工在人格上和专业技术等方面得到迅速的发展和提高。一个企业若能为员工提供发展机会，往往会被认为是一个关心员工、以人为本的企业，员工也会乐于在这样的企业中工作。一个企业如果能为员工制定明确的职业生涯规划，为员工提供清晰的发展和晋升通道，则更能吸引和招聘到优秀人才，并使其在企业中长久地工作。

1.4.2 企业外部因素

1. 外部人力资源市场

企业外部人力资源市场影响企业招聘的具体因素主要表现在以下四个方面。

（1）人力资源供给状况。外部人力资源市场的人力资源供给状况对企业招聘的影响表现在人力资源的数量和质量两个方面。一方面，如果某地区或行业的某种具有一定质量的人力资源数量丰富，企业该种人力资源的供给一般就会相对充足；如果某地区或行业的某种具有一定质量的人力资源数量有限，则可能导致企业该种人力资源供给不足。当人力资源供给充足时，企业的空缺岗位就可能有相当数量的求职者应聘，企业不但有充足的挑选余地，质量也能得到保证，招聘任务比较容易完成；相反，当人力资源供给相对短缺时，求职者的数量较少，企业不但会陷入同行企业的激烈竞争中，而且使得招聘成本上升，录用标准降低。另一方面，如果某地区或行业的某种人力资源数量一定，则其整体素质越高，企业越容易挑选到合适的人选；若素质越低，则合适人选就会越少，甚至导致企业招聘标准降低，出现"矮子里面拔将军"的现象。

随着科学技术的发展和管理理念的变化，企业对远程工作的职位需求将越来越大，接受远程工作职位的需求将使企业的外部人才供给进一步扩大，企业能在全球范围内寻找可为企业工作的人才。

此外，跨界招聘也可以改善外部人才供给状况。在招聘中存在这样一个规律，即与原行业联系越不紧密的候选人，越能快速"破坏"行业格局，给企业带来颠覆性创新，所以企业不妨跨行业招聘高级管理人才，挖掘与引进跨行业的优秀经营管理人才，以便为企业经营管理改进带来更大的价值。

（2）人力资源价格。在人力资源市场上，某种人力资源的价格固然跟这种人力资源形成过程中的累计投资成本和后天的维护成本有关，但最终还是取决于该种人力资源的供给与需求关系。供大于求时，该种人力资源的价格就会下降；供小于求时，该种人力资源的价格就会上升。在企业技术构成基本不变的情况下，当某种人力资源价格上扬时，企业对该种人力资源的需求就会受到抑制，招聘活动就会减少，招聘数量也会减少，甚至暂时不招聘。

（3）人力资源市场的成熟程度。成熟而完善的人力资源市场可以为企业和求职者提供完全的信息，中介机构所提供的职业指导、就业咨询、人事代理及各种测评等服务，为供求双方提供了充分交流和了解的机会，也降低了企业在招聘中的成本和风险。人力资源市场越成熟，企业就越倾向于从外部招聘员工。反之，人力资源市场的发育越不成熟，中介服务不到位，企业就越倾向于从内部进行选拔。

（4）人力资源市场的地理区位。由于地理区位不同，人力资源市场上人力资源的供给状况和类型也不同。不同的地理区域，受区域经济社会发展状况、文化教育状况、人口密集程度等因素影响，人力资源的供给状况也不同。依据地理区域的范围大小，人力资源市场可以分为本地的、区域性的、全国性的和国际性的四种，招聘不同素质要求的人力资源应该选择合适的人力资源市场。通常，一般性的人力资源，如普通的生产工人、文职人员可以在本地的人力资源市场招聘；高技能的人员可以到区域性的人力资源市场招聘；专业管理人员则应该在全国性的人力资源市场招聘；对一些特殊人才，如科学家、跨国公司中高层管理人员，除在国内招聘外，还可以到国际性的市场上招聘。

2. 宏观经济状况和行业特性

宏观经济状况和行业特性对企业招聘的影响主要表现在以下五个方面。

（1）宏观经济状况。宏观经济状况良好，意味着社会失业率较低，企业的劳动力需求旺盛，人力资源市场上的人力资源供给相对较少，市场竞争加剧，企业招聘的难度加大。而宏观经济状况出现危机，意味着社会失业率较高，人力资源供给相对过剩，虽然企业招聘相对较容易，但由于企业普遍不景气，招聘的次数、规模及招聘人数都会受到影响。同样，一旦出现通货膨胀，则有可能导致企业的招聘费用和用人成本大幅上升，也会影响招聘。宏观经济状况对招聘的影响尤其明显地表现在对企业高级管理层和技术人员的招聘上。

（2）行业的性质。通常情况下，传统行业里的企业多属劳动密集型企业，对人力资源质量的要求不高，由于市场上人力资源供给相对比较充足，企业招聘到合格员工也较为容易。而一些新兴行业里的企业多属技术密集型或知识密集型企业，对人力资源的质量要求较高，由于市场上人力资源供给相对匮乏，企业在招聘过程中将面临较大的竞争压力，招聘费用也会更高。

（3）行业技术发展状况。行业技术水平的提高，一方面会使企业对人员的素质和能力的要求提高，另一方面也会因为劳动生产率的提高而使得企业对人员数量的需求减少。比如，印刷业长期以来依靠人工拣字排版，而计算机排版系统的出现使得这种局面发生了根本性的改变，致使印刷厂从劳动密集型企业摇身一变，成为技术密集型企业，极大地降低了对排版人员的数量要求，而且对排版人员的素质要求大大提高。

（4）行业生产资料的价格。企业所需购置的设备、能源和原材料价格也对招聘有影响。当生产资料价格下降时，产品的成本就会降低，企业生产的产品价格就会下降，市场需求就会增加，企业就会为满足市场需求而扩大生产规模，进而增加对人力资源的需求。为满足对人力资源的需求，企业就会到人力资源市场上招聘新员工。反之，生产资料价格上涨，企业生产的产品价格随之上涨，市场需求减少，企业就会减少供给，缩减生产规模，减少人力资源需求，企业就不会招聘新员工，甚至裁减现有员工。

（5）行业的竞争状况。行业的竞争状况与行业的属性有关。新兴行业发展快，前景好，有意进入该行业的企业可能会在短时间内增加很多，这就使得行业人力资源竞争相对激烈。成熟行业的情况则恰恰相反。另外，企业所在行业竞争情况，尤其是竞争态势的变化、企业在该行业中的地位等，对企业招聘工作的开展影响也非常大。如果企业在行业中竞争优势明显，领先地位牢固，那么该企业就相对容易吸引应聘者，招聘工作任务也就相对容易完成。相反，处于劣势地位的企业在与有优势的企业同时进行招聘时，要取得较好的招聘效果，就要采取一些非常规的方法和手段才有可能见效。

3. 国家的政策法规

企业的招聘工作看起来似乎是一个纯企业行为，其实不然。它既与劳动者有关，又与社会有关，所以是一项政策性很强的工作，因此企业的招聘必须在国家相关的政策法规规范下进行。《中华人民共和国劳动法》《中华人民共和国劳动合同法》及许多与企业用人有关的法律法规、条例、政策（如《人才市场管理规定》《女职工禁忌劳动范围的规定》《招用技术工种从业人员规定》《未成年工特殊保护规定》《中华人民共和国反不正当竞争法》《中华人民共和国未成年人保护法》等），不但保护了企业和劳动者双方的利益，维护了社会的和谐稳定，而且为企业合法招聘人员和求职人员合法流动起到了很好的规范作用。例如，为保护企业的技术秘密，规定掌握企业绝密技术的科研技术人员或开发人员，在一定期限内不许在同行业同类竞争企业中就职，从某种意义上说，也就是规定企业不得随意雇用竞争对手的核心技术人员。因此，企业在进行招聘面试时，应认真依法办事，看招聘的对象和招聘的方法是否涉嫌触犯法律，以免因违反法律法规而受到惩罚。

国家对招聘活动的影响还表现在对劳动就业保障的宏观管理上。比如，国家对各地区的最低工资的规定、对工资支付方式的规定、为职工缴纳各项保险的规定等，在保障劳动者合法权益的同时，对企业的招聘成本和用人成本都有直接影响。

除明确的法律法规外，对一些行业的内部规定和国家机关的规定也要事先了解。比如，为了国防安全的需要，有关部门规定在保密期内禁止普通企业招聘录用国防和军工单位的技术人员。

此外，国家对产业、行业的扶持、限制或调整政策也会对招聘产生巨大影响。

4. 科技发展水平

科学技术的发展对企业招聘的影响主要表现在以下三个方面。

（1）改变了企业岗位结构和要求。随着科学技术的发展和社会的进步，低科技含量的传统职业或岗位相应减少甚至消失，而一些高科技含量、高技术含量的新兴职业或岗位则像雨后春笋般冒了出来。从当前的发展趋势来看，大数据、物联网和人工智能等技术的不断发展会促使大量传统的工作岗位持续升级，在这个过程中，一部分知识结构陈旧的职场人将会被淘汰，而掌握新技术的职场人将会获得更多的发展机会。另外，多学科交叉融合、综合化的趋势对高校毕业生也提出了新的要求，也就是要求毕业生从知识单一型人才向知识复合型人才转变。从各类人才招聘会反馈的信息上可以看到，很多用人单位往往更看重毕业生的综合能力。

（2）降低了企业招聘成本。目前，科学技术的进步，特别是大数据、人工智能等技术在招聘中的应用，对企业招聘产生了深刻的影响。比如，大数据、人工智能等技术的应用可以帮助企业拓宽招聘路径，选择合理的招聘渠道，从而获得良好的招聘效果；再如，大数据、人工智能等技术可以通过大数据分析，获知不同招聘渠道的效能，合理配置不同招聘渠道的费用投入，借助社交网络自身的群体聚集性进行一定程度的门槛筛选，减少筛选工作等，在供需预测、招聘渠道、初选匹配、面试开展等多个方面显著降低企业的招聘成本。此外，大数据、人工智能等技术还能帮助企业在进行招聘工作总结时，有效分析不同招聘途径的招聘成效，以便改进未来的招聘工作。

（3）提高了招聘匹配度。科学技术的进步，特别是大数据、人工智能等技术在招聘中的应用，使企业对历史员工数据和岗位信息的梳理和分析更加细致。比如，运用大数据、人工智能等技术列出不同岗位的高绩效人才的特质并构建岗位胜任模型，借助计算机进行智能简历初筛和候选人匹配，利用社交网络平台快速获取候选人的立体个人数据信息等。这些个性化的海量有效信息不仅能保证企业的录用决策有充分的参考标准，也保证了人才与岗位的较高匹配度。

1.4.3 求职者个人因素

1. 求职者的教育背景和家庭背景

毋庸置疑，求职者的教育背景和家庭背景对求职者的择业有着重要的影响，进而影响企业的招聘。

求职者的教育背景对求职者择业的影响表现在：①求职者所学的专业是其选择职业的主要影响因素；②教育程度的高低是其择业期望值的重要影响因素。教育程度越高，应聘者越趋向于选择较高的职位，很难"低就"；反之，求职者对职位的期望值就较低。

求职者的家庭背景对求职者择业的影响主要表现为，求职者家庭成员的职业、家庭的经济状况、家庭教育等对求职者的影响。例如，我们经常可以见到的教师之家、艺术世家等，都证明了家庭背景对求职者择业的影响。

2. 求职者的经济压力

求职者的求职动机与经济压力之间成正比关系。在职人员的求职动机远比没有工作的人小，因此这类求职者在单位时间内寻找工作的次数明显少于无业者，在寻找工作过程中的表现也较为被动，面对工作机会更为挑剔，这主要与他们有收入、经济压力较小有关。除求职者是否有工作外，求职者的个人经历、家庭条件等也决定其经济压力的大小，进而影响企业的招聘。

3. 求职者的工作经验

从企业方面来看，招聘有工作经验的人员可以在短时间给企业带来效益，用人单位也不必花费高成本在技能方面重新培养人才，节约了企业经营成本。因此，有工作经验已经成为很多单位招聘的一项重要标准。从求职者方面来看，工作技能和工作经验也是影响求职者择业期望值的重要因素之一。一般来讲，接受过多种专业训练或有着多年相关工作经验的求职者，对职位的要求会高于没有相关经验和技能的求职者。

4. 求职者的职业期望

每个求职者都有自己的职业期望，有的人期望高一些，有的人期望低一些；有的人胸怀大志，有的人不求上进；有的人好高骛远、不切实际，有的人脚踏实地。但不管怎样，这些期望都会影响求职者的择业，进而影响企业的招聘。每个人的天资、能力、动机、需要、态度和价值观等与职业关系的形成是一个渐进过程。只有这个人正确地认识自己，形成较为明晰的与职业有关的自我概念时，才能形成一个明显的、占主要地位的职业锚。所以，企业的招聘必须了解求职者的职业期望，看他是否有一个明显的职业锚，并且与企业的发展需求是否一致。

自 测 题

一、判断题

1．招聘是通过各种媒体与渠道寻找和吸引相关求职者前来应聘的过程。　　（　　）

2．企业之所以要招聘，主要是因为各种原因造成了组织岗位发生空缺，因此招聘通常是一项临时性的紧急工作。　　（　　）

3．招聘必须按照企业的人力资源规划进行，而人力资源规划又是根据企业战略制定的，因此招聘工作与企业战略息息相关。　　（　　）

4．企业技术装备水平的提高会导致企业对人员的质量要求提高而数量减少。　　（　　）

5．行业生产资料价格的提高将导致企业对劳动力需求量的减少。　　（　　）

6．社会科学技术水平的提高将导致社会所有岗位的需求量的减少。　　（　　）

7．招聘的前瞻性原则要求企业不但要考虑现有岗位，而且要考虑企业的长远规划对人力资源的要求。　　（　　）

二、单选题

1．宏观经济危机将导致企业用人需求（　　）。
   A．上升　　　　　　B．下降　　　　　　C．不变　　　　　　D．不稳定

2．求职者的求职动机和求职者的经济压力的关系是（　　）。
   A．成正比　　　　　B．反比　　　　　　C．没有关系　　　　D．因人而异

3．当企业希望招聘的人才在短期内取得效益时，可以招聘（　　）。
   A．高学历的人才　　　　　　　　　　B．高科技人才
   C．有工作经验的人才　　　　　　　　D．应届毕业生

4．招聘应该因职选人，既不可过度追求低成本造成小材大用，也不可盲目攀比造成大材小用。这表明招聘应遵循（　　）。
   A．前瞻性原则　　B．能级匹配原则　　C．竞争原则　　　　D．公平原则

5．劳动力市场的完善程度越高，企业越倾向于（　　）。
   A．内部招聘　　　　B．外部招聘　　　　C．广告招聘　　　　D．网络招聘

三、多选题

1．一般来讲，（　　）的劳动力供给比较充足。
   A．劳动密集型企业　　　　　　　　　B．技术密集型企业
   C．新兴行业的企业　　　　　　　　　D．成熟行业的企业

2．下列哪些因素会影响求职者的求职行为？（　　）
   A．经济压力　　　B．家庭背景　　　　C．所学专业　　　　D．是否有工作

3．行业生产资料价格的下降将导致（　　）。
   A．产品的成本下降　　　　　　　　　B．市场需求下降
   C．企业扩大生产规模　　　　　　　　D．企业增加对劳动力的需求

4. 继《劳动法》之后，我国颁布了（　　　　）等与企业招聘相关的法律法规、条例、政策。

　　A.《人才市场管理规定》　　　　　　　　B.《女职工禁忌劳动范围的规定》
　　C.《招用技术工种从业人员规定》　　　　D.《公平竞争就业法》

四、练习与思考

1. 简述招聘的含义和作用。
2. 简述影响招聘的内部因素。
3. 简述影响招聘的外部因素。
4. 一家纺织企业因业务发展需要，拟招聘部分销售人员。试分析该企业招聘前最应考虑哪些方面的因素。
5. 试分析招聘工作和企业形象之间的关系。

五、案例分析

1. B公司的营销经理老张在周例会上向大家报告了一个好消息：B公司即将与M公司签订一大笔合同，公司所要做的事情就是用一年的时间来完成这个合同，他已经向对方保证公司可以按时完成这个合同。

听到这个消息，大家都欢欣鼓舞。但人力资源部经理老林的一段话，让大家认为要完成这项计划并不容易。老林认为，公司现有的工人并不具备按照M公司的标准生产出优质产品所需的专业知识。如果按两年的计划来做，公司可以对现有工人逐步进行培训。但是现在只有一年时间，公司必须到劳动力市场上去招聘那些具有生产这些产品经验的工人。因此，他认为，公司有必要重新分析一下这个方案，看看公司有没有必要这样做。如果真的要在一年内完成这个计划，公司应该可以做到，但是人力资源的成本将会大幅度上升，这样就很难保证企业的利益。

思考题：
B公司遇到了什么问题？应该如何解决？

2. 小D从某省的一所大学退学创业，结果失败，半年后开始在本地找工作。当时他找的是一些从事广告和策划业务的小公司，结果都因为没有本科或研究生学历而被拒绝。一天，他在《南方周末》上看到一家外资公司招聘市场主管，觉着不错就开始准备了。他花了一个多月时间把全省大半个市场跑遍了，写了整整47页的市场调研报告和岗位认识，以及该省的市场特征分析，最后和简历一起发过去了。结果很快就来消息了，这家公司要他直接到上海总部工作。他在上海一干就是四年，从一般的小职员一直做到科长。

在我们身边，有很多这样的例子。这不但是一个个人职业规划、自我规划及自我定位的问题，更是一个怎么识人和用人的问题。目前以学历为主要衡量指标的情况有一定规律：大型集团和小公司特别注重，中型企业则相对宽松一些。大企业是因为发展达到了一定的程度，中型企业一般从人力上来说需要一些新的血液，而小公司为什么那么执着地非要用本科以上学历的人呢？

思考题：
（1）小型企业特别强调学历的现象是什么原因造成的？
（2）以学历为主要指标的用人观是否值得提倡？为什么？

第 2 章
招聘前的基础性工作

D 公司招兵买马之误

D 公司因生产规模扩大,需要在生产部门新增一个处理人事事务的职位。根据总经理的意见,D 公司决定采用外部招聘的方式完成。

在招聘渠道的选择上,人力资源部张经理提出在本行业专业媒体上招聘,因为这样不但成本低,而且受众中对口人才的比例会高些。总经理看过人力资源部拟订的招聘计划后,认为公司正处于初创期,应该在大众媒体上做招聘,这样还可以宣传企业,增加企业的影响力,于是方案就定下来了。

刊登的招聘广告内容如下:

您大展宏图的机会在 D 公司

人力资源管理职位 1 个:负责主管生产部和人力资源部两部门的协调性工作。

抓住机会!充满信心!

一周内,人力资源部收到了 300 多份简历。经过重重筛选,最后留下小李和小王两人供最后选择。二人的基本资料相当。在等待通知期间,小王多次打电话给张经理,表达对这份工作的渴望,给张经理留下了善于沟通的良好印象。于是,在张经理的竭力推荐下,小王被录用了。

然而,进入公司的小王的工作并没有期望得那样好,管理层对他时有抱怨。小王也很委屈,他来公司后才发现,公司环境与工作性质和他预想的并不一样。

思考

D 公司招聘失误的原因在哪里?

本章学习目标

1. 了解人力资源规划的含义、内容和主体。
2. 掌握人力资源规划的制定原则和流程。
3. 了解工作分析的含义及作用。
4. 掌握工作分析的内容、程序与方法。
5. 了解招聘计划的制订程序和内容。

学习导航

```
第2章  招聘前的基础性工作

2.1  人力资源规划
2.1.1  人力资源规划概述
2.1.2  人力资源规划的内容与主体
2.1.3  人力资源规划的原则和流程        2.2  工作分析
2.1.4  人力资源规划的作用              2.2.1  工作分析的含义
                                      2.2.2  工作分析的内容
2.3  招聘计划制订                      2.2.3  工作分析的程序与方法
2.3.1  招聘需求                        2.2.4  工作分析在招聘中的作用
2.3.2  招聘策略
2.3.3  招聘成本估算
```

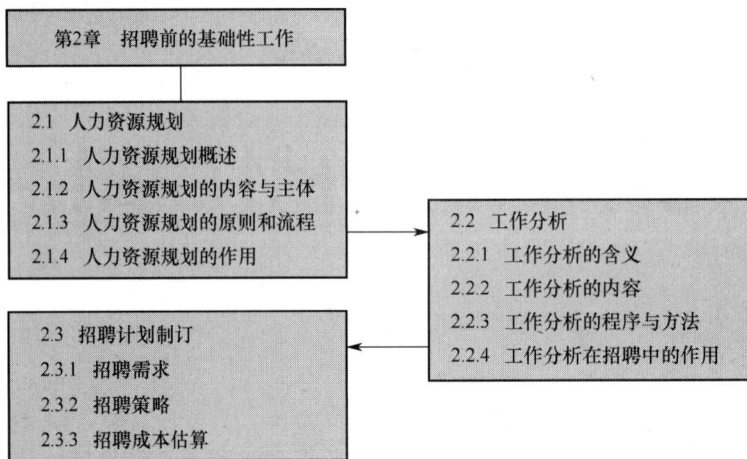

常言说得好，不打无准备之仗。作为企业人力资源的入口，招聘对企业的人力资源管理有着源头性的作用。为了使招聘能够更好地适应企业发展和外界环境变化的需要，企业在招聘之前必须明确与招聘有关的问题，如何时需要人、需要多少人、需要什么样的人、这些人之间是什么样的关系等，然后才能采取行动。这些问题正是人力资源规划和工作分析的主要内容。因此，人力资源规划和工作分析，以及依据这两项工作制订的具体招聘计划，是招聘前必须做好的基础性工作。

2.1 人力资源规划

案例

小张的烦恼

小张是某房地产公司的人力资源部经理。前几天，总经理告诉了小张一个喜讯，即一个策划了两年的大项目终于获得批准。按照当地政府的要求，公司要在最短的时间内立即开展工作，让小张在 10 天内招聘 40 名专业人员。听到这个好消息，小张真是急坏了：这么短的时间，到哪里去招聘这么多专业人员？何况，人力资源部哪有那么多人手进行如此大规模的招聘活动？

分析：现实中，很多企业都有可能遇到需要在短时间内招聘大量人员的情况，这种情况常常使人力资源管理者非常头疼。之所以会发生这种突发性招聘，一个很重要的原因就是企业没有做好人力资源规划，缺乏对人力资源需求数量和质量的预测。在竞争白热化的当今世界，人力资源规划已经成为影响企业实现战略目标和可持续发展的核心环节。

2.1.1 人力资源规划概述

1. 人力资源规划的含义

人力资源规划是一种活动，是指企业从战略的角度出发去探索和掌握人力资源系统的发展规律，并运用这些规律去规定和控制未来企业人力资源系统的运动状态。

一般认为，人力资源规划有广义和狭义之分。广义的人力资源规划既包括人力资源规划的制定，又包括人力资源规划的实施。狭义的人力资源规划只包括人力资源规划的制定。

其实，人力资源规划的制定也有广义和狭义之分。广义的人力资源规划制定的内容极其广泛，包括确立企业吸引和保留人才的理念，设计企业的组织结构和分工，预测企业未来的人才需求，以及制定和完善人力资源管理制度等各项工作。而狭义的人力资源规划制定是指人力资源的供需预测，即预测企业为达到未来战略目标所需要人员的数量、质量等。

通过人力资源规划，企业可以对人力资源实现适时、适量的补充和精简，实现人力资源的合理流动，既使企业保持稳定性，又使组织保持活力，从而支持企业战略目标的实现。

人力资源规划主要有如下四层要义。

（1）人力资源规划是企业发展规划的组成部分。因此，企业未来的生产经营规划是人力资源规划的基础。人力资源规划是对企业未来人力资源需求的预测与筹划，而不是对企业当前人力资源需求的描述。

（2）人力资源发展预测是编制人力资源规划的基础。科学的人力资源发展预测，包括企业人力资源的需求预测、供给预测和供需平衡预测。供给预测既包括内部供给预测，也包括外部供给预测。

（3）统筹安排人力资源进出、保障企业人力资源供给是人力资源规划的主要目的。与此相关的调动、晋升、招聘和培训等工作是人力资源规划的主要内容。

（4）人力资源规划是一种统筹规划。它统领企业未来各项人力资源活动，为企业人力资源的发展提供目标、战略、政策、措施，以及实施的方法和原则，并将人力资源各项管理活动与企业的各项活动有机地整合起来。

2. 人力资源规划的分类

人力资源规划可以从多个角度进行分类。

（1）从人力资源规划的外延来看，人力资源规划按其涉及的范围可以分为宏观规划、中观规划和微观规划。宏观规划一般是一个国家、地区或行业的人力资源发展战略规划。微观规划偏重于一个企业或组织的人力资源发展规划。

（2）按规划涉及的时间期限分类，人力资源规划可以分为短期规划、中期规划和长期规划。短期规划通常历时 1～2 年，是一个企业年度规划的重要组成部分；中期规划是一个企业发展 3～5 年的部署；长期规划一般为 10～20 年，甚至更长时间。规划历时的长短受企业发展规划、竞争程度、环境稳定性程度的影响。一般来说，企业越注重长期发展、竞争越激烈、环境越不稳定，对高素质人力资源的依赖就越大；人力资源培养期越长，人力资源规划所涵盖的时间段应该也越长。

（3）按规划的层次分类，人力资源规划可以分为总体规划和业务规划。总体规划是企业的人力资源战略规划，着重对人力资源管理与开发总的目标、政策、步骤、预算等进行规划，是企业整体战略的重要组成部分，也是制定各项业务规划的依据。业务规划则是总体规划的具体分解，也称专项规划，它把总体规划分解为各项分目标、分任务、分政策、分步骤及分预算。

（4）按规划内容的性质分类，人力资源规划可以分为人力资源管理规划和人力资源开发规划。人力资源管理规划包括人力资源招聘规划、人力资源配置规划、人力资源缩减规划、人力资源外包规划等。人力资源开发规划包括人力资源晋升规划、人力资源培训规划、人力资源激励规划、人力资源职业生涯规划等。

3. 人力资源规划的期限

任何规划都应有一个期限。人力资源规划的期限长短必须符合以下两点要求：一是期限长度足以使组织有时间对人力资源规划所预测到的问题做出调整和反应；二是期限要与组织的其他战略规划保持一致，从而支撑战略规划的实施。人力资源规划按照其期限的长短不同，可以分为长期规划、中期规划和短期规划三种。

（1）长期规划。人力资源长期规划是具有战略意义的规划，不仅期限较长，而且内容与组织的长期战略规划相对应，主要是对组织未来相当长一段时期内的人力资源需求进行规划，具有普遍性的指导意义。根据长期战略规划，可以分析组织未来对人力资源的要求，为组织的人力资源引进、培养和开发指明方向。战略性的人力资源规划目前越来越受企业重视的原因就在于，它根据组织自身发展的特点和环境的变化，从全局把握组织未来发展的要求，统筹兼顾地对组织未来所需人力资源进行筹划。

（2）中期规划。人力资源中期规划是根据组织中期战略规划制定的人力资源规划，时间跨度一般为 3～5 年，它对人员的来源，以及合适的人力资源政策等做出具体确定，如招聘计划、培训计划、退休计划、职业生涯发展计划等。其核心内容是预测并平衡企业人力资源需求和供给。

（3）短期规划。人力资源短期规划的时间跨度一般只有 1～2 年，它是根据企业短期经营规划制定的，主要对企业具体的人力资源管理活动（如招聘、培训、薪酬等）做出明确、具体的安排。

2.1.2　人力资源规划的内容与主体

1. 人力资源规划的内容

人力资源规划的内容主要包括组织内部的人员调配、晋升、补充和培训四个方面。

（1）人员调配。随着企业战略的调整，组织结构也需要相应地进行调整，而组织结构调整的结果必然导致企业岗位的变化和调整。为了实现人岗匹配，最大限度地发挥员工的作用，企业需要根据调整后岗位的要求，首先在内部对人员进行重新安排。此外，企业中的员工随着工作阅历的增加，他们的经验、知识也在不断积累，素质和能力也在不断提高。为了更有效地发挥人力资源效能、推动员工个人不断向更广阔的领域发展，企业需要对现有人力资源进行不断调整，将他们调配到合适的新岗位上，保证他们能在新的岗位上发挥更大的作用。

（2）人员晋升。人员的晋升意味着让有能力的人到更高级别的岗位上去发挥更大的作用。这是一种"双赢"的做法，既有利于员工为企业做出更大贡献，也有利于员工的个人成长。对员工来讲，人员晋升是一种激励，也是一种挑战，这就需要员工不断地充实自己、提高自己，在个人的职业生涯道路上不断拼搏。对组织来讲，人员晋升既要有计划地进行，又要有秩序地进行，这就需要有规划地实施和落实。晋升计划使人力资源规划很好地兼顾了企业需要和员工职业生涯发展需要。

（3）人员补充。如果说人员的调配和晋升主要是企业内部的活动，那么人员的补充则是涉及企业外部的活动。虽然说人员补充主要是为了解决企业的人员短缺问题，目的是有计划地填补企业未来一段时期内可能出现的职位空缺，但从本源上来讲，企业里所有的员工都是从外部补充进来的。人员补充与人员晋升、培训密切相关。晋升在填补相对高级职位空缺的同时，会产生较低级别的职位空缺；培训的实施则可以在一定程度上为空缺职位培训合格人员。因此，人员补充时首先要考虑现有人员的晋升可能和员工培训计划可能带来的变化。一般来说，只有企业内部由于人员变动出现空缺岗位而又无法通过内部调整或培训加以解决，以及企业因规模扩张而需要增加若干新岗位时，才需要考虑从外部补充。

（4）人员培训。人员培训是企业人力资源开发的主要形式，也是提升员工素质的有效手段，因此它是企业人力资源规划必不可少的组成部分。通过人员培训，可以有计划、有步骤地提升员工的知识、技能和其他相关素质，为组织现有的空缺岗位和未来可能出现的空缺岗位提供合格的人力资源。培训是人力资源管理的一项经常性工作，但每次培训未必都能达到理想效果，因此要对人员培训工作进行规划，使之能够立足于企业的宗旨和目标，配合组织的发展战略，提高培训的目的性和有效性。

案 例

经营战略调整与人力资源规划

　　B 公司是某国一个大批发商在中国的总代理，代理某特种新型材料已经五年了。这种材料只有少数几个国家生产。最近两年，B 公司的国内客户不但要求越来越高、越来越细，而且提出了一些特殊要求。这样，B 公司原来的运营模式就越来越不适应业务的变化了。另外，B 公司也有意直接从生产商那里进货，争取价格上的更大优势。

　　现在，公司高层思考的问题是，为了企业的发展，B 公司应该制定一个什么样的人力资源规划，哪些人才是公司需要的核心人才，公司需要招聘哪些人才及怎样进行招聘。

　　分析：受外部环境变化影响，B 公司考虑进行企业经营战略重大调整。在调整企业经营战略时，B 公司针对未来企业的业务变化需要制定相应的人力资源规划，这个人力资源规划应以补充和培训为主。如何制定人力资源规划，这对不少企业来说都是一项复杂而艰巨的工作。在新形势下，B 公司需要引进的人才有很多，但最重要的是熟谙特种新型材料国际生产市场且具有国际贸易洽谈经验和能力的战略规划人才和业务人员，这种人才要在国际范围内招聘。

2. 人力资源规划的主体

通常人们可能会想当然地认为，人力资源规划不管是制定还是实施，都是人力资源部门的事，因此人力资源规划的主体就是人力资源部门。其实不然。人力资源规划由于涉及面广，规划难度大，因此需要不同类型和职位的人共同参与制定和实施。这些参与者主要包括企业领导、人力资源部门、各职能部门和业务部门的经理，以及外聘专家等。

（1）企业领导由于是企业的决策者，他们熟谙企业战略，因此在人力资源规划中扮演着重要角色。企业领导在确定和实施企业战略的同时，不仅要为人力资源规划指引方向，还要承担人力资源规划最终决策的重大责任。

（2）人力资源部门在人力资源规划中的作用主要体现在它的纽带作用上。人力资源部门在人力资源规划制定的过程中，根据决策者的战略意图，从企业内外部收集人力资源规划所需的相关信息和数据，具体牵头组织人力资源规划的编制工作。人力资源部门在人力资源规划实施的过程中，全面贯彻落实人力资源规划，并对各个部门实施人力资源规划的情况进行检查监督，一旦发现问题则立即采取纠偏措施或对人力资源规划进行修正。因此，人力资源部门在人力资源规划的制定与实施过程中起着举足轻重的作用。

（3）各职能部门或业务部门的经理在人力资源规划中也起着重要作用。这些部门经理不仅是企业各个部门战术目标的制定者，也是人员需求和供给预测信息的收集者和提供者，还是人力资源规划的具体实施者。可以说，各部门经理既是企业人力资源规划制定的重要主体，更是人力资源规划实施的重要主体。

（4）在不少企业中，制定人力资源规划往往还聘请外部有关专家参与，以提高预测的准确性和科学性。

以上各类主体在人力资源规划中的角色和作用如表 2-1 所示。

表 2-1　各类主体在人力资源规划中的角色和作用

规划内容	企业领导	人力资源部门	部门经理	外聘专家
组织规划编制	★	★		
收集信息		★	★	
分析现状	★	★	★	★
预测内部需求与供给		★	★	★
预测外部供给		★	★	
确定人力资源战略目标	★	★	★	★
确定人力资源战略组合	★	★	★	★
建立人力资源政策体系	★	★	★	★
制定人力资源业务规划		★	★	
规划的实施与控制	★	★	★	
修订规划	★	★	★	★

2.1.3　人力资源规划的原则和流程

1. 人力资源规划的原则

（1）战略性原则。人力资源规划是企业今后相当长一段时期内指导和规范人力资源管理工作的纲领性文件。因此，人力资源规划的制定必须始终贯彻企业战略思想，从战略高度思考和谋划人力资源队伍发展和人力资源管理工作的全局。这就要求人力资源规划具有长期的稳定性、科学的预见性和较强的适用性，把人力资源规划建立在对企业人力资源活动发展规律的正确把握和对企业内外环境发展变化的准确判断之上，使得人力资源规划在执行过程中能最大限度地适应环境变化，并及时做出调整。

（2）系统性原则。系统性原则要求把人力资源规划工作视为一项系统工程来看待，以企业整体目标的优化为目的，同时厘清各子系统之间的内在联系，协调整个人力资源规划方案中各个组成部分的相互关系，以保证后续人力资源管理各项工作能够顺利实施。因此，在制定人力资源规划时，应该将每个具体规划的特性放到大系统的整体中去权衡，从整体着眼、部分着手，统筹协调，实现整体的最优化。

（3）服务性原则。企业人力资源规划本身就是企业人力资源战略的具体文本化，而企业人力资源战略又是企业总体发展战略的一部分，因此企业人力资源规划不能独立于企业发展战略之外，而是要服从和服务于企业的总体发展要求和战略，为实现企业既定的目标提供强有力的人力资源保障和支撑。如果说企业发展规划是一级规划，那么企业人力资源规划就是二级规划。企业要根据战略实施的路径和发展的不同阶段，分别制定相应的人力资源规划和对策措施。

（4）人本性原则。人是管理对象中唯一能动的资源要素，是企业生存和发展的决定性因素。对人的管理的成败关乎企业的命运。人本性原则要求在人力资源规划的制定和实施过程中，坚持以人为本的理念，在注重企业目标实现的同时，关注员工的全面发展；通过规划，加强对员工行为的规范、培训、引导和激励，把员工个人的成长目标和企业的目标统一起来，实现双赢。这就要求做到"四要"：一要遵循人力资源个体成长规律、群体配置规律和人力资源市场交换规律；二要尊重员工个性，了解员工需求，调动员工积极性；三要激发员工的创造力，发挥员工的作用，实现员工的个人价值；四要建立良好的企业文化和民主管理的氛围，凝练共同的价值观，提升员工的认同度，增加员工的归属感，使员工与组织得到共同发展。

（5）动态性原则。面对不断变化的企业内外环境，领导者必须果断放弃陈腐的静态规划观念，将人力资源规划看作一个动态的过程，加以动态性管理。人在不断地成长，企业在不断地发展，人力资源规划也要在运动中不断地更新观念，不断地进行充实和完善。这就要求人力资源规划的制定在保证主体稳定的前提下，同时具有一定的灵活性和可扩展性，只有这样才能不断地促进企业和个人的全面进步。

2. 人力资源规划的流程

在制定人力资源规划前，企业首先要确定自身的定位和未来若干年的经营发展战略。在确定总体战略后，企业的人力资源规划则可以按以下步骤开展。

（1）收集信息。制定人力资源规划所需要的信息可以分为外部信息和内部信息两类。外部信息主要包括宏观经济发展形势、企业所处行业发展前景、科学技术的发展、行业内主要竞争对手的发展动向、人力资源市场的供给与需求状况、国家和企业所在地政府出台的相关政策法规等。内部信息主要包括本企业的发展战略、组织的技术设备条件、企业现有人力资源状况和变化趋势等。

（2）分析人力资源现状。在收集信息的基础上，可以从五个方面对企业人力资源的现状进行 SWOT 分析。一是对人力资源队伍进行分析；二是对人力资源管理的业务、流程、体制、机制、制度、政策及具体的技术方法和手段进行分析；三是对行业内的人力资源竞争态势进行分析；四是对企业内部的人力资源环境进行分析；五是在上述分析的基础上找出企业人力资源的优势、劣势、机会和威胁。

（3）规划未来组织结构。在确定经营战略后，为了适应企业未来业务开展的需要，还要对企业的组织结构进行规划。例如，成立新的部门，确立部门间的相互关系，明确部门的性质、任务、职责及重要程度，建立新的岗位体系。

（4）进行人力资源预测。人力资源预测包括人力资源需求预测和人力资源供给预测。人力资源的需求预测就是根据调整后的组织结构，对企业未来一段时期内所需人员的数量和结构进行预测。人力资源供给预测是指对未来一段时期内企业内部可能供给的人力资源数量和类型，以及外部可能供给的人力资源数量和类型进行预测。在上述预测结束后，还要对两个预测结果进行对比预测。

（5）选择人力资源发展战略。在人力资源规划中，人力资源发展战略的选择与制定不但很重要，而且处于核心地位。企业要选择人力资源发展的宗旨、观念、指导思想、战略原则、任务目标、重点业务单位，并确定重点职能部门的人力资源战略、重点工程和重点人力资源职能战略等。

（6）组合人力资源发展对策。为了保证人力资源发展战略的实现，还必须制定与人力资源发展战略相适应的对策，即根据战略制订出具体的行动方案、计划措施，并将其具体地落实到不同的部门与不同的人身上。在此过程中也要考虑现有人员的调整、补充及培养使用等问题，这样就会形成各类人力资源战略实施的具体业务规划。

（7）人力资源规划的实施与控制。在制定人力资源规划后，还要对人力资源规划加以实施和控制。企业人力资源规划的实施与控制是以企业人力资源部门为主要推动力的、全企业各个职能部门和业务部门共同完成的任务。人力资源部门主要起推动和监督实施的作用。

（8）人力资源规划的评价与修订。人力资源规划的评价与修订工作是在人力资源规划实施一个阶段之后进行的反馈与纠偏工作。通过对人力资源规划实施的过程和结果进行评价，可以考察人力资源规划是否与企业经营发展战略相符合，人力资源规划的投入与收益相比较是否合适。企业可以根据人力资源规划的评价结果进行控制和修正，依据评价结果进入下一阶段的人力资源规划，这样就可以使企业人力资源规划进入一个持续不断的循环过程，使企业人力资源在这一循环过程中得到持续发展，如图2-1所示。

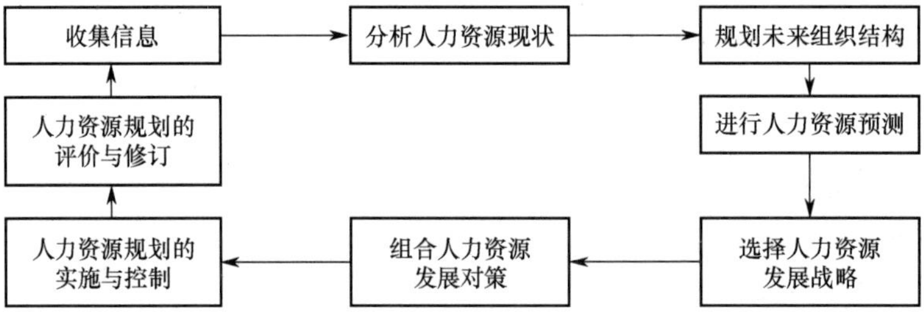

图2-1　人力资源规划的流程

2.1.4　人力资源规划的作用

（1）保证企业适应环境变化。环境是企业生存和发展的土壤，环境的变化直接影响企业的生存和发展。一方面，外部环境可能为企业提供各种发展机会；另一方面，外部环境可能随时威胁企业的生存发展。为了在变幻莫测的市场环境中求得生存和发展，企业必须不断地调整战略，抓住环境变化带来的各种机会，规避变化带来的各种威胁。企业战略的变化必然带来组织结构和岗位性质，以及任职要求的各种变化，这就要求企业对人力资源数量和结构做出相应的调整。随着经济社会的不断发展，企业中的专业化程度越来越高，分工也越来越细，如果没有基于预测的人力资源规划，企业一旦遭遇剧烈变化的外部风险，将很难在较短的时间内做好充分的人力资源方面的准备，其结果肯定会影响企业的持续稳定发展。

（2）为企业战略目标提供人力支撑。企业人力资源规划的一个重要内容，就是对企业人力资源的发展进行科学的预测。例如，预测组织何时补充人员，补充什么样的人员，何时需要何种培训，并制定相应的招聘、晋升、培训等方面的政策和措施。其目的是为企业的经营战略提供坚实的人力资源支撑，确保组织在适当的时间和适当的岗位上有足够的、符合要求的人力资源支持企业经营战略目标的实现。

（3）统筹人力资源管理各项活动。人力资源规划是从企业战略高度制定的，其统筹兼顾的特点决定了它对人力资源管理各项活动都有指导作用，并将人力资源管理的各项工作和活动连成一个完整的、协调一致的系统，保证人力资源管理系统在不断变化的环境下能够有效运行。

（4）提高人力资源使用效能。人力资源的有效组合是人力资源管理的根本任务。每个企业都在不断地创新自己的组织结构和岗位体系，以适应科技进步和经济发展所带来的变化。现实中，很多企业不能迅速适应技术和环境带来的变化，组织结构和岗位设计不合理，又不能及时做出调整，导致有的岗位工作负荷过重，而有的岗位工作量不足；有的人大材小用，有的人又无法胜任本职工作。这些问题都造成了组织的人力资源使用效能不高。人力资源规划通过对组织工作、人员等进行分析，可以找到影响人力资源使用的各种问题，并提出相应的解决方案，从而使人力资源的效能得以充分发挥。

（5）实现企业和员工的共同发展。实践证明，员工的个人目标和企业的发展目标如能达成一致，就能极大地促进组织目标的实现。人力资源规划中关于未来组织结构和岗位结构的规划，能够给员工展示出一个比较清晰的关于企业未来的人力资源需求框架，从而使员工可以看到自己的努力方向，帮助员工根据企业发展的要求，进行个人职业生涯设计。这样就能在员工充分发挥自己的才能并得到发展的同时，为企业提供充足的人力资源支持，实现企业和员工的共同发展。

2.2 工作分析

2.2.1 工作分析的含义

工作分析是以企业中的岗位及岗位主持人为研究对象，对工作岗位相关信息进行收集、整理和加工的过程。具体来说，工作分析是通过一定的方法，收集与有关工作岗位内容和岗位之间相互关系的信息，在分析整理这些信息的基础上，明确各个岗位的设置目的、性质、职责、权限和隶属关系、工作条件和工作环境、工作的上下左右关系，以及承担该项工作所要具备的资格条件等，并制定出相关人力资源管理文件和资料的过程。

工作分析的结果是形成岗位说明书、工作描述书、职责说明书和任职说明书等相关文件。岗位说明书等文件模板如表 2-2～表 2-5 所示。这些文件是企业人力资源规划、员工招聘与甄选、培训与开发、绩效管理、薪酬管理等人力资源管理职能工作开展的重要参考依据。

表 2-2 岗位说明书模板

岗位名称		岗位编号		岗位定员		职　系	
所在部门		直接上级		直接下属		所辖人员	
本　职							
职责与工作任务							
职责一	职责表述			工作时间百分比			
	工作任务						
职责二	职责表述			工作时间百分比			
	工作任务						
权利：							
工作协作关系：							
任职资格：教育水平、专业、培训经历、经验、知识、技能技巧							
其他：使用工具，设备工作环境，工作时间特征，所需记录文档							
备注：							

表2-3　工作描述书模板

职位名称			职位编号			工资等级	
岗位性质			可兼任岗位				
直接上级			所属组织				
直接下属					本岗位数		
项　　目			具体说明				
办公（工作）地点							
工作环境		温　　度					
		湿　　度					
		粉　　尘					
		噪　　声					
		异　　味					
		危 险 性					
		工作班次					
设备工具		必　　备					
		经常使用					
		偶尔使用					
		辅助工具					
职位关系		岗　　位			相应条件		
可晋升岗位							
何岗位可转升至本岗位							
可转至岗位							
降级							
工作背景	1. 职位层次：						
	2. 职位性质：						
	3. 相关关系： ① 领导关系： ② 协作关系：						
	4. 关系描述：						

表 2-4　职责说明书模板

职责概要			
具体职责	编号	职责内容	安排时间
	1		
	2		
	3		
工作权限			
注意避免的过失			
考核项目			监督及考核机关
1			
2			
3			
需受训项目	岗前任职培训：		
	在职技能培训：		
	其他培训：		

表 2-5　任职说明书模板

条件结构		内容描述
资格要求	文化程度	
	职业资格	
	工作经历	
知识和技能要求		
工作态度	责任心	
	主动性	
	安全意识	
	成本控制意识	
生理要求	年　龄	
	性　别	
	健康状况	
其　他		

2.2.2　工作分析的内容

工作分析的内容视工作分析的目的不同而有所不同。一般情况下，工作分析的内容包括岗位基本信息、工作内容、工作关系、工作环境和任职条件。

1. 岗位基本信息

（1）岗位名称。岗位名称必须明确，做到"名"与"责"相符，能够准确反映其主要的工作职责。岗位名称要标准化，即按照有关职位分类、命名的规定或通行的命名方法和习惯确定工作名称。

（2）岗位编号。各项工作按照统一的代码体系编码。岗位编号要既能反映岗位所属部门，又能反映岗位的上下级关系；如果能反映该岗位的工作性质及其在组织中的地位则更好。

（3）工作地点。这是指从事本岗位工作的员工的工作地点。有时又将工作地点和办公地点分开考虑，这主要是因为有的岗位的工作地点和办公地点是不同的。如果是这样的话，就应该设置两个项目分别进行考察。

（4）所属部门。即本岗位属于企业中的哪个部门。

（5）直接的上下级关系。即本工作岗位的直接上级及其直接领导的下级的工作岗位名称和相应的人数。

（6）岗位定员。即企业中从事同一岗位的员工数目。如果同一岗位的员工人数经常变动，则其变动范围应予以说明；如果员工是轮班使用，也应予以说明。由此，可以了解员工的工作负荷量及人力配置情况。

2. 工作内容

工作内容是指与员工工作有关的一切事件。

（1）工作任务。即应该完成的工作活动是什么。明确、规范工作行为，如工作的中心任务、工作内容、工作的独立性和多样化程度，以及完成工作的方法、步骤、使用的设备和材料等。

（2）工作责任。即承担该工作应负有的责任。通过对工作相对重要性的了解，配备相应权限，保证责任和权力对应。尽量用定量的方式确定责任和权力。工作责任主要包括对原材料和产品的责任、对机械设备的责任、对工作程序的责任、对其他人员工作的责任、对其他人员合作的责任、对其他人员安全的责任等。

（3）工作量。工作量也称工作强度。应确定标准工作量，如劳动的定额、工作量基准、工作循环周期等。

（4）工作标准。即用什么来衡量工作的好坏。确定工作标准可以为考核和薪酬等人力资源管理活动提供依据。

（5）机器设备。从事本岗位工作的员工在实际工作过程中所需要使用的机器、设备、工具等，其名称、性能、用途均应有详细的记录。

（6）工作时间与轮班。从事本岗位工作的员工的工作时数、工作天数及一次轮班的时间幅度等，是工作分析的重要资料。

3. 工作关系

（1）监督指导关系。即隶属关系，包括直属上级、直属下级、该工作制约哪些工作、该工作受哪些工作制约等。

（2）职位升迁关系。即该工作岗位可以晋升或降级到哪些岗位，可以与哪些岗位之间进行同级调度等，为员工做好职业生涯规划。

（3）工作联系。即本岗位在具体工作中会与哪些岗位或部门发生工作上的往来，发生联系的目的和方式是什么等。

4. 工作环境

（1）工作的物理环境。即工作地点的湿度、温度、照明度、噪声、振动、异味、粉尘、空间、油渍，以及工作人员和这些因素接触的时间等。

（2）工作的安全环境。即从事本岗位工作的工作者所处工作环境的危险性、劳动安全卫生条件，以及易患的职业病、患病率及危害程度等。

（3）工作的社会环境。包括工作群体的人数、完成工作要求的人际效应的数量、各部门之间的关系、工作地点内外的文化设施、社会风俗习惯等。

（4）聘用条件。包括工作时数、工资结构、支付工资方法、福利待遇、该工作在组织中的正式位置、晋升的机会、工作的季节性、参加培训的机会等。

5. 任职条件

（1）教育培训情况。即从事本岗位工作的员工所应接受的教育、培训程度，教育、培训经历，以及学历、资格等。一般可分为内部训练、职业训练、技术训练和一般教育等几个方面。内部训练是指由企业所提供的培训。职业训练是指由个人或职业学校所进行的训练，其目的在于发展普通或特种技能，并非为任何企业现有的某一特种工作而训练。技术训练是指中学以上含有技术性的训练。而一般教育是指所接受的大学、中学、小学教育。

（2）必备知识。即从事本岗位工作的员工对使用的机器设备、材料性能、工艺过程、操作规程及操作方法、工具的选择和使用、安全技术等所必须具备的一些专业知识。

（3）经验。即从事本岗位工作的员工完成工作任务所必需的操作能力和实际经验，包括过去从事同类工作的年限和业绩，从事该项工作所需的决策力、创造力、组织力、适应能力、注意力、判断力、智力，以及操作熟练程度等。

（4）素质要求。即从事本岗位工作的员工所应具备的完成工作要求的职业性向，包括：①体能性向，即任职者应具备的行走、跑步、爬行、跳跃、站立、旋转、平衡、拉力、推力、视力、听力等性向；②气质性向，即任职者应具备的耐心、细心、沉着、勤奋、诚实、主动性、责任感、支配性、情绪稳定性等性向。

以上所列分析项目，并非对所有职位进行工作分析时均需包括在内，企业可以根据实际需要来具体确定相关工作分析内容和工作分析指标。某科技公司机器学习工程师岗位说明书如表 2-6 所示。

表 2-6　某科技公司机器学习工程师岗位说明书

岗位名称	机器学习工程师	岗位代码		职务等级	员工
直接上级	首席科学家	直接下级			
岗位编制	1		工作环境	办公室	
制定：		审核：		核准：	
职责概要	负责构建多模态数据机器学习识别模型、检索引擎、生成模型等，优化算法，提高模型准确率和运算效率				
工作职责（关键行为）	要　项				负责程度
	1. 构建业界先进的多模态数据检索引擎				主要责任
	2. 研发视频、文本、图片内容理解算法，优化模型，提高准确率和效率				主要责任
	3. 研发基于深度学习的信息检索算法，提高检索正确率和检索效率				主要责任
	4. 研发基于表征学习的多模态 Embedding 算法，提高在小样本条件下的算法精度				主要责任
	5. 研发基于模型蒸馏的模型压缩算法，提高模型计算效率				主要责任
	6. 追踪学术界和工业界深度学习最新研究和应用成功案例，在公司实际应用场景中进行落地				主要责任

（续表）

管辖范围	所辖产品及项目	
工作关系	对上：算法研发总监、首席科学家 对下：无 对外：技术开发部	
绩效衡量	指　标	标　准
	工作量	工作任务饱和度，完成任务工作量
	算法效果	业务支持效果、先进性
	工作效率	代码提交及时性
	制度执行	公司规定
任职资格	基本素质	硕士以上学历
	技能与能力	1. 对常用机器学习、深度学习算法 SVM、LSTM、Transformer、CNN 等有深入理解 2. 有扎实的计算机基础，熟悉常用算法、数据结构、数据库、Linux 操作系统、容器等 3. 有良好的英文文档阅读能力 4. 精通 Python 语言，熟悉 PyTorch、Numpy、Scikit-learn 等机器学习框架和工具 5. 有自然语言处理（NLP）研究经验者优先 6. 有计算机视觉（CV）研究经验者优先 7. 有多模态机器学习融合研究经验者优先 8. 在如 ACL、NIPS、SIGIR、ICLR 等国际会议有论文发表者优先
	个　性	诚信敬业，为人踏实，认真负责，责任心强
郑重承诺	本人愿遵守并履行上述岗位职责	签名：　　　　年　月　日

2.2.3　工作分析的程序与方法

1. 工作分析的程序

工作分析是一项技术性很强的工作，不仅需要周密准备，而且需要具有与企业人力资源管理活动相匹配的、科学的、合理的操作程序。实施工作分析一般包括五个阶段，即准备阶段、调查阶段、分析阶段、结果形成阶段和应用反馈阶段。每一阶段又包括若干步骤。各个阶段的主要工作如下。

（1）准备阶段。①成立工作小组；②确定样本（选择具有代表性的工作）；③制订工作分析计划；④制定工作分析规范；⑤选择信息来源、工作分析人员及收集信息的方法和系统；⑥进行工作分析人员培训，做好其他必要的准备工作。

（2）调查阶段。①编制各种调查问卷和提纲；②广泛收集各种资源，如工作内容（What）、责任者（Who）、工作岗位（Where）、工作时间（When）、怎样操作（How）、为什么要做（Why）、为谁服务（For whom）。

（3）分析阶段。这一阶段的主要任务是，审核已收集到的各种信息，分析与工作和执行工作的人员的关键要素，归纳出做工作分析所必需的材料。具体包括四个方面：①职务名称分析，即职务名称标准化，以求通过名称就能了解职务的性质和内容；②工作规范分析，包括工作任务分析、工作关系分析、工作责任分析、劳动强度分析；③工作环境分析，包括工作的物理环境分析、工作的安全环境分析、工作的社会环境分析；④工作执行人员必备条件分析，包括必备知识分析、必备经验分析、必备操作能力分析、必备心理素质分析。

（4）结果形成阶段。形成组织文件和岗位文件，为人力资源管理各项工作的开展提供有力依据。

（5）应用反馈阶段。组织经营活动的不断变化，会直接或间接地引起组织分工协作体制的相应调整，由此可能产生新的任务，也可能使部分原有的职务消失。

工作分析的程序如图 2-2 所示。

图 2-2 工作分析的程序

2. 工作分析的方法

案例

A 公司失败的工作分析

A 公司正处于飞速发展时期，随着公司的发展和壮大，许多问题逐渐凸显出来。其中部门之间、岗位之间的职责不清、推诿扯皮现象十分严重。

面对严峻的形势，公司决定由人力资源部着手进行工作分析。

第一步是寻找工作分析的工具与技术。在阅读了国内目前流行的几本工作分析书籍之后，人力资源部从中选取了一份职位分析问卷作为收集岗位信息的工具。然而，结果并不令人满意：一部分问卷填写不全，一部分问卷答非所问，还有一部分问卷根本没有收上来。据一些员工反映，大家不理解问卷中那些陌生的管理术语，所以只能凭借个人的理解进行填写。

为此，人力资源部又着手选取一些岗位进行访谈，但访谈情况也很不理想：大部分被访谈者都在发牢骚，指责公司的管理问题，抱怨自己的待遇不公，而对与工作分析相关的内容则顾左右而言他。

无奈之下，人力资源部只好通过各种途径从其他公司收集了许多职位说明书作为参照，结合问卷和访谈收集到的一些信息来撰写职位说明书。

职位说明书的出台立即引起了公司上下的强烈不满，很多直线部门的管理人员甚至公开指责人力资源部所做的职位说明书是一堆垃圾文件，完全不符合实际情况。最后，工作分析项目不了了之。

分析：工作分析的方法多种多样，每种方法各有其优缺点，没有哪种是"最好的方法"。选择一个适合本企业实际情况的工作分析方法是工作分析取得成功的一个关键因素。A 公司工作分析失败的一个重要原因在于没有根据企业的实际情况选择适合本企业的工作分析方法，而是简单地从书籍中照搬照抄有关工作分析的方法；而且在一种方法失败后，没有及时总结失败的原因，又简单地换成另一种方法，甚至直接照搬其他公司的工作说明书。所以，企业在选择工作分析的方法之前，必须了解各种工作分析方法的特点和分析本企业的实际情况，只有这样才能找到适合本企业的工作分析方法，使工作分析取得成功。

（1）问卷调查法。问卷调查法也称问卷法，是工作分析最主要的方法之一。问卷调查的内容包括工作任务、活动内容、工作范围、必需的知识技能等。通常问卷的问题可分为两类：一类是结构型问题，即被调查对象仅在设计好的问题选项中勾选答案；另一类是非结构型问题，即被调查对象对设计好的问题进行主观的陈述性表达。一般由于问卷将被直接反馈到人力资源部门，所以问卷的收集、分析等工作应该是保密的。同时，在问卷的格式方面，选择题应尽量设计成单选题，应尽量减少填充式问题。

问卷法的优点：比较规范化、数量化，适合用计算机对结果进行统计分析，同时费用低、速度快、调查范围广。缺点：设计比较费时费力，不容易了解调查对象的态度和动机等较深层次的信息，不易唤起调查对象的兴趣。

（2）观察法。观察法是指对工作实况做现场观察并记录有关工作流程和其他信息的方法。观察时，可以用笔录，也可以用事先预备好的观察项目表，一边观察，一边核对。在现场观察时，应尽量不引人注目，以保证观察到的信息的真实性。在运用观察项目表时，须事先对该工作有所了解。这样，制定的观察项目表才比较实用。观察前先进行访谈将有利于观察工作的进行。

观察法的优点：运用该方法可以直观、全面地了解工作过程，所获得的信息比较客观准确。缺点：实地观察法对脑力技能占主导地位的工作是不适用的，如对财务分析人员的工作，光靠观察肯定不能全面揭示这项工作的要求。

（3）面谈法。面谈法是指通过面谈记录员工对工作及职责的看法的方法。通常，工作分析人员先和员工面谈，帮助他们描述所要履行的职责；然后和直接管理者接触，检验从员工那里获得的信息是否准确。

面谈法的优点：①易于控制，可获得更多的职务信息，适用于对文字理解有困难的人；②过程简单，能十分迅速地收集信息，并能通过与员工沟通，缓解他们的工作情绪。缺点：①需要专门的技巧；②比较费时、费力，工作成本高；③被访者往往出于自身利益，有意无意地夸大或弱化某些职责，导致信息失真；④工作分析人员的思维定式或偏见也会影响判断和提问。因此，该方法不能单独使用，必须结合其他方法使用。

（4）工作日志法。工作日志法是指要求员工按照时间顺序记录工作过程，然后按照记录下来的工作日志提取所需信息的一种分析方法。这种方法要求员工在一段时间内对自己所做的一切工作进行系统的活动记录，如果这种记录很详细，那么经常会提示一些其他方法无法获得或者观察不到的细节。

工作日志法的优点：信息的可靠性较高，工作内容一目了然。缺点：要克服员工有意夸大工作重要性的问题，而且不适用于工作循环周期长、技术含量较高的专业性工作。

（5）关键事件法。关键事件法是指由熟悉工作的专家找出工作中对绩效有重大影响的关键事件和行为的方法。关键事件法是一种常用的行为定向方法。在大量收集关键事件以后，可以对它们进行分析，并总结出职务的关键特征和行为要求。关键事件法由于直接描述员工在工作中的具体活动，可以揭示工作的动态性，所以既能获得有关职务的静态信息，也可以了解职务的动态特点。

关键事件法的优点：适用于大多数职位。缺点：需要耗费大量时间，并且由于分析中会漏掉一些不显著的工作行为，所以不易对工作有一个整体认识。

上述工作分析方法各有利弊，而且不同方法也会对不同企业产生不同的影响，因此工作分析人员应在实践中综合考虑各方面因素，将各种方法结合起来使用。例如，在分析生产性工作时，可能采用面谈法和观察法来获得必要的信息。由于工作的性质不断变化，对工作者的知识技能提出了更高的要求，因此未来工作分析方法的发展趋势是综合权衡考虑影响工作的诸多因素，实现多种方法的有机结合。

2.2.4　工作分析在招聘中的作用

工作分析形成的职位说明书是企业招聘、选拔和安置的有效依据，对员工的招聘、选拔和调整都起着相当大的作用。通过工作分析，可以明确规定工作岗位的近期和长期目标，掌握工作任务的动态和静态特点，提出人员在心理、生理、技能、文化等方面的要求，在此基础上进一步确定选人、用人的标准，实现人岗匹配。如果没有工作分析，那么在进行招聘工作时就只能依靠主观感觉，凭个人偏好做出录用决策。具体来说，工作分析在招聘中有如下作用。

（1）为发布招聘信息提供依据。发布招聘信息的目的就是让求职者全面了解该职位的有关情况，包括工作名称、工作职责和职位要求等。这些内容都来自职位说明书。没有这些信息，求职者就无法对照条件进行自我筛选，招聘信息将不会吸引到合适的人来应聘，结果是既增加了筛选工作量，又找不到合适人选。此外，不同的职位，其目标人群的特点一般也不一样，只有根据不同职位的特点选择最有效的信息发布渠道，才能提高招聘信息发布的效果。

（2）为确定招聘面试方法提供依据。工作分析形成的职位说明书明确了任职者需要具备哪种技能，招聘时就可以根据技能的性质来确定测试的方式和方法。另外，根据对招聘职位说明书的分析，还可以根据职位的不同性质和类型安排不同的面试流程。

（3）为录用标准的制定提供依据。职位说明书中的任职条件也是进行简历筛选的依据。对照职位说明书，可以对求职者的简历进行初审，挑出明显不符合要求的求职者，对符合职位基本要求的求职者则安排进一步面试。

相 关 链 接

人才画像与工作分析的关联和区别

工作分析的结果是形成岗位说明书。人才画像以岗位说明书为基础，通过岗位说明书或者对现有高绩效员工承担的岗位工作进行具体分析，明确岗位工作的完成需要人才具备什么特质，以及要做什么工作。岗位工作所需的知识、技能、能力、经验等任职要求，都可以作为人才画像的基础要素。做人才画像，应由人力资源部牵头，组织用人部门形成一个小组来完成这个画像，最好有直接管理这个岗位的上级和公司已有的同岗位人员的参与。

人才画像有三个层次：

第一层，"看"，即表象层：明确人才的性别、年龄、身高、体重、体型、肤色、穿着打扮等。

第二层，"观察"，即行为习惯层：明确人才有什么爱好、习惯什么样的交流方式、经常出现的地方（线上和线下）、喜欢采用什么方式获得信息、喜欢和什么样的人交流等。

第三层，"分析"，即心理需求层：明确人才个人发展的需求、可能的痛点等。

根据以上信息，可以基本清晰描述出该岗位所需要的人才的真实状况。

对岗位工作的分析，强调的主体是事，然后明确需要什么样的人来做；而人才画像，强调的主体是人，即这个人适合做什么样的事。岗位分析是专业化描述，人才画像更多的是生活化描述。岗位的要求描述和画像的重合比例的大小，就是指导我们如何判断人才是否精确或符合岗位的指导数据。

2.3　招聘计划制订

2.3.1　招聘需求

人力资源规划与工作分析是招聘的基础工作，正因为有了这两项工作，企业才能知道应该招聘多少员工、招聘什么类型的员工。人力资源规划的目的是在企业发展战略规划的基础上，从数量和质量两方面确定企业的人力资源需求，并将这种需求与现有的人力资源相比较，从而确定需要招聘员工的数量和类型。工作分析是对企业的某项工作进行全面系统的调查分析，以确定该项工作的任务和性质，从而确定该工作的承担者应该具备的各项素质和任职资格。事实上，这两项工作的最终结果就是企业的招聘需求。招聘需求既为招聘时间、招聘地点、招聘方法和招聘成本等一系列策略的选择提供依据，也为招聘信息的发布提供具体内容。招聘需求主要包括以下内容：一是需求部门、需求岗位和需求理由；二是需求人数、薪资范围、到岗时间和工作地点；三是所需人员所在岗位职责和任职资格。某科技公司招聘需求申请表如表2-7所示。要明确招聘需求，就要求招聘者对工作分析资料和人力资源规划进行认真分析，并在分析的过程中重点考虑以下几个方面的内容：一是新的战略规划下的组织架构调整；二是新的组织架构下的岗位及职责变化；三是各业务单元可能出现的人员流失和损耗（如离职、退休等）；四是业务部门在业务推进过程中出现的突然的、额外的招聘需求；五是团队技能需求发生的变化等。

表 2-7　某科技公司招聘需求申请表

招聘岗位		需求部门	
需求人数		指定面试官	
薪资范围		到岗时间	
工作地点			
需求理由	□业务扩展　□离职补充　□组织变更　□其他（　　　　　　　）		
应届生选择	□可考虑优秀应届生（包括在校生）		
岗位任职资格			
基本 任职 资格	年龄要求		户籍要求	
	专业要求		身体要求	
	学历/职称要求		从业资格要求	
知识 技能 要求			
经验 要求			
岗位职责			
部门经理 签名	分管总监 签名	人力资源总监 签名	总经理/副总经理 审批

2.3.2　招聘策略

1.　招聘时间

明确招聘需求之后，接下来要确定的是招聘时间，主要是确定招聘的开始时间。招聘的开始时间取决于招聘过程需要多长时间及岗位上何时需要人员。确定招聘的开始时间还需要考虑诸多因素，如招聘对象的性质与招聘难度、招聘中需要面试的人员数量、是否需要岗前培训及岗前培训的时间等。一般情况下，招聘时间可用下列公式估算：

招聘日期 = 用人日期 − 准备周期

招聘日期 = 用人日期 − 培训周期 − 招聘周期

人力资源部需事先列出招聘计划进度表，以便合理安排招聘时间，掌控招聘进度。某年下半年某公司招聘计划时间进度表如表 2-8 所示。

表 2-8　某年下半年某公司招聘计划时间进度表

部门	总需求人数	序号	岗位	需求人数	各部门招聘时间及进度					
					7 月	8 月	9 月	10 月	11 月	12 月
营销部		1								
		2								
		3								
		4								
		5								
财务部		1								
		2								
		3								
		4								
		5								
运营部		1								
		2								
		3								
		4								
		5								
研发部		1								
		2								
		3								
		4								
		5								
合计										

2.　招聘渠道

招聘渠道按照所招聘人员的来源不同，可以分为外部渠道和内部渠道两类。内部渠道就是从内部招聘员工填补岗位空缺；外部渠道就是从企业外部吸收新鲜血液解决企业岗位空缺的问题。两类招聘渠道根据所使用的媒介和方法的不同又细分为若干招聘方法。招聘渠道的选择应该符合三个方面的要求。一是目的性，即所选招聘渠道必须能够达到招聘的职位要求；二是经济性，即在同等要求下充分考虑招聘成本，使成本最小化；三是可行性，即所选招聘渠道与现实情况相符，具有可操作性，特别是要符合招聘时间的限制要求，以最快的速度填补空缺的岗位。此外，招聘渠道还要充分考虑企业所在的地域特点、行业特点等，构建有层次化的招聘网络；注重与招聘机构和学校建立联系，保证企业所需人才能够及时到位；和招聘网站、招聘机构合作建立企业自己的人才库，在实践中摸索形成最适合企业自身的招聘模式。

3. 招聘工具

招聘工具是指在招聘甄选中对应聘人员的基本素质及绩效进行测量和评定所使用的一系列科学的手段和方法。使用招聘工具的主要目的是通过各种方法了解应聘者，从而为企业的招聘决策提供参考和依据，系统地降低招聘失误的风险。常用的招聘工具有三种：一是心理测验，主要包括智力测验、人格测验、倾向测验等；二是知识考试，主要包括基础知识、专业知识和相关知识的考试等；三是情景模拟考试，即根据职位编制一套模拟题目，将求职者安排在模拟、逼真的环境中，要求求职者处理可能出现的各种问题。

招聘的工具种类繁多，技术也十分复杂，选择招聘工具时要遵循以下七大原则：先易后难、先定性后定量、先简单后复杂、先非结构式方法后结构式方法、先经验性方法后科学性方法、先低成本后高成本、先淘汰后筛选。另外，还需要考虑测评方法自身的特点、测评的目标、被测人员所在的岗位及职务高低、不同的行业等诸多因素，以便进行科学选择。

招聘计划表需要根据企业不同岗位和情况进行设计，样表如表 2-9 所示。

表 2-9　招聘计划表

序号	部门	计划需求到岗时间	需求理由	需求人员		招聘要求				备注
				岗位	人数	学历	职业技术要求	专业要求、研究方向	其他	
1										
2										
3										
4										
5										
6										
7										
8										
合计人数										

批准：　　　　　填表：　　　　　日期：

说明：1. 由部门主管提出。

2. 定期每月××日前将下月招聘计划上报人力资源部，如没有需求请填无。

4. 确定招聘人员

"千里马常有，而伯乐不常有。"这就是说，具有专业技能的招聘人员是非常重要的。而现在许多企业还没有常设的、专门的招聘机构或专业的招聘人员，许多企业在招聘时一般都是从各部门临时抽调一些人员组成招聘班子，这就很难保证招聘工作的效率和效果。

因此，有条件的企业，招聘工作不论是周期性的还是临时性的，都应该安排专门的工作人员，必要时还要组成专门的招聘班子或招聘工作小组。

合格的招聘人员应具备以下基本条件：

（1）良好的个性品质和修养。

（2）相关的专业知识。

（3）丰富的社会工作经验。

（4）良好的自我认知能力。

（5）善于把握人际关系。

（6）熟练应用各种面试技巧。

（7）能有效地面对各种应聘者，控制招聘进程。

（8）能公正、客观地评价应聘者。

（9）熟练掌握相关的人员测评技术。

招聘不仅是企业人力资源部门的事，还应使有与招聘职位相关知识和经验背景的专业人员参与。招聘班子的组成，一般要根据所招聘人员的专业类型、职位高低等情况确定合适人选。为了防止出现"外行考内行"的情况发生，减少招聘工作的失误，一般要吸收该类专业方面的人员和企业的高级管理人员参加招聘。尤其在招聘专业技术人员和中高级管理人员时，如果本企业没有相关的或合适的专业面试人员，必要时可以邀请有关专家或学者参与。企业招聘班子成员的合理组成和招聘工作人员的技能与素质，对于招聘工作的效率和效果有着关键性影响。在组成招聘班子后，还要对缺乏招聘知识和技巧的工作人员进行必要的培训，使他们了解企业的招聘政策和统一的面试录用标准，掌握必要的招聘面试技巧，为提高招聘的效率和效果打下基础。

2.3.3　招聘成本估算

提前进行招聘成本估算可以防止招聘工作占用过多的资金，也可以保证招聘工作有足够的活动经费，尤其可以保证异地招聘不会因为经费短缺而使招聘工作陷入僵局。

招聘成本主要包括以下项目：

（1）人员费用，包括招聘工作人员的工资、福利、加班费等。

（2）招聘费用，包括电话费、差旅费、广告费、办公用品费等。

（3）甄选费用，包括会务费、专家咨询费、试卷印刷费、体检费等。

（4）聘用费用，包括培训费、安置费、公证费等。

招聘成本是决定企业在何时、何地及如何进行招聘工作的主要因素，而在何时、何地和如何招聘反过来也影响招聘成本的高低。企业在招聘前必须对招聘成本进行估算，才能为招聘的其他步骤提供基本思路。招聘费用预算表如表 2-10 所示。

表 2-10　招聘费用预算表

招聘费用预算表	
招聘时间	
招聘地点	
负责部门	
具体负责人	

（续表）

招聘费用预算		
序　号	项目	预算金额
1		
2		
3		
4		
5		
6		
合　计		
预算审核人（签字）	公司主管领导审批（签字）	
制作人：	制作日期：	

自　测　题

一、判断题

1．人力资源规划的制定者是人力资源管理部门。　　　　　　　　　　（　　）

2．一般来说，企业所处环境越不稳定，组织对高素质人力资源的依赖就越强，人力资源培养期就越长，人力资源规划所涵盖的时间段也应该越长。　　　　　　（　　）

3．工作日志法是适合对技术含量高的工种进行分析的工作分析方法。（　　）

4．工作分析法中的面谈法不能单独使用，必须结合其他方法使用。（　　）

5．关键事件法由于是针对工作中对绩效有重大影响的关键事件和行为进行分析，因此省时省力。　　　　　　　　　　　　　　　　　　　　　　　（　　）

二、单选题

1．下列不属于工作分析方法的是（　　　）。

A．工作日志法　　　B．关键事件法　　　C．问卷调查法　　　D．马可夫分析法

2．人力资源短期规划通常历时（　　　）。

A．2～3年　　　B．1～2年　　　C．1～3年　　　D．3年左右

3．（　　　）适用于对文字理解有困难的人。

A．工作日志法　　　B．关键事件法　　　C．问卷调查法　　　D．面谈法

4．（　　　）不适合脑力技能占主导地位的工作。

A．实地观察法　　　B．关键事件法　　　C．问卷调查法　　　D．面谈法

5．问卷调查法的优点是（　　　）。

A．适合用计算机对结果进行统计分析　　　B．易唤起被调查对象的兴趣

C．能获得足够详细的信息　　　D．设计比较容易

三、多选题

1．人力资源规划的内容主要包括（　　　）。

A．组织内部调配　　　B．晋升

C．外部补充　　　D．培训

2．人力资源规划按其涉及的范围可以分为（　　）。

    A．宏观规划　　　　B．微观规划　　　　　C．中观规划　　　　　D．战略规划

3．工作分析在招聘中的作用有（　　）。

    A．为发布招聘信息提供依据　　　　　　　B．为确定招聘面试方法提供依据

    C．为录用标准的制定提供依据　　　　　　D．为确定招聘人数提供依据

4．问卷调查法的问卷可分为（　　）两类。

    A．结构性问卷　　　B．非结构性问卷　　　C．知识型问卷　　　　D．技能型问卷

5．人力资源预测包括（　　）。

    A．人力资源需求预测　　　　　　　　　　B．人力资源供给预测

    C．人力资源数量预测　　　　　　　　　　D．人力资源结构预测

四、练习与思考

1．试述人力资源规划在招聘中的重要性。

2．简述人力资源规划的主要内容。

3．如何进行人力资源规划？

4．试述工作分析在招聘中的重要性。

5．试介绍几种常用的工作分析方法。

五、案例分析

W 机械公司的人力资源规划

W 机械公司现有生产及维修工人 850 人，文秘和行政职员 56 人，工程技术人员 40 人，中层与基层管理人员 38 人，销售人员 24 人，高层管理人员 10 人。

统计数字表明，近五年来，生产及维修工人的离职率高达 8%，销售人员的离职率为 6%，文职人员的离职率为 4%，工程技术人员的离职率为 3%，中层与基层管理人员的离职率为 3%，高层管理人员的离职率只有 1%，预计明年不会有大的改变。

按企业已定的生产发展规划，文职人员要增加 10%，销售人员要增加 15%，工程技术人员要增加 6%，生产及维修工人要增加 5%，高层、中层和基层管理人员可以不增加。

思考题：

请在上述资料的基础上为明年制定合理可行的人员补充规划。

第3章
人员招募

引导案例

远翔精密机械公司招聘中层管理者所遇到的困难

远翔精密机械公司在最近几年招募中层管理职位上不断遇到困难。该公司是制造、销售较复杂机器的公司，目前重组成六个半自动制造部门。公司的高层管理者相信这些部门的经理有必要了解生产线和生产过程，因为许多管理决策需要在此基础上提出。传统上，公司一贯严格地从内部选拔人员，但不久就发现提拔到中层管理职位的基层员工缺乏相应的适应新职责的技能。

这样，公司决定改为从外部招募，尤其是招聘那些企业管理专业的优秀毕业生。通过一个职业招募机构，公司得到许多受过良好训练的工商管理专业的毕业生作为候选人。录用的毕业生被先安排在基层管理职位上，以便为他们今后提拔为中层管理人员做好准备。不料在两年之内，所有这些人都离开了公司。

公司只好又回到以前的政策上，从内部提拔；但又碰到了过去遇到的人员素质欠佳的问题。不久就有几个重要职位的中层管理人员将要退休了，空缺的职位亟待称职的后继者。面对这一问题，公司想请咨询专家来出一些主意。

思考

（1）这家公司的招聘工作存在什么问题？

（2）如果你是招聘方面的咨询专家，你对该公司会有什么建议？

本章学习目标

1. 掌握人员招募的基本程序。
2. 重点掌握招聘渠道的种类与特点。
3. 掌握招聘渠道的选择。
4. 掌握招聘广告的写作要点和设计原则。
5. 了解招聘公关活动的注意事项。

学习导航

```
┌─────────────────────────┐
│  第3章　人员招募          │
└─────────────────────────┘
            │
┌─────────────────────────┐      ┌─────────────────────────┐
│ 3.1 人员招募概述          │      │ 3.2 招聘渠道             │
│ 3.1.1 人员招募的含义和作用 │ ──►  │ 3.2.1 内部招聘           │
│ 3.1.2 人员招募的程序       │      │ 3.2.2 外部招聘           │
└─────────────────────────┘      └─────────────────────────┘
                                            │
┌─────────────────────────┐      ┌─────────────────────────┐
│ 3.4 招聘广告的设计         │      │ 3.3 招聘渠道的比较与选择   │
│ 3.4.1 招聘广告的内容       │ ◄──  │ 3.3.1 招聘渠道的比较      │
│ 3.4.2 招聘广告的设计原则   │      │ 3.3.2 招聘渠道的选择      │
└─────────────────────────┘      └─────────────────────────┘
```

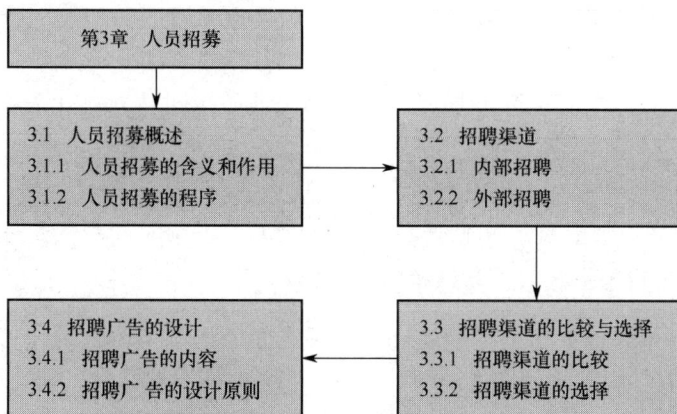

　　招聘前的基础性工作完成后，即完成人力资源规划、工作分析及招聘计划制订的前期准备工作后，招聘工作就进入了下一个环节——人员招募，同时也进入了具体的实施环节。从这个角度来说，人员招募可以说是招聘实施的首要环节。本章将对人员招募的含义、作用和程序，以及招聘渠道和招聘广告进行阐述。

3.1　人员招募概述

3.1.1　人员招募的含义和作用

　　人员招募是指企业向组织内外发布招聘信息和收集求职者信息，并通过各种方法吸引求职者前来应聘的过程。

　　人员招募是招聘实施的首要环节，是人员甄选和录用的前提和基础。这项工作做得好，则可以吸引大量高素质的求职者前来应聘，从而为后续的甄选和录用提供更大的余地和空间，进而提高招聘的效率和质量。同时，招募工作又是与外界接触最广、影响最大的一项人力资源管理活动，对提高企业知名度、塑造企业形象有着重要作用。因此，企业在这项活动中一定要做好公关工作。

3.1.2　人员招募的程序

　　人员招募的程序主要包括两个步骤：一是发布招聘信息；二是接受求职者咨询，并收集、整理求职者材料。此外，在人员招募过程中，企业应做好公关工作，对外塑造良好的企业形象。人员招募的程序如图 3-1 所示。

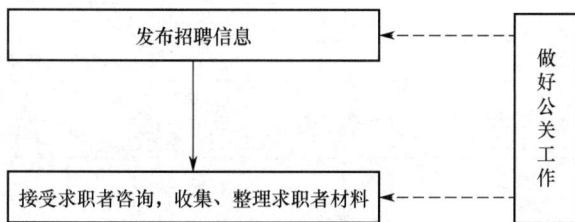

```
┌──────────────────────┐         ┌──────┐
│     发布招聘信息        │ ◄──────  │ 做   │
└──────────────────────┘         │ 好   │
            │                     │ 公   │
            ▼                     │ 关   │
┌──────────────────────────────┐ │ 工   │
│ 接受求职者咨询，收集、整理求职者材料 │◄─│ 作   │
└──────────────────────────────┘ └──────┘
```

图 3-1　人员招募的程序

1．发布招聘信息

招聘信息发布的关键在于两点：一是设计一份客观又具有吸引力的招聘广告。招聘广告中应对岗位名称、岗位职责、任职资格要求、工作条件、工作报酬、福利、培训和个人发展机会等信息进行客观、实际的描述，并明确申请的时间、方式等。此外，招聘广告应精心设计，一份成功的招聘广告应该能够吸引更多求职者的眼球，并激发求职者强烈的求职欲望。二是选择合适的渠道发布招聘信息。信息发布的渠道多种多样，包括媒体、网络、员工推荐、现场招聘会等，也可以根据拟招聘岗位的要求选择若干渠道结合起来使用。

2．接受求职者咨询，收集、整理求职者材料

（1）接受求职者咨询。接受求职者咨询包括当面咨询、电话咨询和邮件咨询等。当面咨询是指在指定的时间和地点与求职者见面，询问并了解求职者的基本情况，同时向求职者进一步介绍企业的招聘需求和一些相关情况。招聘工作人员要与求职者简单地交换一些信息，如回答有关工作地点、时间和报酬等方面的问题，让基本合格的求职者提供其求职材料，或当场填写"求职申请表或登记表"。求职申请表或登记表需要事先设计和提供，一般包括求职者的姓名、性别、出生年月、最高学历、学位、职称、身高、体重、工作经历、工作成就、联系电话、家庭住址等内容。如表 3-1 所示是某银行设计的求职申请表。

表 3-1　某银行求职申请表

姓　　名		性　　别		出生年月		民　族		
籍　　贯		政治面貌		最高学历		学　位		
毕业学校				所学专业		录取批次		（照片）
联系电话				身　　高	cm	体　重	kg	
家庭住址				身份证号码				
是否愿意调配至备录柜员招聘								

家庭成员及主要社会关系	与本人关系	姓名	年龄	工作单位及职务

学习简历	学历层次	起止时间	学校（院）、系	专业及研究方向
	高中			
	本科			
	研究生			
	博士			

工作简历	起止时间	工作单位及职务

主要奖惩情况及业绩	

（续表）

持有证书情况	
请结合本人的具体情况分析说明本人适合从事何种工作	
其他需要说明的问题（本人兴趣、爱好、特长等）	
是否与本行在职员工存在亲属关系	
本人承诺以上填写内容均属实	签名（手写）：
随本表附：本人身份证复印件、个人简历、毕业生推荐表、学习成绩单、英语等级、计算机等级及其他相关证明材料复印件，有关材料恕不退还	

如果企业采用人才市场招聘或高校招聘的方法，一般会在现场接受求职者的有关咨询，回答有关问题。如果企业采用网络或报刊等媒体刊登招聘广告，一般应留下联系方式，接受求职者的电话咨询或邮件咨询。

（2）收集、整理求职者材料。在招聘信息发布之后，企业一般会收到大量的求职材料。这些求职材料可能是求职者在招聘现场投递或电邮过来的。企业收到的求职材料的多少取决于企业招聘广告的设计及发布招聘广告的渠道等因素。企业负责招聘的工作人员应收集好求职材料，并进行初步整理，即将求职材料分门别类地整理好。

目前，简历已逐步成为招聘高级人才的障碍，因为这些人往往不会主动应聘，除非他们在与企业接触后产生了较强的加盟意愿。因此，在高级人才的招聘上，简历的功能正在逐渐弱化，并被社会媒体所取代，越来越多的企业在候选人的最初沟通阶段更愿意接受一个单独的社交媒体个人资料，而不是详尽的简历材料。企业通过浏览候选人社交媒体上的个人简介和行为，可以较为充分地判断候选人是否符合招聘岗位要求。

3. 做好招聘中的公关工作

招聘工作是人力资源管理中的窗口工作，常常要面对求职者、相关机构、相关人员等外部环境。无论是在大众传播媒体上发布信息，还是在人才市场或校园直接招聘，都将直接或间接地展示企业形象和企业文化。在招聘过程中使用各种手段扩大宣传，不仅能提高招聘质量，还能影响求职者及其周围人对企业产品和服务的认同。企业除在招聘过程中要注意其形象的树立和文化的宣传外，还要注意保持和求职者建立长期良好的沟通与合作关系。

企业在开展人员招募公关活动的过程中，必须处理好以下几方面的关系。

（1）与公共媒体和专业招聘机构的关系。首先，为了随时将招聘信息发布给相应的受众，企业需要和公共媒体（如专业招聘报刊、招聘网站等）保持良好的合作关系，这对企业在公众面前树立形象起着重要的作用。其次，为了随时拥有足够的求职者信息，企业要和专业招聘机构保持良好的关系，尤其是招聘那些稀缺专业的人才和高级管理人才时。一些知名招聘网站往往有大量的人才信息，企业可以通过查阅它们的人才库来获取求职者的信息。所以，企业与公共媒体和专业招聘机构保持良好的合作关系，可以使其与潜在的求职者保持良好的信息沟通，在较短的时间内找到合适的求职者。

（2）与内部推荐者的关系。内部推荐是企业常用的招聘方法。无论被推荐者是否被录用，企业都应该通过电话或信函将对被荐者的意见反馈给推荐者；尤其是对未录用人员，最好要讲明具体原因。这样，一方面表现了对推荐者的尊重，可以提高他们今后继续推荐的积极性；另一方面有助于推荐者做好被推荐者的思想工作。

（3）与求职者的关系。无论是否录用，企业都应该给求职者一个良好的印象，体现人文关怀。例如，有的企业选择在求职者集中的城市派面试人员"上门"面试，面试时间选在较空闲的周末，地点选在交通方便的地方；有的企业在面试期间免费提供食宿，并报销往返费用等。这些都会给求职者留下比较好的印象。企业负责招聘的工作人员的行为也很重要，他们的言谈举止谦和有礼，也会给求职者留下很好的印象。一些知名大企业为了招到优秀的在校学生，还免费为学生提供实习场所，提前安排学生进入企业工作，邀请学生到企业参观并支付学生参观企业的交通费、食宿费，甚至在求职者来面试后赠送一些纪念品等。

3.2　招　聘　渠　道

当企业岗位产生空缺之后，填补空缺人员的渠道主要有两种：一种是从内部人员中选拔、调配；另一种是从企业外部引进。因此，根据所招聘人员的来源不同，企业招聘可以分为内部招聘和外部招聘两种渠道。两种招聘渠道又表现为多种方式和方法。本节主要介绍内部招聘和外部招聘两种渠道及其多种方式和方法。

3.2.1　内部招聘

内部招聘是招聘的一种特殊渠道。大多数企业在出现岗位空缺时，首先考虑在内部进行人员调配。内部调配并不会给企业增加新的人力资源，从严格意义上来说，这种渠道不属于人力资源吸收的范畴，而属于人力资源开发的范畴，但由于它与企业外部招聘关系极为密切，不可分割，互为补充，构成填补企业空缺岗位人员的来源，因此通常被当作招聘的一个重要渠道。内部招聘的方式主要有内部晋升、内部调用、工作轮换、人员返聘等，各种方式又可以运用不同的方法进行具体操作。

1. 内部晋升

内部晋升是指将组织内部符合要求的员工从一个较低职位调配到较高职位上。该方式可以通过主管推荐、岗位公示、搜寻人力资源信息库等多种方法来实现。①主管推荐。主管推荐是由用人部门的主管人员推荐填补本部门职位空缺人员的一种内部招聘方法。主管所处的位置使他们比较了解岗位对用人的能力要求，以及潜在候选人的能力和晋升愿望，可以较快地寻找到合适人选。②岗位公示。岗位公示是将空缺岗位的职位描述、薪酬等级、任职资格等发布公告，让全体员工知晓，所有具备资格的员工都可以申请该岗位的一种内部招聘方法。这也是内部招聘最常用的方法。对于组织而言，通过公开、公平竞争，可以选拔到最适合该岗位的员工；对于员工而言，公平的晋升机会可以激发他们努力学习和工作的积极性，为自己的晋升增加砝码。③搜寻人力资源信息库。当企业出现岗位空缺时，可以通过搜寻人力资源信息库，将现有人员的背景、知识、技术、能力、职业规划等信息与空缺岗位要求进行比较和匹配，快速及时地寻找到合适的候选人。所以，企业应该重视建立职业生涯开发系统，即为具有较高潜质的员工设立职业生涯的"快车道"，通过有目标地培养和训练，使他们能够适应特定的目标岗位，确保企业出现空缺岗位时随时有填补该岗位的人选。

2. 内部调用

内部调用是指内部员工在相同层次岗位之间的调动，这是较常见的内部人员配置形式。例如，把员工从前台接待岗位调到办公室担任内勤，把区域经理从一个区域调到另一个区域任职。内部调用不仅能够填补岗位空缺，而且可以有效缓解晋升岗位的有限性带来的矛盾。例如，从一般的岗位调到相对重要的岗位，或者从一个岗位调到更能发挥个人特长的岗位等。内部调用的关键，一是要更有利于工作，二是要更有利于个人才能的发挥。

3. 工作轮换

工作轮换是指企业有计划地按照大体确定的期限，让员工轮换从事若干种不同工作。工作轮换包括新员工轮岗实习、为培养复合型员工而进行的工作轮换、为培养管理骨干而开展的工作轮换、为培养企业精神而开展的职务轮换、横向流动的职务轮换等。工作轮换的好处：一是可以丰富员工的工作经验，使员工熟悉组织更多领域和部门的工作，了解各项活动的相互关系，培养多面手和综合管理人才；二是可以使员工对工作保持新鲜感，从而提高其工作的积极性。

相 关 链 接

索尼公司的工作轮换

一位管理学家说："如果你想让别人干得好，就得给他一份恰当的工作。"衡量一份工作对一个人是否恰当，关键看他是否有兴趣、有热情。盛田昭夫从索尼公司的管理实践中清楚地认识到，如果人能够选择自己喜欢做的事，就会精神振奋，更加投入。

索尼公司每周出版一次的内部小报上，经常刊登各部门的"求人广告"，职员们可以自由且秘密地前去应聘，他们的上司无权阻止。另外，公司原则上每隔两年便让职员调换一次工作，特别是对于精力旺盛、干劲十足的职员，不是让他们被动地等待工作变动，而是主动给他们施展才华的机会。这种"内部跳槽"式的人才流动为人才提供了一种可持续发展的机遇。

4. 人员返聘

人员返聘是指企业将提前退休或者已经退休的员工再次招回到企业工作。这些人员通常具有丰富的工作经验，对企业的业务流程较为熟悉，因此能够快速上岗，不仅能提高招聘效率，还能节省企业的培训费用。

3.2.2 外部招聘

外部招聘主要是通过各种途径和方法向企业外部的人员传递招聘信息或收集外部求职者信息，并运用各种方法吸引外部求职者前来应聘的招聘方式。根据渠道和媒介的不同，外部招聘分为传统媒体招聘、网络招聘、内部员工举荐、职业介绍机构招聘、校园招聘、求职者自荐、以往员工的重新招聘等多种方法。

1. 传统媒体招聘

传统媒体招聘是指利用报纸、杂志、电视、广播等发布招聘信息，吸引合适的求职者前来应聘的一种招聘方式。

在网络招聘普及之前，传统媒体招聘一直是企业用于寻找人才、填补空缺职位的主要形式，并且受到目标受众人群的广泛认可。传统媒体招聘覆盖广、口碑好的特点，使其成为增强企业影响力的有力途径。通过在报纸、电视上刊登招聘广告，可以大幅度提升企业的社会认知度，树立"品牌企业"的优质形象。但是传统媒体招聘一方面需要花费大量资金给广告媒介，另一方面会给人力资源管理部门带来较大的筛选简历的工作量，而且传统招聘的过程还包含了大量需要人工处理的个人信息，这很容易导致求职者的隐私信息泄露。在当前快速发展的信息时代大环境下，传统媒体招聘已不太适应这一新环境的需求，互联网已经悄然成为受众最广的招聘途径。

2. 网络招聘

网络招聘是指企业通过互联网向公众发布信息，求职者通过网络寻找工作的过程。网络招聘的主要优点是能快速及时地传递信息，传播面极其广泛，可以跨地区、跨国界。

随着互联网应用的快速发展，网络招聘已经成为企业招聘的一个最重要的方法。网络招聘的宽广范围和快速反应能力给招聘双方都带来了极大的便利，使得招聘双方可以跨越空间距离和时间限制；当然，这同时给组织的人力资源管理者带来更多的新问题。

网络招聘要面对的第一个问题是数目众多的申请者。一项关于人力资源招聘的调查发现，网络招聘使得人力资源部门的工作量增加了 1/3。产生这种现象的原因有很多，除更广的受众投递简历而增加了筛选的工作量外，还有一些其他原因。例如，求职者对企业不是很了解，许多不合要求的申请者会掺杂其中；还有许多求职者并不是真的想求职，而是通过这种方法了解同类工作的薪资水平和其他相关情况。网络招聘的第二个问题是对一些特殊群体（如低收入群体和偏远地区、不会使用网络的群体等）客观上产生了一定的限制，而这些群体中可能也有合适的人选。

尽管网络招聘存在着上述问题和缺点，然而其便利性和快捷性使得网络招聘必然要被继续采用并不断得到改进和完善，网络招聘的前景也必然十分广阔。为了使网络招聘的效率更高，用人单位可以采取以下可行的措施：一是利用专业网站缩小受众范围，这样更有针对性；二是在招聘启事上更好地反映招聘职位的信息，其中不仅要仔细、准确地介绍职位情况和要求（如任职条件、工作环境、薪资福利），还要介绍包括组织、行业的发展潜力和经营理念等情况，以便求职者事先进行自我筛选，做出求职决定。

相 关 链 接

社交媒体、垂直招聘网站的作用将加强

随着社交网络的发展，社交媒体在招聘中所占的比重越来越大，特别是商务社交网站与垂直招聘网站，由于其对招聘的直接联系与贡献更大，将更容易受到企业招聘工作者的青睐。

商务社交网以领英（Linkedin）为代表，它已强势布局中国市场，推出多种产品（Job slot、Recruiter seats、Work with us、Employer page 等），与外企的母公司携手推出全球免费 Pilot 项目，将在中高端人才招聘方面占据越来越重要的地位。企业招聘人员如何通过商务社交渠道打造雇主品牌，挖掘中高端人才资源，将是每个招聘人员面临的重要课题。另外，企业招聘人员的国际化程度也要进一步提高，需要特别提升以英语为主要沟通语言和招聘对象全球化的招聘能力。

类似拉勾网、内推网等垂直招聘网站对特定行业招聘市场的瓜分，会导致招聘市场行业边界的重新划分。招聘人员应紧贴行业潮流，率先抢占本行业垂直招聘网站的核心位置，争夺这些网站上的人才资源。社交媒体时代引发的内外部社交推荐模式，是 O2O 模式（Online To Offline，也就是将线下商务机会与互联网结合在一起，让互联网成为线下交易的前台）在招聘推荐端的快速有力的实施，典型的代表就是微信上企业招聘公众账号的建立，微信朋友圈的转发推荐代表着移动端推荐的革命性突破。

3. 内部员工举荐

内部员工举荐是指当组织出现岗位空缺时，由组织内部员工介绍合格的朋友或亲属来填补的一种方法。这种方法被证明很有效，目前被企业广泛运用。这种方法的优点如下。

（1）举荐者对组织的岗位要求和所推荐的人员均很了解，可以事先进行人员和岗位的匹配度分析，较为准确地判断出二者是否"合适"。内部员工举荐的人员一般比通过其他方式招聘到的人员表现更好，而且在组织中工作的时间更长。

（2）内部举荐者出于个人声望和地位的考虑，他们往往会努力举荐那些高素质的求职者，并主动承担起一部分培训和控制工作，使新员工更能适应岗位要求。而被介绍的人员也会出于对举荐者的感激和感情，即要对得起举荐者而对自己多一份约束，这一点在我国企业中表现得更加突出。另外，由于求职者与举荐者关系密切，比较熟悉组织的文化、制度，因此能更快地适应组织环境。

（3）有利于降低成本。一般情况下，内部举荐不需要大范围宣传，出一份内部推荐海报即可。

（4）扩大了组织的招聘范围。一些高级管理人才或市场短缺的专业人才可能目前已经有了较理想的工作，并不积极主动寻找新工作。内部员工举荐通过主动介绍新的工作，使他们也能成为组织招聘的候选人。

基于上述优点，组织通常鼓励员工推荐以获得优秀人才。一些组织还会向推荐者提供津贴或奖金。随着移动互联网的普及，员工推荐变得更为便捷，并可利用移动支付工具简单高效地实现对推荐人的奖励。

这种方法的缺点在于：①内部员工举荐不符合公平原则，求职者不具有平等竞争的就业机会。所谓"物以类聚，人以群分"，内部员工往往会倾向于举荐最类似自身的人员，而不是最优秀的人员，这会使组织错失获得最佳员工的机会。在一些西方国家，这种做法还可能使企业面临法律风险，如性别歧视、种族歧视等问题。②内部举荐还容易形成裙带关系和非正式群体。

相关链接

腾讯内部推荐策略：伯乐计划

好的企业都是非常重视内部员工推荐这个渠道的，在谷歌、Facebook 都可以看到内部推荐占到很大的比例。腾讯把内部推荐人叫作"伯乐"，只要为公司成功推荐人才的，腾讯都称之为"伯乐"。伯乐渠道怎样才能够做得更加优秀和高效，腾讯有以下内推策略：

首先，做好雇主品牌。雇主品牌是内部员工对公司的体验和看法，他们由内而外是否愿意去传播，是否愿意在这家公司工作，这是根本上的雇主品牌。良好的雇主品牌是提升信息成功转化率的关键因素。

其次，提升员工推荐的意愿。公司对"伯乐"有一个积分制度，它把腾讯的职级体系分为一、二、三、四、五级，推荐不同级别的人入职以后，可以获得不同的伯乐积分，积满15分，就可以授予推荐人一个"超级伯乐"的称号。比如，腾讯推出"三年一百城"的活动，作为"超级伯乐"，在三年中可以选择100个城市去旅游。腾讯还推出伯乐奖金活动：推荐2级同事有2 000～3 000元奖金，推荐3级同事有5 000元奖金，推荐4级同事有1万～2万元奖金。

再次，吸引高端伯乐。什么是高端伯乐？就是公司里面那些年资比较长一点的同事，他们对这个行业和这个企业的洞察和了解是非常到位的，他们同时也是管理者，而作为管理者其身边也聚集着非常优质的人脉资源。

最后，促进内部传播。比如，腾讯会在一楼大堂里，或者在不同的大厦中做一些宣传活动，上线腾讯移动端伯乐系统，让办公楼的每个楼层、电梯间都张贴着内部招聘信息二维码等。腾讯还评选"钻石伯乐"，推行伯乐推荐龙虎榜，让员工了解内推项目并促进内推成效。

另外，腾讯还通过邮件推送、专案运营、"主动伯乐"等方式提升员工推荐意愿，提高信息成功转化率。

4. 职业介绍机构招聘

职业介绍机构是指专门为组织获取人力资源和为求职者寻找工作提供服务的机构。这些机构承担着双重角色：既为组织择人，也为求职者择业。借助这些机构，组织和求职者均可获得大量信息。这些机构通过定期或不定期地举行交流活动，为双方提供面谈机会，缩短了招聘双方所花费的时间。实践证明，这是一条行之有效的招聘与就业途径。

我国的职业介绍机构主要有各类临时的劳务市场、固定的劳动力介绍机构、各级各类人才交流中心和专门为企业寻找高级人才的猎头公司。目前，不少职业介绍机构是由政府的人事、劳动部门设立的，随着市场机制的不断引入，其他类型的职业介绍机构也不断涌现。从设立的主体来看，除政府设立的职业介绍机构外，有些是某些企业开办的，还有一些是纯商业性质的中介公司。从中介的对象来看，有的职业介绍机构主要提供熟练工人和技术工人，有的主要提供管理人才、专家，有的专门提供高级主管等。企业在员工招聘中可根据实际需要选择不同类型的招聘机构。

人才交流中心和劳务市场招聘的优点是费用低廉，应聘者范围很广，很难形成裙带关系，招聘所需的时间较短；而缺点是企业对应聘者的情况不够了解，加上有些职业介绍机构中求职者鱼龙混杂，应聘者信息的可信度不高。这种招聘方式下，职业介绍机构的信誉和企业本身的甄选能力是成功招聘的关键。

对于一些热门专业的人才或高级人才来说，人才交流中心和劳务市场等招聘渠道往往效果不理想，猎头公司就是应这种需要在我国逐步发展起来的一种特殊的职业介绍机构。这种机构一般建有自己的人才库，有着专业的搜寻手段和渠道。由于猎头公司对企业和求职者的情况有较详细的了解，因而针对性很强，成功率较高。同时，聘用的人员可以立刻进入工作，效果立竿见影。但是这种招聘方式所需的费用较高，猎头公司的收费一般高达所推荐人才年薪的 25%～35%。另外，从外部高薪引进"空降兵"也不利于内部员工积极性的调动。目前，内部猎头团队的培养及其直接猎挖能力的提升将成为招聘的一个趋势。猎头行业市场有逐步缩小的趋势，代之以企业直接招聘（Direct Sourcing）。一部分互联网和高科技行业的标杆企业正逐步推进"零猎头"招聘方式，因为这种方式使得企业能够获得候选人的第一手信息（而非经过猎头公司的包装与过滤），招聘效率更高，能给企业带来更多的价值（如猎挖过程中的"副产品"，包括新的候选人、新的行业资讯），成本效益也更高。

📑 相 关 链 接

何谓"猎头"

"猎头"在英文里叫 Headhunting。在国外，这是一种十分流行的人才招聘方式。中国香港和台湾地区把它翻译为"猎头"，所以引入后我们也称其为"猎头"，意思是"网罗高级人才"。高级人才委托招聘业务，又被称为猎头服务或人才寻访服务。猎头公司就是依靠猎取社会所需各类高级人才而生存的中介组织。

与人才交流中心不同，猎头公司采取隐蔽猎取、快速出击的主动竞争方式，为所需高级人才的客户猎取公司人才市场所得不到的高级人才。猎头公司的猎物对象是高级管理人才，一般来说主要是总裁、副总裁、总经理、副总经理、人事总监、人事经理、财务经理、市场总监、市场经理、营销经理、产品经理、技术总监、技术经理、厂长、生产部经理、高级项目经理、高级工程师、博士后、博士、工商管理高级人才、其他高级顾问及其他经理级以上人才等。而且，具有一定规模的猎头公司还会根据项目的大小进行市场细分，只做中高端的猎头服务项目。

5. 校园招聘

向社会提供各种教育程度的毕业生是教育机构的责任之一。因此，教育机构也是企业获得人力资源的重要来源。教育机构类型众多，有初中、普通高中、职业学校、中等专科学校、高等专科学校、普通高等学校及其研究生院，各类学校的毕业生在技术、能力、知识水平方面差异很大，企业可以根据不同的职位选择不同等级的教育机构进行招聘。

校园招聘的优点是招聘的新员工年轻，富有朝气，善于接受新知识，可塑性强；缺点是这些人员一般都没有工作经验，需经培训才可以上岗工作。

6. 求职者自荐

求职者自荐是指在企业没有发出招聘信息的情况下，通过求职者自己主动递交或寄送求职申请推荐自己并进入企业工作的一种招聘方式。对于一些声誉良好、有着很好的薪资政策和工作条件的组织来说，收到对组织感兴趣的主动求职者的求职申请或简历是一件很平常的事情。组织可以将这些求职者的求职申请或简历储存在人才库中，一旦有合适的岗位空缺，这些人就可以作为候选人，有时这样也可以招聘到合适的人选。

求职者自荐有利于降低招聘成本，企业应当鼓励求职者的这种自我推荐行为。企业可以在有关部门指定人员兼管对自我推荐的求职者的接待与登记工作。这种方法的缺点是求职者的随机性大，合适人选不多，而且由于求职者需要等待的时间较长，当岗位出现空缺时他们可能已经找到其他合适的工作。

7. 以往员工的重新招聘

以往员工的重新招聘是指将已经离开本企业的原本企业职工重新招聘到本企业工作的一种方法。以往员工的重新招聘作为员工招聘的一个特殊来源，与其他外部来源相比，其最大的一个优点是企业对这些员工的情况比较了解，员工对用人单位的工作程序和组织文化也比较熟悉，可以避免招聘的失误，也能节省新员工培训费用。另外，重新招聘的老员工由于对工作比较熟悉，一般都能有较好的工作业绩，而且他们有离职的经历，使得他们对组织更加忠诚，因而更稳定、流动性更小。

以往员工的离职原因可能是对原用人单位有一定的不满情绪，离职后寻找新的用人单位后发现新的工作单位更加令人失望，从而想重新回来。对于这样的员工，是否对他们重新录用，取决于他们离职的具体原因及以往的业绩和实际工作能力。通过这种方法，一方面可以将离职的优秀员工重新吸引进来，另一方面可以通过他们了解组织中存在的问题，以便改进。事实上，许多公司将离职员工视为宝贵财富，并和他们保持联系。例如，美国微软公司就建立了一种"员工重聚"的制度，长期与离职的员工保持联系，当公司需要人员时就可以重新招聘他们。组织可以将这些潜在求职者的情况建立档案或输入数据库，以便在用人时可以及时联系到他们。

3.3 招聘渠道的比较与选择

3.3.1 招聘渠道的比较

1. 内部招聘的优缺点

1）内部招聘的优点

①内部招聘对员工是一种激励。内部招聘使员工在企业中有安全感、有发展前途，从而有利于培养员工的归属感，使员工对企业更加忠诚，可以激发员工工作的积极性、促进员工潜能发挥。研究表明，晋升机会的增多能降低员工流动率，提升员工工作满意度，提高工作绩效。②内部招聘降低了人力资源成本。内部招聘一方面可以节省一笔招聘和培训费用，另一方面可以避免因为从外部引进人才可能产生的高薪和安置费。另外，由于组织内部对人员的资格和能力比较了解，能够更加准确、客观地选择合适人选，可以避免外部招聘中由于判断失误而导致的损失。③内部招聘的人员适应性更强。内部员工熟悉本企业的管理模式、组织文化，因此需要的适应期较短，需要的培训较少，也较少与组织文化产生冲突，能够更加容易和快速适应组织环境和新的岗位。④内部招聘可以规避"道德风险"等问题。企业和内部员工候选人之间的信息是对称的，企业对候选人的工作态度、素质能力及发展潜力等方面有比较准确的了解和把握，一般不存在"道德风险"等问题。

2）内部招聘的缺点

①内部招聘受到内部候选人的限制。由于内部人力资源的有限性，许多企业往往会发现具备候选人资格条件的人很少。在企业高速发展的时期，过于强调内部晋升，不仅候选

人数量不能满足企业发展的需要，还可能出现降低招聘标准的现象，以致降低企业的竞争力。另外，晋升人员的原岗位也需要有人填补，由此又产生了一系列被动的岗位连锁移动，或多或少会影响组织的正常工作秩序。②内部招聘不利于企业创新。内部人员长期处于一个相对封闭的环境中，观念、文化、价值观彼此认同，容易形成"近亲繁殖"，不利于新观点、新思维的产生，对于一个需要创新和变革的组织来说可能会因为因循守旧而导致缺乏活力和后劲。③内部招聘可能会影响员工的积极性。内部招聘的竞争性容易造成组织内部的不团结，增加组织不必要的内耗。④内部招聘可能形成企业内部的利益群体，出现拉帮结派、徇私舞弊、官官相护的不良现象，败坏企业风气，影响企业健康发展。

3）内部招聘的实现途径

一次有效的内部招聘至少应该具备三个特征：一是通过此次内部招聘活动，把最合适的人选安排在企业的空缺岗位上；二是通过此次内部招聘活动，能够有效地激励员工，提高员工工作士气；三是通过内部招聘活动，空缺岗位能够及时被填补，实现企业的可持续发展。要做到这三点，则必须做好以下几项工作。

（1）加强内部人才储备。从内部招聘到合适人才填补空缺岗位的一个前提条件是，组织内部有足够数量的优秀人才可供挑选。现实中，很多企业往往做不到这一点，岗位空缺后无人可替的问题经常发生，令 HR 们头痛不已。如何才能有效避免这种情况呢？从操作层面来看，企业可以按照以下两点来做：

一是选好储备的重点岗位。任何一家企业，都有某些比较关键或流动性比较大的岗位，如营销经理、人力资源经理等，这些重要岗位如果长时间空缺，必然会给企业造成比较大的影响。因此，企业在采取各种措施防止重要岗位人员流动的同时，有必要为这些岗位储备一些人才。对于那些流动性较大的岗位，在分析人员流动大的原因的同时，也要对这些岗位做一些适当的人才储备。

二是建立储备人员个人档案。确定员工流动较大的岗位后，可以根据员工平时的工作业绩表现、个人能力及发展潜力来筛选一批骨干及储备人员，有针对性地分析储备人员的优势、劣势及性格特点等，确定储备人员可能适合的岗位及培养方向，有目的地为储备人员建立个人档案（此档案也可和个人培训档案相结合，形成员工个人培训档案）。档案内容除涵盖性别、年龄、学历等基本要素外，还应包括员工的性格特点、长处、不足，以及员工希望的发展方向、可能适合的岗位、为达到该岗位要求而历练的时间等。这样，可清晰、直观地掌握公司储备人员情况，并随时对储备人员做出补充或调整。

（2）制定完备的职位说明书。完备的职位说明书是进行招聘活动的基础。没有它，招聘活动就失去了依据，内部招聘也不例外。但不少企业认为，内部招聘无须花太多时间和精力，都是自家员工，口头说说就可以了。然而实际情况是，很多应聘者并不是很了解招聘岗位，往往只知其一、不知其二，有些认识甚至是错误的。应聘者对应聘岗位缺乏全面、正确的认知，招聘活动就很难有好的效果。因此，企业在面对内部招聘时仍需认真对待，制定完备的职位说明书。

（3）完善企业内部招聘制度。"没有规矩，不成方圆"，由于内部招聘自身固有的缺陷，如果没有完善的招聘制度做保障，内部招聘很可能成为"近亲繁殖"或"派系斗争"的温床。完善招聘制度，一方面要坚持公开、公平、公正的原则，严格控制和规范内部招聘的每一个步骤；另一方面要本着"一切为了企业"的理念，认真、负责、细致地做好内部招聘的每一个细节，并运用现代化的测评技术和测评方法来辅助内部招聘活动，提高内部招聘的准确性。

（4）对储备人员开展针对性的培训。很多企业，不能说它们没有考虑过对储备人员进行系统的培训，但在实际操作中却表现出缺乏明确的目的性和针对性。这样的培训，既不能使储备人员感受到企业对他们的重点培养，又不能真正提高储备人员所需的管理知识及技能，因而既没有提高储备人员的工作积极性，也没有帮助储备人员进一步提升工作能力。因此，储备人员的培训一定要有针对性。一方面，对储备人员的培训一定要有目的、有针对性地制定详细的方案，并投入较多的精力及时间，这样做看似花费了较多的时间和精力，实则会从中获得更多的回报。另一方面，在培训过程中，应时常观察并评估储备人员的能力提升情况。如果储备人员的能力提升效果普遍不理想，则应及时召集相关人员调整培训方案，使其切实向员工靠拢。如果个别人员提升效果不明显，则应加强对个别人员的针对性培训。对确实因储备人员自身条件限制而不能有较大提高的，则应及时淘汰，同时及时补充或招聘人员充实到储备人员队伍中。

（5）加强内部招聘中的沟通。内部招聘的沟通有两个作用：一是协调内部招聘可能引发的矛盾。在内部招聘中，不可避免地会出现这样或那样的矛盾，如被录用者与未被录用者之间的矛盾、未被录用者与企业之间的矛盾、被录用者在新的岗位和组织融入中产生的矛盾，这些问题都需要有效的沟通来化解，避免给企业的发展带来不利的影响。二是传递组织的人文关怀。通过沟通，员工感受到了组织的关心和爱护，这样可以帮助员工增强对组织的归属感，提高员工的忠诚度。

2. 外部招聘的优缺点

1）外部招聘的优点

①外部招聘是一种有效的、与外部进行信息交流的方式，企业可以借此树立良好的外部形象。②新成员的加入，可以给企业带来不同的价值观和新观点、新思想、新方法，有利于企业经营管理的创新，防止企业思想僵化，甚至会给企业带来新的人际关系和社会关系，从而给企业带来新的活力。③根据"鲶鱼效应"，外部招聘人才的进入无形之中会给企业原有员工带来压力，从而激发他们的斗志和潜能。另外，通过与外部招聘员工的互相学习，大家可以共同进步，同时避免了"近亲繁殖"。④外部招聘可以有效缓解内部竞争者之间的紧张关系。一般来说，企业的空缺职位是有限的，企业内部的不良竞争可能导致钩心斗角、相互拆台的现象；一旦某个员工被提拔，其他候选人可能会出现不满情绪，以致消极懈怠、不服管理。外部招聘可以使内部竞争者得到某种心理平衡，避免企业内部成员的不团结。⑤外部招聘的人才来源广，挑选余地大，能招聘到优秀的人才，尤其是一些较为稀缺的复合型人才，同时还可以节省内部培养和培训的费用。

2）外部招聘的缺点

①由于信息不对称，外部招聘往往造成筛选难度大、成本高等问题，而且容易被应聘者的表面现象（如学历、资历）所蒙蔽，无法了解其真正才能，甚至因为不了解求职者以前的情况而产生劳动纠纷。②外部招聘人员往往需要花费较长时间来进行培训和定位，从而可能影响企业的整体绩效。而且，外部招聘人员有可能出现"水土不服"的现象，无法接受已经形成的组织文化，甚至选择离开。③外部招聘还会使内部胜任该职位的人员感到不公平，容易产生与外部招聘人员的不合作态度。

相 关 链 接

简历注水风险大，最好莫尝试

人力资源主管对求职者的第一印象来自其递交的简历。写好一份简历，是每位初入职场的大四学子的必修课，但简历要写得生动、精彩，不等于夸夸其谈、胡编乱造。随着企业警惕性的越来越高，应聘者在简历上注水的风险也越来越大。

首先，简历写得再好，如果不能通过考试，也只是枉费心机；其次，注水简历一旦被用人单位发现，求职者失去的不仅是一次就业机会，还有做人的信誉，对自己的职业生涯发展也不利；最后，《中华人民共和国劳动合同法》第八条规定："用人单位有权了解劳动者与劳动合同直接相关的基本情况，劳动者应当如实说明。"知识技能、学历等这些判断求职者是否能够胜任的信息如有虚假，属于求职者以欺骗的手段影响用人单位的录用决定，这构成劳动合同无效。一旦查实，用人单位可以立即解除劳动合同，且不支付任何经济补偿金。

3）外部招聘的实现途径

（1）努力降低招聘中的信息不对称程度。①科学测评，全面考查。在对通过外部招聘途径招聘的人员进行测评时，要尽可能地进行客观、有效的测评，尽量减少主观因素的影响。企业可根据应聘职位的工作分析，运用现代测评工具对应聘者进行心理测验、专业知识测验、工作技能测验及面试等，并通过背景调查等手段增加信息的可靠性。②引入"试用期"。当企业对员工的真实信息难以了解和掌握时，可以在录用的合同中规定一定的"试用期"，这样既能为企业提供更多的深入考察新员工能力和素质的时间和机会，也能避免为低能力员工支付较高的工资，降低了因选人失误造成的损失。③提高招聘人员的自身素质。招聘人员的素质对成功招聘至关重要。高素质的招聘人员首先应该懂得如何高效、规范地运作招聘过程并掌握各种科学的甄选技术，这是防止招聘中出现各种失误的基本保证。同时，高素质的招聘人员应该具有很强的风险防范意识，熟悉有关法律与政策。只有这样，才能在建立劳动关系前充分调查被选员工的劳动关系情况，依法保护本企业的利益，避免用工中的各种违法行为。

（2）营造和谐健康向上的企业文化。所谓企业文化，是指企业共同的价值标准、道德标准和文化理念。不少企业的企业文化存在以下问题：一是以盈利为本企业的核心价值导向，用短视的目标激发员工的工作积极性；二是为了营造危机感、激发员工潜能，过于强调员工与企业的雇佣关系，增强了员工的职业不稳定感；三是企业文化中的功利色彩过浓，缺乏人性化。这些不良的企业文化必然造成企业内部员工急功近利，相互之间缺乏理解和宽容，难以形成同舟共济的凝聚力。在这样的企业文化下，有竞争力的新员工很难被内部员工所接纳，甚至会被排挤，新员工本身也无法接受和适应这样的企业文化，从而使外部招聘的新员工失望而去。从这个角度来说，营造和谐健康向上的企业文化是有效的外部招聘不可或缺的前提条件。

3.3.2　招聘渠道的选择

外部招聘和内部招聘各有千秋，不能笼统地说哪种方式好。对于要在激烈的人才竞争中获得发展的企业来讲，它既不能"跟风式"地盲目从外部引进人才，也不能局限于自己小天地里的人才，而是要从企业自身实际情况出发，系统分析人才市场状况、相关人才政策和法规、行业人才状况和薪资水平等外部环境，再结合企业自身的经营战略和管理风格，以及现有人力资源状况，综合考虑外部招聘和内部招聘的优缺点，选择符合企业自身状况的或在特定时期、特定条件下的不同职位的招聘渠道和方法。选择一个好的招聘渠道应该从传播效果、目标受众和招聘成本三个方面来考虑。

1. 传播效果

好的招聘渠道首先要解决的是信息不对称问题，既要让招聘方和求职者能在短时间内相互了解，又要能保证双方沟通足够便利。从这一点来看，互联网具有很多优势，报纸、杂志则有一定的局限性。即使同样的媒介，效果也会有差距。例如，有些杂志很少刊登招聘广告，关注它的求职者就相对较少。又如，高新技术企业招聘就不适合在纯广告性质媒体的密集版面上做广告，因为所有广告都只有豆腐块大小，无法分清主次。此外，在报纸夹缝中刊登广告一般不会引起读者的注意，这说明版面的位置也会影响读者对企业层次或实力的判断。

2. 目标受众

不同的渠道适用于不同类型的人才招聘，因此在选择招聘渠道时，一定要结合岗位需求，做到有的放矢。也就是说，要选择在招聘对象接触最多的媒介上发布广告。例如，通过专业性的杂志招聘有一定知识和技能的专业人员，通过猎头公司招聘市场上稀缺的高级管理人才和技术人才。从网络招聘来看，对网络招聘的平台也要根据招聘目标人群进行科学的选择。目前，行业垂直细分的招聘平台众多，如 BOSS 直聘、拉勾网、约聘网、周伯通、内推网、汽车人才网、家具人才网、酒店之家、翻译人才网、中国外语人才网、司机招聘网、中国业务员网、营业员招聘网等，细分的招聘平台可以为企业的招聘带来极大的便利，同时提升招聘效率和精准度。

3. 招聘成本

在选择招聘渠道时，招聘成本也是必须考虑的问题。企业应该做到用最少的开支找到最合适的人才。招聘成本与招聘人才的层次和专业性密切相关。一般来说，普通人才和中级人才的招聘，可选择费用相对低廉的招聘会或员工推荐的形式；高层次人才和重要岗位的人员则可以通过费用相对较高的猎头公司来招聘。从网络招聘来看，像智联招聘、前程无忧、中华英才网、58 同城、赶集网、百姓网、猎聘网、测聘网、中国人才热线等综合性的招聘网站，其最大优势是可以发布多个职位，相对于细分平台而言也可以省下不少招聘成本。

对有一定招聘经验的企业来说，还可以通过对以往的招聘数据进行统计分析，找到适合本企业的招聘渠道。相关数据包括不同阶段的各种招聘方法获得的简历数量、面试人数、录取人数等，进而计算出各种招聘方法的有效简历数（面试人数/简历总数）、录取成功率（录用人数/面试人数）和综合成功率（有效简历率×录取成功率）。通过这三个指标的有效评价，则不难判断出哪种招聘方法和渠道更加有效。

3.4 招聘广告的设计

3.4.1 招聘广告的内容

发布招聘广告的目的是让潜在的求职者知道企业的招聘信息，让他们清楚企业的需要，从而产生应聘的动力。因此，招聘广告的发布内容必须全面，表述必须准确，并且具有鼓动性。一则完整的招聘广告至少应该包括如下六个方面的内容。

1. 企业概况

企业概况主要阐述企业的性质、业务与价值观等。

（1）企业价值观。企业价值观是指企业及其员工的共同价值取向，即对事物的判断标准。有了这一标准，员工才知道什么是重要的，什么是该做的，什么是可贵的。企业价值观尤其体现在对人才的态度，即用人理念上。例如，"为您提供一个没有天花板的发展空间""用现代企业管理理念和经营机制，为您提供充分实现自我价值的舞台和持续的发展空间""本公司注重求职者的人品和能力，尤其是对贡献社会、成就自我的认同感"等。

（2）企业所从事的业务。介绍企业主要业务，要简明扼要。例如，"KJ 科技有限公司是中国领先的社区平台与服务提供商。公司位于北京中关村的高科技园区，是一家拥有自主知识产权的互联网企业，被北京市科委授予'高科技企业'称号。本公司长期专注于互联网社区平台及解决方案的研发和运营，是中国最专业的社区研发和运营团队之一"。

2. 招聘岗位信息

（1）岗位名称。企业在招聘广告中要列出所招聘岗位的名称，如客户服务部经理、财务经理、软件开发工程师等。岗位名称一般要规范，使用行业或市场通用名称，让求职者能够从岗位名称中大致了解岗位工作的基本信息。

（2）岗位职责。岗位职责指岗位主要负责的工作和承担的任务等，招聘广告中可以挑选主要的列出 3～5 条，无须面面俱到。例如，财务经理的主要职责：主持财务部的全面工作；掌握资金活动情况，审阅呈批各项资金使用计划；负责单位财务会计、审计工作；受理经复核的货币资金流量日报表，并登记好台账；负责组织编制财务收支计划，分析掌握各部室财务收支情况，及时反馈财务管理中的问题，当好领导的参谋；协助配合上级机关和财政审计等业务部门的各项财务检查工作。

（3）任职要求。根据任职说明书对求职者的素质提出要求，主要内容包括基本知识、能力、技巧及其他特质等。企业的招聘广告中，一般会有对基本知识、能力和技巧的具体详细的要求，但对其他特质所做的要求并不多。这些特质往往对判断求职者能否胜任岗位非常重要，如敬业精神、团队合作意识、沟通表达能力和心理素质等。应该强调的是，对求职者素质要求的用语，应从求职者的角度进行，不能照搬任职说明书上的原话。如果企业还没有职位说明书或招聘岗位为新增岗位，则应当在招聘前先对上述内容进行界定，再起草招聘广告。

3. 福利待遇及员工职业发展信息

为有效吸引求职者，大多数企业会在招聘广告中说明企业福利待遇和发展平台等信息。例如，YD 公司在招聘广告中向求职者展现了其拥有的畅通多元的职业发展平台、丰富完善的人才培养体系、多维全面的薪酬福利组合、干事创业的公司团队氛围等，赋能员工更好地工作和成长。

4. 需要求职者提供相关资料的信息

在招聘环节，企业需要求职者提供求职简历（如果工作中需要用到外语，则应当提供中英文简历），以及其他证明资料，如学历、毕业证书及有关资格证书等，这些要随着招聘流程的推进告知求职者提供纸质或电子材料。

5. 招聘流程与时间信息

招聘广告中应明确招聘的流程和时间进度，以便求职者心中有数。招聘流程一般包括简历投递、简历筛选、笔试、面试、体检、发放录用通知等。简历投递的截止时间要明确告知，还要告知其他招聘环节的时间安排。如 HX 公司 2023 年校园招聘广告中这样明确招聘流程：网申或内推（10 月 10—30 日）—笔试（部分岗位 10 月下旬开始）—面试（10 月下旬开始）—Offer 发放（11 月开始）。

6. 企业联系方式和信息

招聘广告一般会提供企业的联系方式，包括联系部门、联系人、联系电话、电子邮箱等。当前很多企业通过企业招聘官网或微信公众号进行招聘宣传和交流，在招聘广告上放置相关二维码，求职者可以通过扫码了解企业简介、招聘信息和联系方式等各种信息，以及在线上选择合适的招聘岗位并完成简历投递。

📖 相 关 链 接

某年某公司春季校园招聘公告

"春招运动会"广播站

No.1 主办单位

新定位：世界一流信息服务科技创新公司

新战略：构建创世界一流"力量大厦"

新基建：推进新基建，贯通经济社会发展的信息"大动脉"

新要素：融合新要素，释放其对经济发展的放大、叠加、倍增效应

新动能：激发新动能，构筑数字经济发展优势

......

No.2 比赛项目

招聘岗位

"春招运动会"期间，同步开放三大类竞技项目，各位参赛选手可据自我特长，择优报名目标选项。

技术类项目

IT 技术支持、网络规划管理、系统开发与运营、大数据开发......

市场类项目

经营分析、产品管理、渠道管理、客户经理......

综合类项目

法律管理、财务管理、战略运营、采购管理......

No.3 赛事支持

福利待遇&培养赋能

畅通多元的职业发展平台："十百千"大 H 发展通道、职级晋升、复合型人才培养

"活水计划"……

丰富完善的人才培养体系："新动能能力提升"一揽子计划、资深大咖实力带教、多元培训强势赋能、前沿科技深入学习、员工实训基地训练……

多维全面的薪酬福利组合：企业年金、五险一金、定制福利、带薪休假、健康体检、工会福利、美味食堂、节日关怀、文体活动……

干事创业的公司团队氛围：专精顶的科研平台、高大上的办公环境、趣酷潮的文化活动……

No.4 参赛指南招聘详情

在正式报名之前请仔细阅读以下赛事指南：

目标参赛选手：2022 届高校毕业生、2021 届高校未就业毕业生

赛事流程：

- 投递简历：3月开始
- 空中宣讲会：3月中旬
- 在线统一笔试：4月上旬
- 面试：3—5月
- 体检&Offer 发放：4—6月
- 入职 5—8月

温馨提示：具体时间以主办方官方信息为准

报名方式：

手机端：扫描二维码一键开启网申、校招云平台

PC 端：公司招聘网站 www.xxxx.com

前程无忧：http：//2022.yingjiesheng.com/xxxx/

智联招聘：http：//xxxx2022.zhaopin.com/

登录上方网址，在线申请心仪项目

3.4.2 招聘广告的设计原则

招聘广告的设计原则与其他广告基本相同，应符合 AIDAM（Attention、Interest、Desire、Action、Memory）原则，即引起注意原则、产生兴趣原则、激发愿望原则、采取行动原则和留下记忆原则。

1. 引起注意原则

一则好的招聘广告必须能用独特的及与众不同的风格、语言文字、色彩、图案、画面等进行设计，再配合合适的媒体来吸引求职者注意。

有一则这样的广告非常引人注目：黑色的广告背景上，赫然画着两个鲜活的人脑：左边画的是从正面观察的人脑，分为左右半球；右边画的是从侧面观察的人脑半球。人脑沟回曲折，形状逼真，色彩鲜活，仿佛是医学院的教学挂图，令人心生疑惑：为什么招聘启事上会出现这样的图像？再仔细一看，原来左图中的左右大脑是由两群人体堆挤缠绕而成的，人体的四肢、曲线及人体与人体的间隙被作者巧妙运用，组成了人脑的沟回。右边的人脑侧面图则是由许多人的手缠绕握叠而成的，同样巧妙。两幅人脑图像设计真是别具匠心。细细品味，其寓意更加耐人寻味：一是表达了招聘单位要找的是高智力人才；二是表

达了招聘单位所主张的团队合作精神。

还有一则广告，也很有特点：白色的背景上，一位身穿黑色燕尾服、头戴黑色礼帽的老者身体前倾，正目光炯炯地直视着你，并用右手的食指指着你，加上"I WANT YOU"一排醒目的大字，向求职者表达了招聘单位对人才的坚定渴求。相信求职者看了以后，在眼球被吸引的同时，肯定也能激起强烈的求职欲望。

2. 产生兴趣原则

要想在引起求职者注意的基础上让求职者产生兴趣，就必须设计出能够使人产生兴趣的内容。例如，语言的表述要生动形象，有时还要带些幽默感。公共汽车上曾热播过一则招聘广告：智联招聘在移动公交电视上用年轻人喜欢的明星做广告，同时对"嫦娥"这个形象做了幽默的情景设计，让人看了忍俊不禁；最后一句"好工作，上智联招聘"，展示了智联招聘致力于招聘求职及人力资源平台建设的稳重、权威、大气的形象。

3. 激发愿望原则

人们看到招聘广告并不一定能够产生求职的愿望。为了激发人们的求职愿望，招聘广告中还要包含求职者应聘该职位所能得到的好处。所以，招聘广告一般还要描绘求职者进入企业后能够得到的薪酬福利、培训发展机会、自我实现的可能等内容，使求职者能够感受到组织的氛围和环境，从而产生求职愿望。

相 关 链 接

知名企业校园招聘广告语

中国移动：和你移起　一路领先

平安产险：橙就一触即发

阿里巴巴：加入阿里巴巴，一起打开有意思的未来

腾讯：让世界看到你的影响力

京东集团：寻找燃力实足的你

中兴通讯：敢为兴青年，对弈数智未来

先声药业：我们需要比我们更强的人

字节跳动：激发创造，丰富生活

小米集团：趁年轻，做点更酷的事儿

联想：联想你的未来

东方电气：心向东方，逐梦远航

长安汽车：梦想，从长安开始

万科集团：为理想　去实现

龙湖地产：去绽放，耀未来；向上，仕不可挡

海尔智家：沧海纳星辰　热爱尔不凡

美的集团：敢做更美的你

顺丰速运：梦想速达未来

美团：一起成长　一起更好

普联技术：聚有梦想的人　做有挑战的事

4. 采取行动原则

在激发起求职者的求职欲望之后，求职者有可能会产生投递申请信与简历的想法。要使求职者的想法成为可能，招聘广告上必须注明联系人与联系方式，包括电话、传真、电子邮件地址、通信地址等，以便求职者联系。

有一则招聘广告看似简单，其实很有特点。在招聘广告上，广告语只有一句话——"招软件工程师"，对招聘岗位的性质也只做了最简单的描述。在广告页面下方，有一排纸条，每个纸条上都写着联系电话。这则广告的特殊之处就在于，广告下方的联系电话没有直接给出，而是给出一个较为烦琐的计算公式及各种符号代表的数值，求职者必须耐心而正确地完成计算才能得到正确的电话号码。这则广告给求职者提供的信息远远不止字面上的表达，它其实是在告诉求职者，这家企业对敢于挑战、善于解决复杂问题又有耐心和韧性的计算机软件人才的渴求，使得筛选工作在求职者看到招聘广告的那一刻就开始了。

5. 留下记忆原则

使求职者对招聘企业留下深刻印象是招聘广告的另一个重要目的，这对企业的形象与业务的宣传起着不容忽视的作用。

自 测 题

一、判断题

1. 内部晋升对员工来说是一种激励，所以不会影响员工的积极性。　　（　　）
2. 当企业需要技术创新或需要新思维时，外部招聘是一个很好的选择。（　　）
3. 杂志发布招聘广告一般适用于招聘高级管理人员和特殊领域的专家。（　　）
4. 招聘是一个企业获取人才的过程，和企业的品牌建设没有什么关系。（　　）
5. 内部员工举荐容易滋生裙带关系和产生小群体，不值得提倡。　　　（　　）

二、单选题

1. 下列不属于网络招聘的优点的是（　　）。
　　A. 成本低廉　　B. 传播迅速　　　　C. 传播面广　　　D. 针对性强
2. 下列不是通过杂志发布招聘广告的优点的是（　　）。
　　A. 针对性强　　　　　　　　B. 有效期长
　　C. 信息发布及时　　　　　　D. 传递信息准确
3.（　　）就是将空缺岗位的职位描述、薪酬等级、任职资格等发布公告，让全体员工知晓，所有具备资格的员工都可以申请该岗位的一种内部招聘方法。
　　A. 职业生涯开发系统　　　　B. 职位公示
　　C. 主管推荐　　　　　　　　D. 内部晋升
4.（　　）可以丰富员工的工作经验，使员工熟悉组织的更多领域和部门的工作，了解各项活动的相互关系，培养多面手和综合管理人才。
　　A. 内部调用　　B. 内部晋升　　　C. 工作轮换　　　D. 主管推荐
5. 下列不是内部员工举荐的优点的是（　　）。
　　A. 举荐者对组织岗位要求和被举荐者均很了解

B．给予求职者平等竞争的机会

C．有利于降低成本

D．被举荐者能更快地适应组织环境

三、多选题

1．下列属于内部招聘的优点的有（　　　）。

    A．能够激励内部员工　　　　　　　　B．能够激发组织的创新力

    C．能够缓解内部员工的竞争　　　　　D．员工对企业比较了解

2．下列属于外部招聘的优点的有（　　　）。

    A．能够激发内部员工的潜能　　　　　B．能够引进新技术和新思维

    C．能够缓解内部竞争　　　　　　　　D．员工适应性强

3．在进行人员招聘时，选择内部招聘相对于外部招聘的优势有（　　　）。

    A．所招聘人员的适应性强

    B．不利于发挥组织中现有人员的工作积极性

    C．可以利用已有人事资料简化招聘、录用程序

    D．有利于控制人力成本，减少培训时间和费用

4．内部人员的招聘可以通过（　　　）等途径实现。

    A．职业生涯开发系统　　　　　　　　B．主管推荐

    C．职位公示　　　　　　　　　　　　D．组织数据库

5．在企业高速发展时期，过度强调内部晋升，容易产生（　　　）等问题。

    A．符合要求的候选人数量不足　　　　B．被动的岗位移动

    C．用人标准降低　　　　　　　　　　D．激烈的内部竞争

6．工作轮换的好处有（　　　）。

    A．利于培养多面手和综合管理人才　　B．能使员工对工作保持新鲜感

    C．利于发挥个人特长　　　　　　　　D．利于缓解内部竞争

四、练习与思考

1．内部招聘有哪些优点和缺点？哪些情况采用内部招聘比较合适？

2．外部招聘有哪些优点和缺点？哪些情况采用外部招聘比较合适？

3．校园招聘有哪些优点和缺点？哪些情况采用校园招聘比较合适？

4．谈一谈你对招聘公关活动的重要性的认识。

5．你个人愿意以怎样的方式获得企业中高层职位？为什么？

五、案例分析

1．斯坦罗泰克公司的人员招聘

斯坦罗泰克公司的大部分员工在工厂工作。每当需要聘用人员时，工厂经理帕特瑞克·希姆就会进行招聘，并将人员招聘情况通知部门主管。

该工厂经理是根据他与应聘人员短暂的几分钟面谈得出的个人判断来选聘所需人员的。在这个简短的面谈之前，帕特瑞克的秘书会审查候选人过去的经历和受教育程度，并通过证明人核查情况。

一旦候选人被聘用，他便要先到工厂去完成一些诸如填写申请表和简单的身体检查等手续，然后就会得到所分配的工作。新员工无论何时遇到困难，都会得到一些指导和帮助。

斯坦罗泰克公司员工的流动程度超过该行业的平均水平。每个月都有一部分员工辞职，其中一些是由于不能适应工作环境，另一些则是因为不能达到工作标准。

由于公司一直在盈利，工厂经理或公司主管不必为了人员流动问题而烦恼。但是，帕特瑞克已经意识到所存在的人员流动问题。

思考题：

斯坦罗泰克公司的人员流动与企业的招聘方式之间是否存在联系？你对斯坦罗泰克公司在改进招聘程序方面有何建议？

2. W公司一次失败的内部招聘

小赵和小张同在W公司的销售部门工作。小赵比小张先来公司工作三年。当小张刚开始进入W公司工作时，小赵出于销售团队建设的考虑，给予了小张无微不至的关怀和帮助。尤其是当小张初来乍到、客户资源很少、销售业绩欠佳时，小赵主动帮助小张介绍客户并告诉他一些营销实战技巧。对此，小张对小赵感激不尽，经常请小赵吃饭。一来二去，两个人就成了非常要好的朋友。随着小张的不断努力和小赵的鼎力相助，二人的销售业绩很快就旗鼓相当了，而且小张的业绩发展趋势有超过小赵的迹象，但由于两个人关系密切，小赵对此并无防范和嫉妒之心。

然而，一件意想不到的事情打破了这个美妙的局面。公司的销售主管突然高薪被人"挖"走了。公司高层震惊不已，要求销售经理尽快在销售队伍中采取内部招聘的方式招聘一名销售主管，人力资源部门负责协助此次招聘工作。于是，销售经理和招聘主管马上发布了内部招聘消息。由于小张和小赵近些年来出色的业绩，通过层层选拔，他们成为此次招聘的热门人选。销售经理通过对两个人的档案和近三年的销售业绩进行全面衡量，认为小张的发展潜力更大，决定聘用小张为销售主管。在得知这一消息后，小张显得非常高兴，小赵却感到很沮丧。在接下来的一个月里，小赵就一直在这种沮丧与压抑中度过，最后决定离开公司，寻求新的发展。小张同样也过得并不快活，由于其并不具备管理能力，资历又浅，很难管理好整支销售队伍，每天只能身心疲惫地工作着。

思考题：

W公司此次内部招聘失败的原因有哪些？应该如何改进？

第4章
人员甄选的准备与实施

日本丰田公司的选拔计划

日本丰田公司制订选拔计划的目的是招聘优秀的、有责任感的员工，为此公司做出了极大的努力。丰田公司的招聘大体上分为六大阶段，前五个阶段的招聘要持续5~6天。

第一阶段，丰田公司委托专业的职业招聘机构进行初步甄选。应聘者一般会观看丰田公司的工作环境和工作内容的录像资料，同时了解丰田公司的招聘体系，随后填写工作申请表。1小时的录像可以使应聘者对丰田公司的具体工作情况有个大致了解，初步感知工作岗位的要求，这同时也是应聘者自我评估和选择的过程，许多应聘者知难而退。专业招聘机构也会根据应聘者的工作申请表和具体的能力、经验做初步筛选。

第二阶段，招聘机构评估应聘者的技术知识和工作潜能。招聘机构通常会要求应聘者进行基本能力和职业态度的心理测试，评估应聘者解决问题的能力、学习能力和潜能，以及兴趣爱好。如果是技术岗位工作的应聘者，还需要进行6小时的现场实际机器和工具操作测试。通过第一阶段、第二阶段的应聘者的有关资料将转入丰田公司。

第三阶段，丰田公司接手有关的招聘工作。本阶段主要评价应聘者的人际关系能力和决策能力。应聘者在公司的评估中心参加一个4小时的小组讨论，讨论的过程由丰田公司的招聘专家即时观察评估。比较典型的小组讨论一般由应聘者组成一个小组，讨论未来几年汽车的主要特征。问题的解决可以考查应聘者的洞察力、灵活性和创造力。在第三阶段，应聘者需要参加5小时的实际汽车生产线的模拟操作。在模拟过程中，应聘者需要组成项目小组，负担起计划和管理的职能。例如，如何生产一种零配件，要考虑人员分工、材料采购、资金运用、计划管理、生产过程等一系列生产因素的有效运用。

第四阶段，应聘者需要参加一个1小时的集体面试，分别向丰田公司的招聘专家谈论自己取得过的成绩，这样可以使招聘专家更加全面地了解应聘者的兴趣和爱好，了解他们以什么为荣，什么样的事业才能使应聘者兴奋，以便更好地做出工作岗位安排和职业生涯计划。在此阶段也可以进一步了解应聘者的小组互动能力。

通过以上四个阶段，应聘者基本上会被丰田公司录用，但是他们还需要参加第五阶段一个25小时的全面身体检查，以便公司全面了解他们的身体状况，尤其是有无如酗酒、药物滥用的问题。

最后在第六阶段，新员工需要接受 6 个月的工作表现和发展潜能评估，同时会在监控、观察、督导等方面接受严密的关注和培训。

思考

（1）根据上述案例，分析丰田公司人员选拔的流程、内容和方法。

（2）日本丰田公司的选拔计划对于我国企业有何借鉴意义？

本章学习目标

1. 重点掌握人员甄选的含义。
2. 掌握人员甄选的基本程序。
3. 了解人员甄选的重要作用。
4. 了解人员甄选的前期准备工作。
5. 掌握人员甄选的实施。

学习导航

```
第4章  人员甄选的准备与实施
        │
        ▼
4.1  人员甄选概述
4.1.1  人员甄选的含义及作用
4.1.2  人员甄选的内容              4.3  人员甄选的实施
4.1.3  人员甄选的程序             4.3.1  求职材料筛选
        │                        4.3.2  初试
        ▼                        4.3.3  复试
4.2  人员甄选的准备               4.3.4  背景调查
4.2.1  人员甄选策略选择            4.3.5  体格和体能检查
4.2.2  考官培训                   4.3.6  做出初步录用决策
4.2.3  试题的编制与准备
```

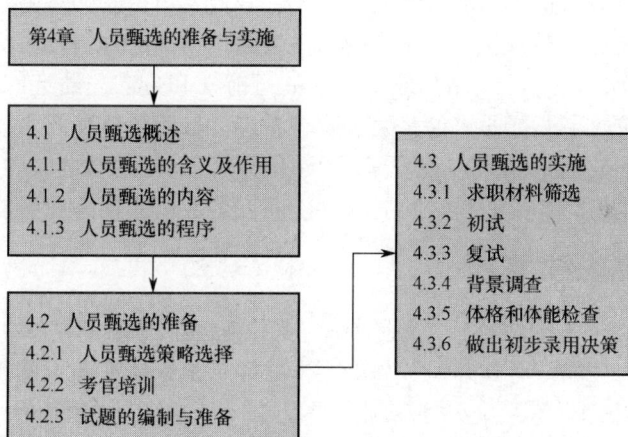

人员甄选是招聘中的重要环节。一般而言，运用科学的甄选手段能为企业挑选出合适的人员，以填补当前和未来目标岗位的人员空缺，这也是进行人员甄选工作最重要的任务。除此之外，人员甄选在企业人才储备、员工晋升、员工能力发展、员工奖惩、员工外派等方面都发挥着重要作用，具体表现为人员招聘中的甄选、人才库建设甄选、人员表彰甄选、人员外派甄选等类型。

本章主要介绍人员招聘中的甄选，其他甄选类型将在第 6 章详细阐述。

4.1　人员甄选概述

4.1.1　人员甄选的含义及作用

1. 人员甄选的含义与原则

1）人员甄选的含义

人员甄选是招聘过程中最关键的环节，也是技术操作性最强的工作。人员甄选是综合运用管理学、心理学、人才学、统计学等多门学科的理论、方法和技术，对应聘者的任职资格和工作的胜任程度进行系统、客观的测量和评价，从而做出录用决策的活动。

2）人员甄选必须遵循的原则

（1）能岗匹配。能岗匹配是指企业并不是要招聘最优秀的人员，而是要招聘最合适的人员，即候选人的能力应与相应的岗位要求相匹配。而判断应聘者能力与岗位要求是否匹配正是甄选活动的主要任务。企业在甄选过程中必须对应聘者的能力与岗位要求的匹配程度进行系统、客观的测量和评价，选择最匹配的人员。

（2）公平甄选。只有公平、公正的环境才能让应聘者充分发挥其才能，同时有利于企业树立良好的形象。

（3）科学甄选。甄选的过程中，企业不能局限于传统的甄选工具，而应适时适岗地选用现代甄选工具，综合运用各种甄选技术，扬长避短，提高甄选的信度和效度。

2. 人员甄选的作用

人员甄选是企业招聘工作的关键步骤，科学的甄选对于企业和个人的发展都具有重要的作用。

（1）人员甄选能够为企业挑选出合适的人才，降低人员招聘的风险。

（2）人员甄选能够有效预测应聘者的未来，有利于职业生涯管理。通过有效的甄选，企业可以了解应聘者的潜能，预测其未来发展的可能性和方向。甄选的结果将指导企业对应聘者进行有效的职业生涯管理，也有助于应聘者进行自我了解和职业规划。

（3）人员甄选能够为应聘者提供平等竞争的平台。规范的甄选，能够为组织内外的应聘者提供一个平等竞争的平台；科学的甄选则能够促进应聘者能力和潜能的充分发挥。

4.1.2　人员甄选的内容

通过对工作或岗位的细致分析可以看出，员工要胜任当前或未来的工作，首先应具备与工作相关的知识和技能，而高知识、高能力未必能带来令企业满意的高绩效。

1973年，美国心理学家戴维·麦克利兰提出了一个著名的"素质冰山模型"。

相关链接

素质冰山模型

所谓"素质冰山模型"，就是将人员个体素质的不同表现划分为表面的"冰山上半部分"和深藏的"冰山下半部分"（见图4-1）。其中，"冰山上半部分"包括基本知识与基本技能，是外在表现、容易了解与测量的部分；而"冰山下半部分"包括社会角色定位、自我认知、品质和动机，是内在的、难以测量的部分，它们不太容易受外界的影响而发生改变，却对人员的行为与表现起着关键性的作用，对绩效的影响更大。

基本知识与基本技能

社会角色定位

自我认知

品质和动机

图4-1

　　招聘人才时，不能仅局限于对技能和专业知识的考查，而应从应聘者的求职动机、个人品质、价值观、自我认知和角色定位等方面进行综合考虑。因此，在进行人员甄选时，更要注重考查应聘者在"冰山下半部分"的表现。

　　下面结合素质冰山模型来分析甄选的内容，即对候选人的素质要求进行综合考查。考查主要包括知识与技能、社会角色与自我概念、品质与动机、工作经验、身体素质等几个方面。

1.　知识与技能

　　知识是指一个人在某一特定领域所拥有的事实型与经验型信息，即应聘者所具备的基础知识和专业知识，特别是专业知识，如计算机知识、管理知识、财务知识等。

　　技能是指结构化地运用知识完成某项具体工作的能力，考查应聘者对某一特定领域所需技术与知识的掌握情况。

　　知识和技能的考查相对比较简单，企业通过笔试、面试和模拟操作等方式就可以了解应聘者对于工作所需知识的掌握程度和工作技能水平。

2.　社会角色与自我概念

　　社会角色是指一个人基于态度和价值观的行为方式与风格。

　　自我概念是指一个人的态度、价值观和自我印象，如自信心、乐观精神、合作精神、奉献精神等。当一个人的价值取向与企业价值观、岗位要求相一致，且拥有良好的职业态度时，他才能为企业更努力地工作。

　　企业在考查应聘者的价值观和态度时，应结合使用专业的测试量表来测量。

3.　品质与动机

　　品质是指一个人持续而稳定的行为特征。具有好品质的员工不仅能够为企业内外部带来好的影响，而且能够为企业带来更多的效益。敬业、诚实、正直、负责等良好品质是众多企业在招聘时非常看重的，而且它们也是企业文化的一部分。

　　动机是指在一个特定领域的自然而持续的想法和偏好，它们将驱动、引导和决定一个人的外在行动，如成就需求、人际交往需求、影响力需求、团队意识、竞争力意识等。在企业招聘中，只有应聘者的动机与求职岗位特征及要求一致时，应聘者才可能长期稳定并投入地工作。

　　对品质和动机的测试，需要使用相关的专业测试量表，同时结合使用情景模拟面试等方式来考查。

4.　工作经验

　　工作经验是指通过工作实践不断积累的经验。拥有相关工作经验的人员在招聘时备受企业青睐，因为可来之即用。但应聘者的工作经验是不是纸上谈兵，是否与招聘岗位相匹配，企业需要对其进行考查才能知道。对工作经验的考查，企业可以采用面试、情景模拟等方式，根据应聘者的问题回答和面谈叙述来判断其是否具有真实的工作经历，是否积累了一定的工作经验或工作能力。技术型或操作型的岗位可以通过现场操作等方式来考查。

5. 身体素质

良好的身体素质是进行有效工作的保证。为此，企业必须确保录用的人员具有健康的体格和心理。不同岗位对身体素质的要求也不同，因而对身体素质的考查应根据不同岗位的要求而定，如技术型、操作型的人员，企业不仅要考查其身体的健康程度，而且要考查其身手的协调性、灵活性、平衡性，以及体力可承担的负荷强度等；而管理者不仅要求身体健康，而且要求精力充沛、思维敏捷等。

相 关 链 接

阿里巴巴的"北斗七星"选人法

阿里巴巴针对销售岗位从 2000 多名销售人员中筛选出 500 名优秀销售员，并梳理出了他们的共同特点，总结出一套"北斗七星"选人法。"北斗七星"选人法将能力、个性特征、驱动力、诚信四个方面作为选人的依据，由七个关键词组成，呈金字塔模型架构，如图 4-2 所示。

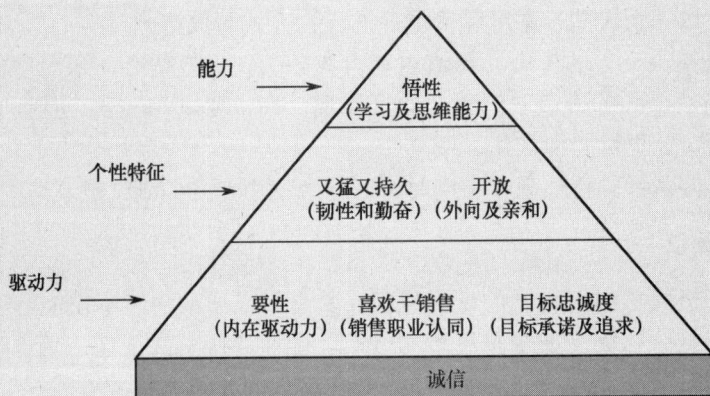

图 4-2 "北斗七星"选人法模型架构图

1. 诚信：诚实正直，言行坦荡。
2. 要性：对财富积累、事业成功、他人肯定、个人成长等方面的欲望和目标。
3. 喜欢干销售：认为销售工作有意义、有价值、值得投入，视销售为自己的职业和事业；对销售工作有兴趣，在销售工作中能体验乐趣；认为自己适合从事销售工作，并做了相应准备。
4. 目标忠诚度：设置具有挑战性和可行性的短期和长期的目标，保持对目标的忠诚和专注，通过踏实工作致力于目标的实现。
5. 又猛又持久：具有吃苦耐劳、勤奋务实的个人品质，抗压性高、坚持性强，能正确对待挫折和困难，具有应对和化解压力的技巧；善于控制情绪，保持积极心态；善于激发和维持自己的工作激情，保持良好的工作状态。
6. 开放：乐于与人相处并易于相处、有热情、热心，在人际交往中不自我封闭，愿意表露和分享，善于建立和保持良好的人际关系。

7. 悟性：通过对工作反思总结、与他人交流、自我学习等方式，对工作知识经验进行吸收、归纳、演绎和迁移，从而不断更新知识结构、提高工作技能、增强适应性。

"北斗七星"选人法在阿里铁军中发挥着巨大作用，深深地影响着阿里的发展。

相 关 链 接

华为研发人员胜任的必备素质

华为优秀的研发人员成就了华为的"专利王"称号，这些都得益于华为的研发人员素质模型对全球优秀人才的招揽与应用。华为研发人员的素质模型主要分为思维能力、成就导向、团队合作、学习能力、坚韧性和主动性六大方面。

思维能力包括个人对问题的分析、归纳、推理和判断等一系列认知活动。它主要包括分析推理和概念思维两个方面。华为创始人任正非提到现在的华为进入了"无人区"，没有经验借鉴，没有前人指导，只能自己摸索与突破。在"无人区"的突破与开发中，研发人员必须有自己的思考与判断。任正非在多次访谈中提到 AI 技术是未来，想要制造有"思维"能力的 AI 设施，研发人员只有靠自己的强大思维能力来取得突破。

成就导向是指个人具有成功完成任务或在工作中追求卓越的愿望。具有高成就导向的人希望出色地完成工作任务，在工作中力求达到某种标准，愿意承担重要且具有挑战性的任务。

团队合作是指个人愿意作为群体中的一个成员，与群体中的其他人一起协作完成任务，而不是以单独或采取竞争的方式从事工作。

学习能力是指在工作过程中积极地获取与工作有关的信息和知识，并对获取的信息进行加工和理解，从而不断地更新自己的知识结构、提高自己工作技能的能力。如今，产品迭代非常快，这促使研发人员必须具有非常强的学习能力。

坚韧性是指能够在非常艰苦或不利的情况下，克服外部和自身的困难，坚持完成所从事的工作。华为有些产品的研发周期长达数年，如鸿蒙系统从 2003 年左右就启动了，到现在已经有二十年了，若没有坚韧性，产品研发可能早就中断了。

主动性是指个人在工作中不惜投入较多的精力，善于发现和创造新的机会、预知事件发生的可能性，并有计划地采取行动，以提高工作绩效，避免问题的发生，创造新的机遇。

资料来源：谭长春，要学就学真华为，企业管理出版社，2022.1.

4.1.3　人员甄选的程序

人员甄选的程序包括甄选准备、甄选实施、甄选评估三大步骤。甄选准备包括甄选策略选择、考官培训、试题的编制与准备等内容；甄选实施包括求职材料筛选、初试、复试、背景调查、体格和体能检查及做出初步录用决策等环节；甄选评估包括对甄选过程和甄选结果的评价。人员甄选的程序如图 4-3 所示。

下面将分别就人员甄选程序中的甄选准备和甄选实施两大环节进行具体阐述，甄选评估的内容将在第 8 章详细阐述。

管理层	用人部门	人力资源管理部门

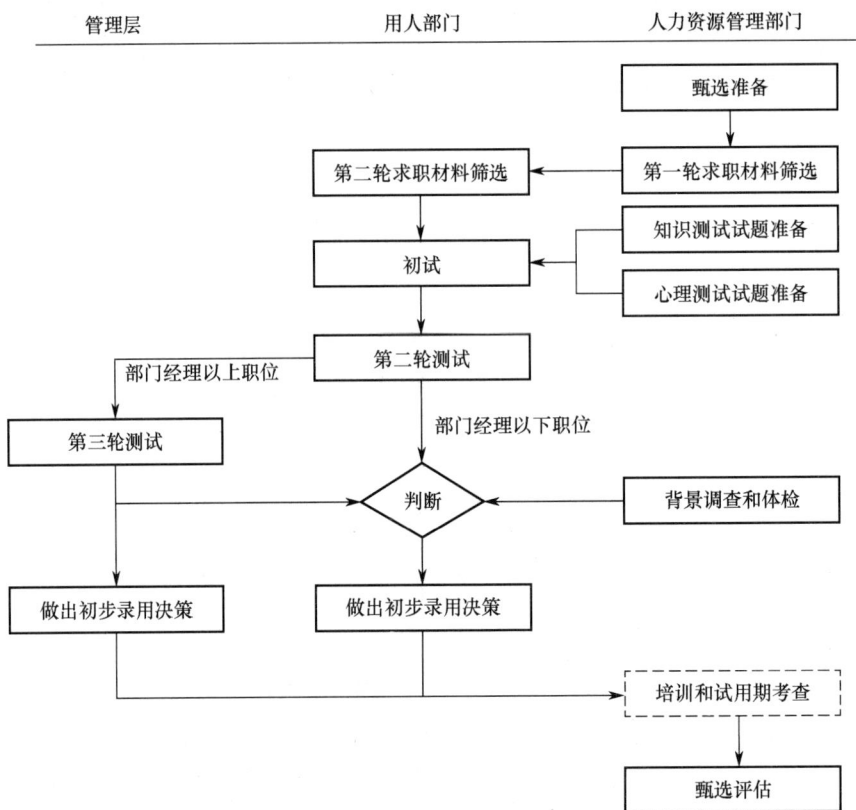

图 4-3 人员甄选的程序

相 关 链 接

腾讯面试流程

在社招时，对于有意向的求职者，腾讯 HR 人员会通知其前来面试。为了安排好面试，腾讯制定了一套面试流程，大致如下：

接待应聘者（部门秘书）→专业初试（初试官）→专业复试（复试官）→GM 面试（General Manager，部门 GM）→通道分会面试（通道分会）→HR 资格面试（HR 面试官）→执行副总裁面试（Executive Vice President，EVP/VP）→背景调查（HR）→HR 面试沟通（HR 面试官）→GM 录用审批（部门 GM）→审核并确定是否录用→EVP/VP 审批（EVP/VP）→审核并确定是否录用，备案（HR）。

4.2 人员甄选的准备

人员甄选的准备包括甄选策略选择、考官培训、试题的编制与准备等内容。

4.2.1 人员甄选策略选择

人员甄选策略主要包括甄选什么、怎样甄选，以及如何预算成本收益等内容，即对甄选程序、甄选内容、甄选方法或技术等内容予以明确。

1．甄选程序和内容的策略选择

甄选程序一般包括甄选准备、求职材料审查、笔试、面试、补充调查、体能和体格检查、初步录用决策做出、培训和试用期考查等环节。甄选内容则包括知识、技能、个性、动机、价值观、仪表风度等。通常情况下，对甄选程序和内容的选择较为简单，只要根据甄选工作的实际需要来安排就行了。在特殊情况下，某些程序在甄选过程中必不可少。例如，在食品工业部门，对于体格和体能检查这一程序是必需且严格执行的；对于中高层管理人员，特别是高管人员，补充调查程序是必需的。针对不同层次的岗位，甄选内容的侧重点也不同。例如，以体力为主的岗位，主要考核身体素质方面的内容；对于基层管理岗位，主要侧重考核工作态度、基本能力（口头表达能力、人际沟通能力、综合分析能力等）方面的内容；对于中高管理决策层的人员，则要侧重考核他们的决策能力、组织能力、领导能力、创新能力等能力主导方面的内容。

选择甄选程序和甄选内容时，应坚持提高效率、增加效益的原则。提高效率要安排对提高甄选效率有益的程序。例如，采用审查求职材料的程序，有时就可以剔除明显不合格的应聘者，以减少后续甄选工作量，有助于提高筛选工作效率。增加效益是要节约经费开支，所以不安排不必要的甄选程序和内容。

2．甄选方法的策略选择

关于使用什么方法来甄选人员是技术层面的问题，具有一定的难度，要考虑的因素较多，不仅要考虑甄选方法及其预测指标的效度和信度，而且要考虑方法选用的成本和收益。

甄选效度是指某种测试方法及其预测指标的有效性程度。例如，采用某种测试方法和相应的预测指标来测试一些应试者的社交能力。如果预测分数较高的应试者上岗后确实能表现出较强的社交能力，就说明该测试方法及选用的预测指标具有较高的效度；反之，如果应试者在测试时预测分数很高，但上岗后的实际工作表现并非如预测的那样，就说明该测试方法及选用的预测指标的效度较低。

甄选信度是指某种测试方法及其预测指标的可靠性程度。甄选时的录用标准应是恒定的。对于同一批应试者来说，重复使用同一种测试方法和预测指标，如果其测试结果大致相同，则说明该方法及预测指标的信度较高；反之，如果几次测试的结果大相径庭，则说明该测试方法及预测指标的信度较低。

测试方法及其预测指标的效度和信度是衡量一种测试方法及其预测指标使用价值高低的重要依据，同时两者又是两个相关的概念。筛选测试的目的是针对各方面条件看上去差不多的应试者，采用一定的测试方法，从中区分出谁是更适合工作需要的人。因此，在招聘甄选时使用的测试方法及其预测指标必须有效、可靠，仅用效度的标准作为测试方法及其预测指标的依据是不够的，还要考虑该方法及其预测指标的信度。如果一种测试方法在使用时信度很低，此方法也就无效度可言。

4.2.2　考官培训

考官培训是指由人力资源部组织，从外部聘请人力资源管理方面的专家或者由组织内部人力资源管理总监或经理来对考官进行有针对性的甄选培训的活动。培训的具体内容包括甄选的基本知识、试题的编制和使用、面试技巧等。

1. 甄选基本知识的培训

甄选的基本知识包括有效甄选对组织的重要意义、甄选的基本程序、甄选过程中应遵循的原则、甄选的方法和技术、甄选过程中容易产生的误区和避免误区的对策等内容。通过甄选基本知识的培训，能够提高考官对甄选工作的重视程度，使考官对甄选的基本内容、需要注意的问题及甄选的基本技术有一定的掌握。

2. 试题编制和使用的培训

试题编制和使用的具体培训内容包括试题（笔试题和面试题）编制的基本技术、试题编制的目的、考核要点、评分标准、评价量表使用等。通过试题编制和使用的培训，能够让考官熟悉试题的类型、评价的标准及学会如何使用各种评价量表。

3. 面试技巧的培训

面试技巧的培训内容包括面试的作用，面试的基本程序，面试中如何有效观察、提问和记录，如何有效地结束面试，如何对面试情况进行客观评价，以及如何避免面试中的误区等。通过面试技巧的培训，能够让考官掌握一定的面试技术和技巧，公正、客观地评价应聘者，提高面试的信度和效度。

关于培训的方式，可以选择讲座、案例分析、小组讨论、模拟操作、观看录像等。

相 关 链 接

如何开展无领导小组讨论的考官培训

在无领导小组讨论活动开展前，首先要对面试考官进行培训。

培训可以选择讲座、模拟操作或观看录像等方式进行。

培训的内容包括待聘岗位的胜任素质要求及胜任特征表现、观察方法、评分方法、评分维度的含义等。其中，最重要的是观察方法，要求评委在测评时不要把注意力放在讨论题目的答案上，而要关注应聘者在讨论中的表现及在团队中扮演的角色，从察言、观色、辨行三个方面进行观察。

（1）察言。包括：应聘者说了些什么；发言次数的多少，发言质量的高低；说理能否抓住问题的关键，能否提出合理的见解，是否具有良好的语言表达能力；是否敢于坚持自己的正确意见，是否敢于发表不同意见。

（2）观色。包括：能否倾听别人的意见、尊重他人的不同看法；是否善于运用语音、语调、目光和手势，情绪是否紧张；是否注意语言表达的技巧，能否创造一个和谐的、让大家都能畅所欲言的环境。

（3）辨行。包括：是否善于调解争议和问题、说服他人、控制全局、创造积极融洽的气氛；是否能以个人影响力赢得大多数人的支持，把众人的意见引向一致；是否具有较强的反应能力、自控能力及宽容、真诚等良好品质；是否支持或肯定别人的合理意见，使每个参加会议的人都能积极思考、畅所欲言。

参加无领导小组讨论是一个互动的过程，既要观察每个成员的发言内容，又要关注每个成员在讨论全过程中的表现，以及在讨论过程中形成的非正式组织中的角色。每个考官的个人偏爱和经历常常会对测评结果产生很大影响，所以在观察中要注意避免"晕轮效应"，即"以点代面"从某一项优点或缺点出发去评价应聘者的其他方面；同时要避免"情感效应"，认为与自己观点相同的就给高分，不同的就给低分。

相 关 链 接

亚马逊招聘中的神秘人 Bar Raiser

Bra Raiser 是什么？

Bra Raiser 的字面意思是提高标准的人。这是一个志愿者项目，Bar Raiser 自愿贡献自己的时间参与面试新的候选人。Bar Raiser 通常由受过培训的员工兼职担任，因此他们的背景非常多元，他们来自不同专业、身处不同部门、级别高低不等。在招聘过程中，他们会在最终一轮加入招聘团队，执行终面：从亚马逊的企业文化及行为准则的角度考查应聘者，维护招聘质量。和业务部门的考查重点不同，他们更关注新员工的增长潜力和竞争力。

如何成为 Bar Raiser？

Bar Raiser 由他们的主管、同事或其他 Bar Raiser 提名。他们需要完成亚马逊的一个关于 14 项领导原则的培训，包括要在几个月的时间里跟着已经结束培训的 Bar Raiser 参加多次面试。参加这个培训项目是自愿的，参与者在日常工作外往往需要花三个月到一年不等的时间完成培训。

Bar Raiser 承担哪些责任？

一旦被认证为 Bar Raiser，他们主要有以下的责任：

作为面试官——根据职位的核心技能和期望的绩效结果对候选人进行评估；做出全球性的、长期的招聘决定。

作为招聘决策的促进者——通过面试、反馈、背景调查和汇报/招聘会议等过程，推动团队做出好的招聘决策；与招聘经理一起，做出最终的招聘决定。

作为导师——指导面试官提供有价值的书面反馈；在招聘会议上推动做出决定；领导面试培训。

资料来源：公众号——行走的帆　2020.6.9.

4.2.3　试题的编制与准备

试题的编制包括笔试题和面试题的编制，一般由人力资源部组织用人部门或相关专家编制完成。试题内容包括心理素质、专业知识、智力素质、能力素质等。试题应根据企业所需招聘岗位的任职资格要求，并结合企业实际情况进行编制。例如，可以结合企业实际设计情景模拟试题，也可以参照过去或其他企业的笔试、面试经验来确定试题题目。编制试题时要尽量提高试题的信度和效度。试题编制技术详见第 5 章。

人力资源部除组织和参与试题编制外，还应做好甄选前的试题准备工作。例如，应提前通知用人部门准备好考查和测试招聘人员的笔试题和面试题。企业若有自己的试题库，人力资源部则应进行管理，定期组织试题库的更新，招聘时随时从试题库选择试题安排应聘者测试即可。

除上述准备外，人力资源部还应提前告知各考官面试时间，这样可以让考官们将此工作安排进他们的日程表中，便于甄选测试的有序进行。

4.3 人员甄选的实施

人员甄选的实施包括求职材料筛选、初试、复试、背景调查、体格和体能检查及做出初步录用决策等环节。

4.3.1 求职材料筛选

求职材料可用于人员初选，还可为面试、背景调查等甄选方式提供基本信息和线索。求职材料的内容一般包括四个部分：基本信息（姓名、性别、年龄等），教育背景（毕业学校、专业、学历等），工作经历（工作过的单位、担任过的职务、工作时间等），其他情况（所受奖励、业余爱好等）。求职材料的类型一般包括简历、求职申请表等。

相关链接

简历与申请表的区别

简历与申请表各有特点。申请表的最大优点在于其结构的完整性与直接性。填写这种表格对申请人而言也是比较方便的。申请表要求申请人提供组织认为重要的全部信息，这样既易于统一量化评估，又减少了招聘者的额外工作负担；同时申请表也存在限制申请人的创造性、设计花费时间长、制定和分发费用较贵的缺点，但设计完成后实际施行起来则既简便又省时。简历则给了申请人较大的自由发挥空间，易于充分展现申请人的创造性和书面表达能力。但由于简历是个人自己制作的，因而往往会掺杂大量的冗余信息，而且有些粗心的简历制作者还会遗漏一些对组织而言相对重要的信息，这样既让自己在竞争中处于不利地位，又使组织招错人的风险增大。

申请表和简历各自的出发点是不同的，前者是服从和服务于组织需要的，后者则是服从和服务于个人需要的，组织可以根据其招聘的可操作性、经济性等原则进行选择。

企业，特别是规模较大的企业每天都会收到大量的求职材料，整理、筛选大量的求职材料对人力资源部和用人部门而言是一大困难。下面就求职材料的筛选程序及如何有效筛选求职材料的内容进行分析和说明。

1. 求职材料筛选的基本程序

（1）人力资源部初步筛选，对硬性指标（如年龄、工作年限、学历、专业、相关职业背景、期望待遇水平、选择工作地域等信息）进行快速筛选淘汰，同时根据不同的岗位进行分类。

（2）将初选的资料传送到相关的用人部门，由用人部门对候选者的具体岗位经历、工作内容、业绩进行筛选，确定下一轮候选人，并将名单交人力资源部跟进。

（3）由人力资源部向应聘者发出邀约，通知关于下一轮测试（笔试或面试）的具体安排。

2. 如何有效筛选求职材料

对于人力资源部来说，它所面临的挑战在于如何有效、可靠、公平、经济地将申请人数筛选至适当数量，特别是当遇到大批人申请少数职务时。有效的筛选有三项关键。

1）自行设计申请表并利用信息技术和管理流程辅助筛选

企业可以自行设计求职申请表，并要求应聘者填写和提交统一的职位申请表，这样既便于操作，也兼顾了经济性和公平性。

（1）企业统一申请表的格式和内容，可以避免受到应聘者在自行编辑、打印的求职表、简历或者其他材料中过于突出相貌、业余爱好、宗教信仰等因素的影响。例如，一些应聘者在求职申请中附带自己的艺术照，或者把简历做得像画册一般精美，这显然会吸引招聘方的注意力和第一印象，这种情况对于其他应聘者来说是不公平的。

（2）统一、标准的申请表将大大缩短人力资源管理人员的处理时间，降低人工成本，而且使可比性的信息一目了然，也将大大提高处理效率。

（3）根据部门和岗位的要求，利用网络处理统一的申请表，将提高筛选的速度和质量。企业可以利用信息技术自动收取和筛选求职表，这样既可以减轻招聘人员的工作量，节约人手，也可以增加筛选的客观性，避免各种主观好恶因素的影响。

2）将申请表与测验题目相结合

一些企业采取将申请表与测验题目结合使用的方法对应聘者进行筛选。开展网上申请的企业，筛选的第一步就是要求应聘者除填写个人的基本信息、申请职位等信息外，还要求填写对未来工作的设想、性格测试等方面的信息，以考查应聘者的表达能力、分析能力、价值观、个性等因素。

3）有效审查求职材料

尽可能运用有效的审查方式对申请表和简历的关键点进行审查和筛选。

申请表因格式统一，筛选起来相对简单，主要考查如下几个方面：申请表是否填写完整；确定应聘者是否看懂且遵照申请表的指示来填写；确定自己是否看懂了应聘者所提供的信息；应聘者所罗列的资历是否与工作岗位所期许的要求相吻合等。建议招聘方设计一张筛选申请表的调查表。这张调查表应根据工作岗位的要求来设计，且项目要与申请表的项目相一致。全面的调查表将使招聘者能根据申请人与工作的契合程度来决定优先考虑哪些申请表，并且使整个筛选工作及结果一目了然。此外，招聘方应尽量使用自动化技术辅助筛选申请表。

个人简历在筛选时要比标准化的申请表费时、费力得多，因为个人简历的格式和风格千差万别。以下几个方面是企业筛选个人简历时需要关注的重点。

（1）是否与工作有关。招聘的基本原则之一是匹配与契合。要想做到职得其人，招聘就必须把注意力集中在与工作有关的信息上。例如，工作的要求是什么，胜任工作需要具备哪些必要条件等。此外，还要考虑新、旧工作岗位的相似程度及时间上是否相邻。

（2）简历的总体外观、布局、重点及风格。总体外观主要看简历书写是否整洁，内容书写是否规范，能否读懂，有无拼写或语法错误，用的纸张质量如何。简历的布局主要看布局是否清晰，结构是否合乎逻辑，写得是否明白，是否容易找到招聘者需要的信息。还要看信息呈现的顺序，是不是把对招聘组织最重要的信息放在前面或醒目的位置。最后，还要看简历的格式，看应聘者的简历写作风格是否首尾一致，以此考查应聘者的仔细程度和创造力。

（3）经验。这是简历中最为重要的部分。首先，留意应聘者的从业进程是否合乎逻辑，前后是否有联系。其次，注意应聘者有没有标明就业日期，就业方面有无空白期间，在某一职位任职时间的长短等。最后，注意应聘者曾有的工作职责和范围，以及相应的工作成就，考查应聘者的工作虚实及上进心等。

（4）所受的教育和其他证书。首先，看应聘者的教育水准是否符合组织和职位的要求，高职低就或高能低就的原因都是值得招聘者去进一步分辨的。其次，看应聘者是如实说明了其已毕业（获什么学位），还是只说了"上过什么学校"。最后，看应聘者是否接受过与工作岗位有关的特殊专业技能培训。例如，会计从业人员上岗要有相应的资格和培训证书。如果工作岗位所需的技能只需短时强化培训即可掌握，就不一定要把那些缺乏培训的应聘者立即淘汰。

（5）参加的组织和活动。这一方面可以看出应聘者兴趣爱好的范围和程度，另一方面可以看出这些兴趣爱好是否与其所应聘的工作岗位相契合。一般来说，大多数活动与申请的工作没有多少联系，所以可以不去注意或至少不要给予太多的重视。

（6）证明人。主要看有没有提供证明人和联系的方式。无论应聘者是否在简历上注明证明人，招聘者都应想办法予以核实。

根据以上各个方面，就可以给应聘者"画像"、归类、分级了。如果招聘者认为有些重要信息需要补充，可以根据简历中所提供的联系方式与应聘者取得进一步联系。招聘者可以制作一份个人简历筛选调查表，便于核对和对比相关信息。

4.3.2　初试

经过初步筛选，应聘者将进入下一轮的测试环节，即初试。

人力资源部向初选合格的应聘者发送面试通知，并要求其面试时提供学历证、身份证等相关证件的原件。初试主要是对应聘者的基本素质、能力、个性特征及专业知识等进行初步的了解。初试由人力资源部（面试官）和用人部门共同完成。人力资源部对应聘者的智力、品德和综合素质进行初评，用人单位从专业知识、工作经验与能力等方面对应聘者进行初评。初试一般采用笔试和面谈两种方式来完成对应聘者的基本考查。

笔试是企业根据岗位所需的知识、能力等任职资格条件，事先拟定试题，让应聘者笔答或机答，然后由主考部门评判应聘者解答的正确程度，并评定成绩的一种考试方法。笔试是一种应用普遍且有效的测试方式。对于应聘者而言，笔试较为客观、公正。笔试内容一般包括工作知识测试、智力测试、能力测试，以及人格、兴趣、价值观等心理测试。

人力资源部主要考查应聘者的智力、品德和综合素质等，所以一般采用一些测试量表对应聘者进行考核。例如，测试智力的常用量表有斯坦福-比内斯-比量表、韦克斯勒智力量表、瑞文测验量表等。能力测试包括单项能力倾向测试和多项能力成套测验。单项能力倾向测试常用的量表包括文书能力测验表、心理运动能力测验表、机械能力测验表、音乐能力测验表、美术能力测验表、身体敏捷性测验表和视觉测试表；多项能力成套测验常用的量表包括一般能力倾向成套测验表、鉴别能力倾向测验表、军事职业能力倾向成套测验表、员工能力倾向测验表、中华人民共和国行政职业能力倾向测验表等。心理测试有人格测试、兴趣测试、价值观测试等，常用量表包括卡特尔十六种人格因素测验量表、明尼苏达多项人格问卷、卡氏 16PF、爱德华个人偏好量表、艾森克人格问卷、DISC 性格测验表、霍兰德职业兴趣调查表、斯特朗-坎贝尔兴趣问卷、库德职业兴趣调查表、斯普兰格的人格理论、托兰斯创造思维测验量表、芝加哥大学创造力测验表及南加利福尼亚大学测验量表等。此外，人力资源部还可自行设计试题对应聘者进行基础知识、记忆力、逻辑思维、外语水平、计算机应用等基本能力的考查，试题包括生活常识、时事政治、逻辑思维判断、数理分析、常见的英文阅读和写作、计算机操作等内容。

用人部门主要对应聘者的专业知识、工作经验和能力进行考查，一般会自行设计一些专业测试题让应聘者进行笔试或现场操作，考查其专业知识的掌握程度。某报社的笔试题就涉及时政和新闻知识的内容，如深度采访的实质、记者的职业道德等；还有写作题，考查应聘者的文字表达能力。

除笔试、现场操作外，人力资源部和用人部门还会与应聘者进行初步面谈，以核实其背景信息，考查其语言表达能力、分析能力、兴趣爱好、工作意向和规划，以及应聘者的个人问题和个人对工作的特殊要求等。

初试过程中，人力资源部和用人部门要做好初试记录和评分，并由面试官汇总成绩，将综合评价成绩和初试结果填写在"应聘人员初试测评表"（见表 4-1）中。初试结果分为三种：拟予聘任、拟予复试和不予考虑。人力资源部将"拟予聘任"的人员报总经理办公会讨论决定是否聘任，"拟予复试"的人员由人力资源部组织复试。

表 4-1　应聘人员初试测评表

姓　　名		性　　别		年　　龄		应聘岗位		
学　　历			专　　业			户口所在地		
形　　象								
仪　　表	□ 衣冠讲究 □ 整洁一般 □ 随便懒散			态　　度			□ 大方得体 □ 傲慢 □ 拘谨	
语　　言	□ 表达清晰 □ 尚可 □ 含混不清			精神面貌与健康状况			□ 佳 □ 一般 □ 差	
直观印象								
能　　力								
语言表达能力								
沟通能力								
应变能力								
综合能力								
专业知识技能								
工作经验								
其　　他								
求职动机								
工作态度								
薪酬要求								
综合评价								
面试评语			初试结论： □ 拟予聘任 □ 拟予复试 □ 不予考虑				面试人签字：	

4.3.3 复试

复试是指对初试合格者进行第二轮或第三轮测试。复试主要是对应聘者的个性特征、品质、动机和能力做进一步的了解。复试在内容、方式选择和操作程序上要复杂一些。

复试以面试为主，由人力资源部和用人部门共同实施。面试是非常普遍的测试方法，是以考官与应聘者面对面交谈与观察为主要手段，由表及里地测评应聘者的知识、能力、经验等相关素质的一种测试活动。面试可以考查笔试甄选手段难以考查到的内容，可以测评应聘者的心理、品德等多方面的素质。

复试中的面试一般采用多对一的方式，即组建面试小组来对应聘者进行面试。面试小组一般由用人部门代表、人力资源部主管及资深专业人士组成。一般岗位的招聘可无资深专业人士，专业技术人才和管理人才的招聘必须有资深专业人士参加，高级专业技术人才和管理人才由总经理负责面试，人力资源部负责协调。面试题往往采用情景模拟题。

对于中高级管理人才的面试，一般采用评价中心技术来测试。评价中心技术是应用现代心理学、管理学、计算机科学等相关学科的研究成果，通过心理测验及能力、个性和情景测试对应聘者进行测试，并根据工作岗位要求及企业组织特性进行评价，从而实现对应聘者个性、动机和能力等较为准确的把握，做到人职匹配，确保应聘者到岗工作后达到最佳工作绩效。

评价中心方法运作时，首先由专家分析应聘者应聘空缺岗位所必需的知识、能力和态度，并设计出能够让应聘者表现出其能力及态度的测验方式，包括文件处理测验（文件框测验）、无领导小组讨论、管理游戏等，在既定的控制条件下对应聘者进行测试，由一组考官各自观察并记录应聘者的表现，最后形成评价报告（详见第6章）。

复试过程中，复试小组成员要填写"应聘人员复试测评表"（见表4-2），写明对应聘者的评语及结论。复试结束后，小组成员讨论对各应聘者的意见，并分别将评价结果填写在复试测评表中，送达用人部门及人力资源部备案，作为下一步行动的依据。当小组成员未能达成一致结论时，应提交总经理办公会进行讨论决定。

通过复试的应聘者由分管部门的主管领导进行审核，并签署意见。所有拟录用的人员应经总经理最后签字批准。

表 4-2　应聘人员复试测评表

姓　　名		应聘岗位	
初试成绩			
评价项目	评价记录		相关说明
学历背景			
专业知识技能			
工作经验			
求职动机			
工作态度			
发展能力			
薪酬要求			

（续表）

综合评价			
面试评语		复试结论： □建议录用 岗位：_____ □可以试用 □不予考虑	复试小组成员签字：

4.3.4　背景调查

背景调查是招聘过程中一个重要但同时往往被忽视的环节。对应聘者进行背景调查的时间一般安排在最后一次面试之后和做出录用决定之前。在现实生活中，要想核实个体以前的雇用经历并不是一件难事，困难之处在于如何核实其以前的工作绩效，所以背景调查要细心和慎重。下面对背景调查的原因、方式及内容分别加以分析。

1．背景调查的原因

对招聘者而言，进行背景调查的具体原因在于以下几个方面。

（1）证实应聘者个人履历中的细节。应聘者在简历中提供虚假或模糊信息是招聘者经常碰到的问题。因此，进行背景调查的一个主要原因就是验证应聘者所提供的信息是否属实。

（2）核查应聘者有无纪律问题。一个拥有不良纪律或其他道德、态度方面问题的人，会给企业或岗位带来不必要的麻烦，甚至会造成损失。

（3）发现关于应聘者的新的信息。招聘者可以采用多种多样的方法去了解应聘者的个性和能力。例如，应聘者的前任雇主可以提供应聘者的个性、工作表现、工作能力、人际关系能力等方面的信息。但是，进行背景调查的人必须牢记，不能只相信推荐者的只言片语，必须仔细审查支撑推荐者态度的具体行为。如有可能，应多方采证互核。

（4）预测应聘者将来的绩效。心理学研究表明，由于行为的一致性和相关性，个体过去的绩效能较好地预测其将来的绩效。对于组织而言，这意味着如果想要为某个空缺职位聘请新员工，那么最好的应聘者就是那些以前有过类似岗位经验并取得卓越成绩的人。

总之，不管采用哪种选拔体系，背景调查都是很有必要的。因为它有助于组织雇用到合适的人，并淘汰那些不合适的人。

2．背景调查的方式

在进行背景调查时，招聘者往往采取索要证明信或推荐信，以及实地调查等方式。

（1）以背景调查的对象和内容为分类标志，可将背景调查分为两种类型。①证明人核实。与熟悉应聘者工作经历的人交谈，并询问一些侧重于获得与工作有关的信息，看看那些信息能否帮助组织衡量应聘者是否能够胜任其所应聘的职位。②凭证核实。对应聘者提供的学位、证书、执照之类的东西进行核实。如果有可能，还应对应聘者的信用记录、是否有犯罪前科等进行调查。

（2）以背景调查的方式为分类标志，可将背景调查分为两种类型。①亲自调查。招聘者可以通过向应聘者毕业院校或原工作单位的相关人员进行电话寻访、邮件沟通或前往实地取证等方式，了解其在原单位的工作岗位、工作表现和离职原因等，也可以通过和应聘者有关联的人（同事、朋友、同学、客户等）及通过社交网络（微信、微博等）来了解应聘者的相关情况。②委托调查。招聘者可以委托代理机构来核实应聘者提交材料的真实性。选择代理机构时，一定要对各机构的服务、经验、收费、时间等进行比较，慎重选择。委托调查的前提是相关代理机构做得比自己更好、更细致、更深入。

3. 背景调查的内容

常见的背景调查的主要内容包括需要调查的"典型"项目和"棘手"项目，具体如表 4-3 所示。

表 4-3　常见的背景调查项目

"典型"项目	"棘手"项目
1. 学历文凭	1. 离职的原因
2. 执照、证明或其他证书	2. 是否有资格再次被雇用
3. 聘用时间	3. 工作表现的描述
4. 所任职务	4. 与现在正在从事这一工作的人相比较
5. 基本职责	5. 可靠或尽责的程度
6. 主管的姓名和职务	6. 证明其出色表现的实例
7. 离职后的补偿	7. 强项及发展要求
	8. 阅读部分简历或申请表并请证明人证实其准确性
	9. 为雇用他将会保留哪些条件

为了保证连贯性和准确性，建议招聘者根据工作岗位分析、申请表分析和个人简历分析的有关内容制作背景调查表。而且，最好挑出那些最关键的淘汰因素，并置于调查表的最前端。这样做，一是便于相关内容的记录，二是有利于确保程序和结果公平，三是便于及时淘汰不合格者。背景调查表如表 4-4 所示。

表 4-4　背景调查表

申请者姓名：	
教育情况核实：	
受教育机构：	联系人： 核实日期：
入校时间： 毕业（是/否）：	获得何种学位：
工作状况核实：	
工作单位：	联系人： 核实时间：
工作时间：	最后担任的职务：
主管姓名：	
工作职责：	
工作表现：	与现在从事该工作的人的比较：
出勤率：	工作态度：
该人表现出色的例子：	

（续表）

离职补偿：		
有无被提升的资格：		
犯罪记录调查：		
记录类型：		调查时间：
调查结果：		调查地点：
聘用的保留意见：		
备注：		

案 例

招聘中的背景调查

HR 林选中一位培训主管岗位的应聘者李。该应聘者的专业知识、培训管理经验、口头表达技巧、实际授课能力等都得到了用人部门主管的肯定。在确定试用的情况下，林对李进行了如下途径的背景调查：李在面试时提到曾经与某顾问公司合作培训项目，并在应聘表上留下了原服务公司的电话，于是林通过电话访谈方式分别向该顾问公司的人了解李的性格特征、沟通技巧、服务时间、离职原因、业绩表现、团队协作能力等。通过访谈，林全面了解到李的情况与岗位匹配，于是第二天给李打了确定录用的电话。

分析：目前，背景调查越来越多地被企业所关注，企业也普遍认识到背景调查的重要性。案例中应聘者李经过一系列能力测试后得到用人部门主管认可，但 HR 林为了慎重起见，在做出录用决定之前又对应聘者李进行了背景调查，了解了其所提供信息的真实性。

凭借主观的测试不能确保招聘的准确性，背景调查能够客观地反映应聘者的能力，为应聘者的忠诚度、职业态度等判定提供客观依据。

4.3.5　体格和体能检查

员工的身体素质和健康状况对其将来的工作会有很大影响。身体素质好、精力充沛的员工更能发挥自己的才能，体弱多病的员工则往往会因身体状况不佳而影响工作的正常开展。

体格和体能检查一般是在应聘者通过所有其他测试后，在其正式入职前进行的。其目的一是确定应聘者的身体状况是否适合其所谋求的工作及其环境，二是为后续的健康检查提供一个比较和解释的基础。

体能检查项目一般包括身体力量、运动速度、耐力等。体格检查一般检查应聘者是否患有疾病或存在职务所不允许的生理缺陷。

在西方国家，求职体检除一般体检，即我们所说的体能、体格检查外，还有药检和临床体检。药检是指药物检查，其目的主要是剔除酗酒、滥用兴奋剂和毒品（如鸦片、海洛因、吗啡等）的应聘者。多数情况下，只有申请中高级管理职位的应聘者才接受临床体检。

究竟选用何种体检方式，取决于企业所在的行业、企业的性质、招聘岗位的性质及招聘预算等因素。一般情况下，食品、航空等行业的体检标准非常高。

在进行体检时必须遵守以下道德准则：一是由专业人员进行检测和解释；二是注意检测结果的公开或保密程度。

4.3.6 做出初步录用决策

这一阶段的任务是对笔试、面试、背景调查、体格体能检查等结果进行综合考评，从中择优选取录用人员，即做出初步录用决策。人员录用应以对应聘者全面考核的结论为依据，由招聘委员会集体讨论核定，确保录用决定的客观性和公正性。做出录用决定后，人力资源部应及时通知应聘者，寄发试用通知书，通知新员工报到事宜，并到相应劳动部门办理劳动手续。对于被录用的应届毕业生，应向其所在高校发接收函，签订就业协议书。同时，人力资源部应将面试结果通知落选的应聘者。

相关链接

流媒体巨头——奈飞公司的四个招聘经验

帕蒂·麦科德（Patty McCord）曾经担任奈飞公司（Netflix）的首席人才官。他分享了自己选贤任能的四个经验。

第一个经验叫透过简历看本质。考查一个人的时候，简历固然重要，但麦科德认为，不能简单依赖简历就判断一个人的能力，应当英雄不问出处。他们就曾慧眼识珠地聘请到了一位很棒的技术团队领导。这个人叫克里斯丁，他当时在美国在线（AOL）领导一支25人的技术团队。他的团队成员都说他是最棒的老板，也是最好的沟通者。麦科德决定要把克里斯丁挖过来，但见面时麦科德才发现，克里斯丁完全不是自己想象中的样子。他说话带有浓重的德国口音，还有些结巴。他很紧张，谈话过程中双方都很不自在。麦科德决定换一种方式，让克里斯丁用简单的方式解释一下他所做的技术工作。突然，克里斯丁好像变了一个人，虽然还是结巴，但解释非常引人入胜。麦科德发现，原来他最擅长的就是将复杂的事解释得很简单，让人理解。公司最终聘请了克里斯丁，他也成了一位特别卓越的团队领导。

实际上，奈飞公司也一直在尝试怎样富有创造性地分析员工的简历。他们在分析了自己最优秀的数据分析师的简历之后发现，这些人都是音乐发烧友。从此，奈飞公司就会格外留意这项能力。他们觉得这类人才的左右脑能轻松地切换，这对数据分析正好是非常重要的技能。

第二个经验是用人经理要参与到全程招聘中来。麦科德说，很多企业会把招聘看作独立的、非业务性的，甚至和人力资源部门没关系的职能，会把招聘进行外包，如找猎头公司去做，毕竟自己筹备一支内部招聘团队要花不少钱。但麦科德强调，组建公司自己的经验丰富的招聘团队非常必要，甚至还能给公司省下一大笔钱。他建议，公司里那些需要用人的部门经理都必须深度参与整个招聘过程，每位部门经理都要了解公司的招聘方式及执行方式。在奈飞公司，最终的招聘决定是由需要用人的部门经理做出的。团队成员可以发表意见，但最终的责任在经理身上，团队绩效也是由经理负责。

第三个经验是要有随时物色优秀人才的意识。因为候选人可能来自各种场合，如孩子的足球比赛，甚至是飞机上的闲聊。另外，麦科德认为，面试和招聘流程会给候选人留下对公司运营的第一印象，因此他立了个规矩——如果有人看到一位陌生人坐在那儿等待面试，就要过去打招呼，"你好，我是某某。你是来面试的吗？我能看一下你的日程安排的吗？这样我好帮你去找一下面试官。"也就是说，公司员工也要努力给候选人留下好印象。麦科德提醒，在你评估候选人时，对方也在评估你。

做出雇用决定以后，行动也绝不能拖泥带水。比如，不需要薪酬部门和 HR 部门两级管理层通过，团队就会直接和部门经理商讨决定薪酬福利、头衔等细节。招聘人员负责具体工作，经理负责发出聘书。效率和速度往往让奈飞公司能争取到那些其他公司也想要的优秀人才。

第四个经验是合理的薪酬体系。每家企业都想知道自己在市场中的薪酬排位，但这点很难做到。仅凭市场需求做决定并不准确，因为它仅仅说明了当下的情况，判断的是员工创造的历史价值，而不是未来的潜力。麦科德建议，与其根据行业目前的薪酬标准反复计算，不如想清楚自己能为所期待的绩效及企业的未来付多少钱。

自测题

一、判断题

1. 素质冰山模型中，冰山上半部分包括知识、技能、求职动机和个人品质等。
（　　）

2. 企业需要使用专业的测试量表，结合使用情景模拟面试等方式考查应聘者的品质和动机。（　　）

3. 所谓能岗匹配，就是按照职得其才、才得其职、才职匹配的原则，安排工作岗位。
（　　）

4. 笔试题和面试题的编制主要由人力资源部门完成。（　　）

5. 面试是一种在特定场景下，以面对面的交谈与观察为主要手段，由表及里测评应聘者相关素质的一种方式。（　　）

6. 高知识、高能力能带来高绩效。（　　）

二、单选题

1. 如果某企业只是通过简单谈话或管理者的个人喜好来选择应聘者，那么这个企业就不可能找到（　　）的员工。
　　A. 最出色　　　　B. 最优秀　　　　C. 最合适　　　　D. 最认真

2. 素质冰山模型是由美国心理学家（　　）提出的。
　　A. 马斯洛　　　　　　　　　B. 戴维·麦克利兰
　　C. 威廉·詹姆士　　　　　　D. 大卫·韦克斯勒

3. 甄选内容中，（　　）的考查相对比较简单。
　　A. 职业动机　　B. 个人品质　　C. 知识与技能　　D. 价值观

4. 应聘材料可分为应聘简历和（　　）两部分材料。
　　A. 介绍信件　　B. 推荐材料　　C. 个人信息　　D. 应聘申请表

5. 关于甄选效度的说法，下面正确的是（　　）。
　　A. 指某种测试方法及其预测指标的可靠性程度
　　B. 指某项测试所得结果的一致性程度

C. 指某种测试方法及其预测指标的有效性程度

D. 对于同一批应聘者来说，重复使用同一种测试方法和预测指标，如果其测试结果大致相同，则说明该方法和预测指标的效度较高

三、多选题

1. 招聘人才时，应综合考查应聘者的（　　　）等。

　　A. 知识　　　　　　　B. 技能　　　　　　　C. 个人生活　　　　D. 价值观

2. 在甄选过程中，用人部门需要承担的工作有（　　　）。

　　A. 发布招聘广告　　B. 求职材料筛选　　　C. 准备试题　　　　D. 面试

3. 筛选简历时应该注意的问题有（　　　）。

　　A. 根据事实依据评价简历的可信度

　　B. 留意应聘者的事业进程是否合乎逻辑

　　C. 应聘者的教育水准是否符合组织和职位的要求

　　D. 在学历方面，对内聘人员要求应低一些，对外聘人员应高一些

4. 智力测验主要测试应聘者的（　　　）。

　　A. 语言表达能力　　B. 自信心　　　　　　C. 记忆能力　　　　D. 兴趣

5. 以背景调查的对象和内容为分类标志，背景调查可以分为（　　　）。

　　A. 证明人核实　　　B. 凭证核实　　　　　C. 培训核实　　　　D. 委托核实

四、练习与思考

1. 人员甄选应遵循哪些原则？

2. 人员甄选过程中，人力资源部主要承担怎样的任务？

3. 简要阐述甄选的基本程序。

4. 背景调查中较难调查的项目有哪些？

5. 人员甄选除能够填补岗位空缺外，还在哪些领域发挥作用？

五、案例分析

1. 丹佛斯中国的电子招聘系统

丹佛斯是丹麦最大的跨国工业制造公司之一，创立于1933年。丹佛斯以推广应用先进的制造技术，并关注节能环保而闻名于世，是制冷和空调控制、供热和供水控制，以及传动控制等领域处于世界领先地位的产品制造商和服务供应商。

丹佛斯中国的电子招聘系统是一套丹佛斯全球范围内统一使用的招聘系统。而通过这套系统，丹佛斯在全球范围内都能保证统一规范和标准的招聘流程。想要进入丹佛斯的人，都必须按照这套系统规定的流程来完成所有的步骤。

这套系统拥有五步操作流程，每一步都非常规范，而且每一步的结果都会被系统详细记录下来。

第一步，由招聘负责人基于用人部门经理提供的岗位说明书和双方共同的工作分析来做简历筛选，将合格的简历通过系统发给用人部门经理。

第二步，用人部门经理进一步进行简历筛选，合格者会由系统发出面试通知，并由招聘负责人完成第一轮面试和各项测评。如果这轮面试通过，会由系统继续发出通知，进入下一轮面试环节。

第三步，用人部门经理面试，或根据需要继续安排更高级别的经理进行面试。面试通过后系统会将信息发给人力资源部薪酬负责人。

第四步，人力资源部薪酬负责人会根据所招职位及应聘者的信息，参照市场基准设定薪酬，由系统发送聘请意向书给应聘者。这个过程中双方可进行深入沟通。

第五步，应聘者接受聘请意向书，系统会确认这个职位的招聘过程完成。

整个系统的招聘流程一般会在一个月左右完成。招聘流程完成后，系统还会自动发一封回信给落选的应聘者，通知该职位的招聘结果并对他们的参与表示感谢，非常人性化。

值得一提的是，丹佛斯这套系统对应聘者的信息要求非常简单，只需填写跟工作有关的信息，而涉及隐私的信息（如年龄、性别、民族）都不需要填写，体现出一种尊重应聘者及公平竞争的招聘原则。

这套系统能够同时保证所有的招聘过程均有记录可以查询，所有的数据都可以随时被查询。通过这个系统可以生成各种各样的统计报告，以满足管理层对于招聘工作的各种数据要求。相比于传统的手工统计方式，该系统使得丹佛斯中国的招聘负责人可以非常便捷地统计各种数据。

这套系统能够保证所有招聘中的职位在全球范围内共享，因此中国的员工可以通过内部网看到丹佛斯在国外任何地方的招聘职位，如果感兴趣则可以很方便地进行内部申请。这促进了丹佛斯全球范围内的人才流动。

另外，丹佛斯每年还会对所有的用人部门经理进行培训，内容是关于人力资源各方面的知识。例如，如何使用这套电子招聘系统、面试技巧、岗位级别的常识等。

思考题：

丹佛斯的电子招聘系统与传统招聘相比有何优势？

2. 某高科技企业招聘为何接连失败

身为某高科技企业招聘经理的陈希，近来一直被招聘工作所困扰。困扰她的不是大量的简历筛选和面试环节海选的烦琐，而是百里挑一的候选人在入职不足半年的时间里，因为不适合岗位而纷纷离职或被辞退，前期的大量工作都前功尽弃。下面是两则招聘材料。

材料 1：经过公司的标准招聘流程，陈希推荐了 A 到公司行政部任行政助理。A 的简历中有长达五年的行政工作经验，而且有在高科技企业工作的经验。A 在面试中也表现出色，沟通能力和展示自我的能力都非常强。然而仅仅工作了一个月，行政部的经理就告知陈希：A 在试用期不符合公司的岗位要求，予以辞退。

惊讶之余，陈希再度翻阅 A 当时的求职简历，并在和 A 进行离职沟通时才恍然大悟。原来 A 的确有五年行政工作经验，但其中有四年都是在某外资代表处，工作职责相对单一，工作内容简单。该外资代表处搬迁后，A 跳槽到一家高科技企业做行政助理，但因不适应高强度的工作，在试用期被雇主劝退。而这些经历，都被 A 在面试时巧妙地包装和隐瞒了。

材料 2：这一次，陈希在销售总监的岗位招聘中更是遭遇了"滑铁卢"。在众多候选人中，陈希推荐了一名声称自己曾在某跨国公司担任销售部门管理职务，并创造了优秀销售业绩的应聘者 B。B 的形象很职业，对于销售的理论知识非常丰富，在面试时侃侃而谈，征服了面试官，顺利获得了销售总监的岗位。但 B 担任了公司的销售总监后，却未能给企业带来良好的营业额。

后经了解得知，B 的确在某跨国公司任销售经理一职，而且的确完成了业绩。但该跨国公司对"销售经理"职位的界定只是大客户销售，B 所完成的业绩只是个人销售业绩，同时并不承担管理职责。B 脱口而出的销售理论知识，来源于在上一家企业工作时的某次海外培训。

思考题：

陈希招聘失败的主要问题出在哪里？应该如何解决？

第 5 章
人员甄选的技术与技巧

在面试时，主考官可以根据应聘者过去做过什么、做得怎么样，来预见他进入公司后的工作表现。

询问过去要讲究方法，"STAR 面试法"是最常用的。"S"是 Situation，情景；"T"是 Task，目标；"A"是 Action，行动；"R"是 Result，结果。用这种面试法能很快挖掘出应聘者过去所做过的事情。

先问情景："以前是在什么情况下做这件事的？"然后问目标："任务的具体内容是什么样的？"接下来问行动："你为了做这件事情采取了哪些行动？"最后问结果："在采取了行动之后的结果是什么，是好还是坏？好是因为什么，不好又是因为什么？"

面试过程中，有的应聘者会说："我在原来的公司是销售冠军，销售量排名几乎一直是第一位。"很多招聘经理、部门经理听了会很满意："不错，这个人是销售冠军。"但对人力资源专家而言，这个回答没有任何意义，因为从中得不到任何实质性信息。所以，当应聘者说"我销售一直很好"时，面试官就要追问："你以前是在什么情景下销售做得好呢？公司的氛围怎么样？产品怎么样？销售的区域需求量怎么样？"然后再问："你采取了什么行动来保证销售量？是经常拜访客户、组织专家演讲，还是运气好、产品好？"最后要问结果。如果他说"我是公司最好的销售员之一"，就要问他："你们公司有几个销售人员？有什么指标来判断你是最好的销售员之一？你的排名到底是第一，还是第二？具体的销售量和销售额是多少？"不断地追问过去所发生的事情，才能把应聘者过去的行为表现问出来。

思考

（1）根据上述材料分析，STAR 面试法相比一般的面试法有何优点。

（2）举例说明 STAR 面试法的运用。

本章学习目标

1. 重点掌握笔试的含义、特点及基本程序。

2. 掌握笔试所要考查的内容。

3. 掌握笔试题目编制的技巧并能够独立编制。

4. 了解笔试的组织管理工作。
5. 重点掌握面试的含义、特点及作用。
6. 掌握面试的基本程序。
7. 掌握面试的方法。
8. 重点掌握评价中心技术的含义。
9. 了解评价中心技术的优缺点。
10. 了解评价中心技术的常用方法。

学习导航

```
第5章  人员甄选的技术与技巧

5.1  笔试
5.1.1  笔试的特点及程序
5.1.2  笔试的内容
5.1.3  笔试题目的编制
5.1.4  笔试的组织管理

5.2  面试                         5.3  评价中心技术
5.2.1  面试的含义、特点及作用      5.3.1  评价中心技术的含义及背景
5.2.2  面试的程序                 5.3.2  评价中心技术的优缺点
5.2.3  面试的方法                 5.3.3  评价中心技术的常用方法
                                  5.3.4  评价中心技术的实施
```

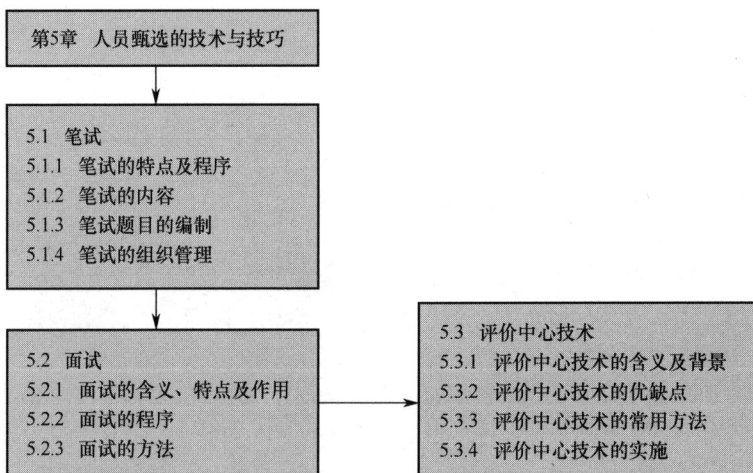

人员甄选技术主要包括笔试、面试和评价中心技术。笔试采用书面问答的形式，对应聘者的知识、能力和心理等加以考查。面试从应聘者的知识、能力、个性、品质、动机等方面设计相应的面试题，通过面对面的问答对应聘者加以考查。评价中心技术采用标准化的方式，由多个专家对多个应聘者采用多种方法进行评价，着重评价应聘者的互动性和在团队中的人际关系。

考官们首先必须具备一定的甄选技术，这可以通过相应的培训来实现。然而具有一定甄选技术的考官们在甄选过程中对应聘者的了解程度却有很大差异，其主要原因在于考官们的甄选技巧，特别是面试技巧各有不同。本章对甄选的技术与技巧加以分析。

5.1 笔　　试

笔试（Paper-test）是传统的测试方法，是甄选中的一项重要技术。它是通过书面回答问题的形式，对应聘者的基本知识、专业知识、心理特质、综合分析能力、文字表达能力等进行衡量的一种甄选方式。

5.1.1 笔试的特点及程序

1. 笔试的特点

笔试最明显的特点是以书面试卷形式对应聘者进行提问，要求应聘者书面作答。其相比面试具有一些优点，但也有一定的局限性。笔试的优点：一是企业可以同时对大批应聘

者进行测试，成本相对较低，费时少，效率高；二是科学性强，考核的信度和效度较高；三是试卷评判比较客观，能体现出公平、准确的原则；四是应聘者的心理压力较小，较易发挥正常水平；五是能涵盖较多的考点，可以对应聘者的知识、能力进行多方面的测试；六是试题和结果可作为一种档案材料长期保存，以备以后参考查询。笔试的局限性：一是无法全面考查应聘者的品质、态度、口头表达能力、灵活应变能力、组织管理能力等；二是可能出现"高分低能"现象，使企业得不到真正需要的、有能力的人才；三是应聘者可能由于猜题、欺骗、舞弊而获得高分；四是对应聘者表达不清的问题不能直接进行询问，因而无法弄清其真实水平。

因此，企业采用笔试方法应扬长避短，尽可能避免笔试的缺陷，发挥笔试的优点，并与其他测试方法结合使用，从而更加全面地测评应聘者的知识和能力。

2. 笔试的程序

笔试的程序如图 5-1 所示。

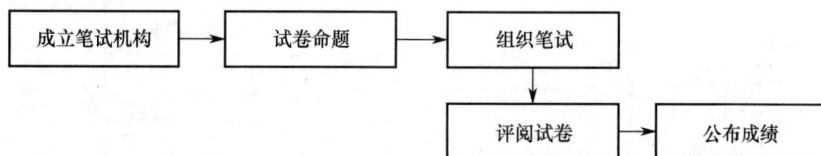

图 5-1 笔试的程序

（1）成立笔试机构。企业要成立负责笔试的组织与实施的机构，保证笔试工作有计划、有组织地进行。笔试机构要根据企业的需要编制工作计划，明确空缺岗位的数量、岗位所需的人数、笔试安排、试题的组织编制、经费预算及笔试工作的实施等。

（2）试卷命题。即编制笔试题目。编制试题是整个笔试过程中最关键的步骤，因为它直接影响笔试的信度和效度，进而影响人员录用的质量。企业人力资源部组织专家和用人部门的负责人根据岗位所需的知识、技能、能力等要求编制试题和参考答案。

试卷所含的试题应是所测内容的代表性样本，全面反映所测的内容，而且要做到结构合理，各种试题应符合相应题型的规范。

（3）组织笔试。笔试的工具除传统的纸、笔外，还包括计算机、网络、软件工具等。笔试包括在线笔试和线下笔试两种方式。在线笔试是企业借助在线考试系统或在线测评软件，以及网络、计算机等工具，对应聘者进行在线测试。在线考试系统利用大数据、AI 等技术，集成各项考试功能，包括智能组卷、计算机端和手机端答题、智能监考、自动判题、成绩统计分析等，可以提升笔试效率，也能保障笔试的公平性。线下笔试是邀请应聘者到公司或其他特定场所进行测试的方式。线下笔试是传统的笔试方式，需要做好笔试准备、考场管理和试卷保管等工作。笔试期间，试卷需要遵循专人负责和保密原则，笔试过程应做到实施规范。

（4）评阅试卷。即组织专家或用人部门主管批阅试卷。阅卷评分应制定统一评分标准，采取分项流水作业、复核等方式，减少评分误差，使测试结果真实可靠。在线笔试中，笔试系统能够辅助完成一定量的批阅工作。评阅工作应尽量做到客观、公正。

（5）公布成绩。尽量让笔试成绩公开化，并及早公布笔试成绩，以便从中筛选下一环节的候选人。

上述笔试程序中，应重点抓好试卷命题、测试和阅卷评分三个环节的工作。

5.1.2　笔试的内容

广义上的笔试包括对知识、能力和心理素质的测试。企业笔试的内容要视岗位性质和任职资格要求的不同而不同。一般而言，笔试的内容大致包括工作知识测试、智力测试、能力测试，以及人格、兴趣、价值观等心理测试，如图5-2所示。

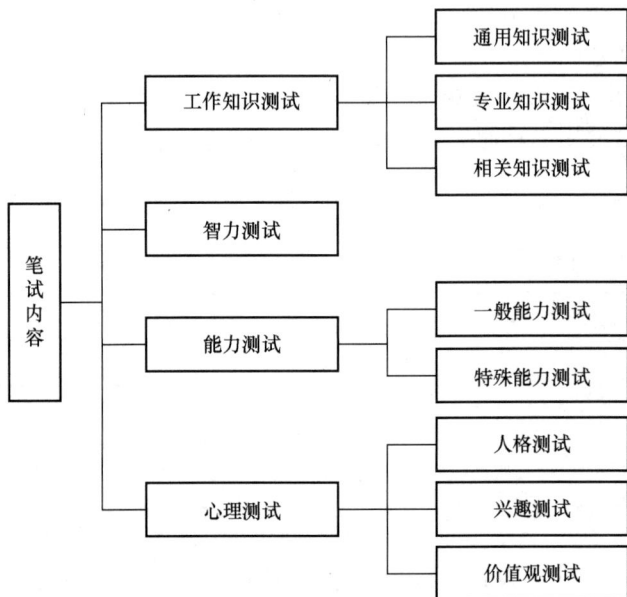

图 5-2　笔试内容

1．工作知识测试

工作知识测试的目标非常明确，就是因事择人，为用而测。工作知识测试是通过纸、笔测试的形式对应聘者的知识广度、知识深度和知识结构进行一定程度了解的一种方法。

工作知识测试通常可以分为三大类，即通用知识测试、专业知识测试和相关知识测试。通用知识测试也称广度测试或综合测试，测试内容广泛，是根据岗位需要，要求应聘者具备一定的文化程度，掌握必备的自然科学知识和社会科学知识；专业知识测试也称深度测试，测试内容是与应聘岗位有直接关系的专业知识，即要求应聘者具备履行岗位职责所需的能力或技能的相应专业学科的理论知识；相关知识测试也称结构测试，是了解应聘者对应聘岗位有关知识的考试，如与岗位要求相关的经济、社会、法律、科技等知识。

例如，人力资源管理从业人员必须具备完善的知识结构，即必须拥有通用知识（或基础知识）、专业知识和相关领域知识。通用知识包括社会文化知识、一定的数理知识等；专业知识包括组织结构设计、企业文化、人力资源战略、工作分析、招聘、培训管理、绩效管理、薪酬管理等；相关领域知识包括统计学、组织行为学、心理学、经济学、会计学、劳动法律法规等。

2．智力测试

智力测试是最早运用于人员测评和选拔的一种方法。从第一份比奈–西蒙量表问世（1905

年）至今，智力测试已经有一百多年的历史。其间各种智力量表依据不同的智力理论纷纷出现，其中比较有影响的个体智力测试有斯-比量表、韦克斯勒智力量表、瑞文测验、考夫曼精简智力测验、考夫曼青年和成人智力测验，比较有影响的团体智力测试是翁德里克人事测验。

不管采用何种智力测试工具，一个不争的事实是，人的智力水平是有高低之分的，不同的工作需要不同的智力水平。

3. 能力测试

能力分为一般能力和特殊能力。一般能力是指在不同活动中表现出来的一些共同能力，如记忆能力、想象能力、观察能力、注意能力、思维能力、操作能力等，这些能力是完成任何一种工作都不可或缺的；特殊能力是指在一般能力的基础上形成的岗位所需要的专业技术能力。例如，设计师需要具有良好的空间知觉能力及色彩辨别能力，管理者需要具有较强的人际能力、分析能力等。

能力测试包括单项能力测试和多项能力测试。单项能力测试只是测量一种或两种能力倾向的单项测验；多项能力测试则是一套由几个不同能力的小测验组成的成套测验。多项能力测试要比单项能力测试更具测量优势，能够反映出人们工作、学习的成功往往是多种能力和因素的综合结果。

常用的单项能力测试包括文书能力测试、心理活动能力测试、机械能力测试、音乐能力测试、美术能力测试、身体敏捷性测验和视觉测验。

多项能力测试最初是为职业咨询与选拔而设计的。其中，最早的是美国就业服务中心编制的一般能力倾向成套测验，继而诞生了鉴别能力倾向测验、军事职业能力倾向成套测验、员工能力倾向测验等。国内常用于招聘选拔的多项能力测试有 GATB、DAT 和中华人民共和国行政职业能力倾向测验。

在实际操作中，对应聘者能力的测试除使用上述一些专门设计的量表外，大多数企业还会设计一些试题来考查应聘者。一般能力测试的试题包括生活常识、时事政治、常见的英文阅读和写作、逻辑思维判断题、数理分析题等；专业技能测试的试题是关于工作需要的专业性、技术性问题。对本科生而言，专业笔试主要考查基础知识、基本技能，一般都是专业基础课知识。

4. 心理测试

心理测试是通过观察人的少数具有代表性的行为，依据一定的原则或通过数量分析，对贯穿于人的行为活动中的个性、动机、价值观等心理特征进行分析推论的过程。人员甄选中较常用的心理测试有人格测试、兴趣测试、价值观测试和创造力测试等。

在人事管理和人员选拔中，人格是必须考虑的一个重要因素。因为，一方面有些工作可能更适合具有某种类型人格的人来承担；另一方面，有些人可能更适合与具有某种人格的人共同工作。因此，合理地选择人格测试工具可以有效地提高工作的效率。

常用的人格测量表有明尼苏达多项人格问卷、卡氏 16PF、爱德华个人偏好量表、艾森克人格问卷、YG 性格检查、迈尔斯-布里格斯（MBTI）类型指示器、加州心理量表、DISC 个性测验。

兴趣往往是职业成功的重要条件。目前，常用的职业兴趣测量问卷有霍兰德职业兴趣调查表、斯特朗-坎贝尔兴趣问卷和库德职业兴趣调查表等。

价值观是指个人对客观事物（包括人、物、事）及自己的行为结果的意义、作用、效果和重要性的总体评价，是人用于区别好坏、分辨是非及其重要性的心理倾向体系。价值观测试所依据的理论是斯普兰格的人格理论。

创造力测试强调思维的流畅性、变通性与超乎寻常的独特性。常用的测试有托兰斯创造性思维测验量表、芝加哥大学创造力测验及南加利福尼亚大学测验量表等。

5.1.3 笔试题目的编制

1. 笔试题编制的基本要求

（1）试卷考查的范围应尽可能广，考点应尽可能多且分布合理；考查的内容应能很好地反映岗位所需的知识、能力；考试的广度、难度、深度应符合考试大纲的要求。

（2）试题应保持相对独立，尽量避免试题之间的提示。

（3）试题语言应当规范，含义明确，切忌模棱两可，让考生难以理解或产生误解。

（4）试题的难易应有一定的比例搭配，由简到繁逐步深入，具有较高的区分度。

（5）试题应当新颖，要综合考查应聘者的记忆、表述、应用、构思水平；问题的正确答案要有定论，但不要生搬硬套。试题形式要灵活多样，避免生题和怪题。

（6）按题型由易到难排列，同类型试题前面应扼要说明解答要求，使应聘者明确答案以什么形式出现，以提高应聘者的解题速度，更有利于其发挥水平。

（7）试题应按应聘者解答费时的长短和由短到长的顺序排列。各题间应留有适当的答题空白；同一类型且分量相等的试题的空白应大体相当；一道试题后面的空白，应尽量安排在同一页纸上，以方便阅卷和统计分数。

（8）试题中考查的项目和试题类型的比例要合理分布。例如，通常按知识、认知能力的内容和考试目标制作"二维"试题分布蓝图，对各部分知识和认知能力的试题量、比例、题型、时限和难度进行综合设计。

2. 笔试题编制技术

笔试试题通常分为两大类：主观性试题和客观性试题。主观性试题的正确答案不是唯一的，可以由应聘者自由发挥，批阅者凭主观经验给分，评测结果与批阅者的个人认知、判断有关。简答题、论述题、作文题等类型的试题都属于主观性试题。客观性试题的答案具有唯一性，阅卷评分只与答案有关而与批阅者无关。填空题、选择题、判断题、改错题等类型的试题大多属于客观性试题。

1）主观性试题编制技术的基本要点

主观性试题的主要形式有简答题、论述题、作文题等。主观性试题的内容综合程度高，试题具有发散性、题量少、侧重考查知识运用能力和深层次的认知思维能力等优点；其缺点包括测试内容范围较窄、试题没有唯一的标准答案、评分主观色彩浓、试题不易使用现代化计量工具等。主观性试题编制技术要点如下。

（1）在测试较高层次的知识，考查应聘者运用知识、分析综合及逻辑推理的能力时，即偏重于思维能力测试时，应采用主观性试题。

（2）主观性试题的题意应当明确、集中、肯定，用语规范，使应聘者能清楚地理解题意，正确作答。

（3）应慎重使用描述目的的行为动词。主观性试题一般要求应聘者以一段或几段文字的形式来回答问题，需要用适当的动词提出作答要求，应当避免使用"回忆""写出""列举"等动词来提问，而要考虑选用"写作""论述"等动词来描述，以考查应聘者较高层次的知识。

（4）不允许应聘者随意选择试题作答。主观性试题的缺点是提供的试题样本有限，以致缺乏代表性。如果允许应聘者在一套主观性试题中任意选一个或几个作答，就会增加取样问题的复杂性并破坏考试结构。主观性试题之间一般是不等值的，难度值不好区分，缺乏可比性，这样会给评分带来困难。

（5）主观性试题要新颖、灵活、突破常规。在编制主观性试题时，应当推陈出新，根据需要创设不同问题情境，使试题达到"活"的要求。试题形式新颖可以引起应聘者的兴趣，激发其创造性思维。同时要注意"活而不怪""活而不偏"，使应聘者一看即知所问，但是要正确解答，则需要下点真功夫，这样既能考查出实质性的东西，又能突出重点内容，真正考出深度。

（6）主观性试题要"客观化"。主观性试题的另一个缺点是题大、试卷容量小、答案不规范、评分不客观。编制主观性试题时，应尽量把某些大题变小，使答案规范化，从而增大试卷容量，提高试卷信度和效度，使评分标准较为客观。

2）客观性试题编制技术的基本要点

客观性试题的主要形式有填空题、选择题、判断题等。客观性试题相对主观性试题而言，具有题量大，考点覆盖面广，评分科学、客观，易于采用现代量化方法和工具计分等优点，但也具有试题编制难度大、耗时，不易对人的发散思维能力、综合分析能力等进行测试，容易导致应聘者舞弊、抄袭、猜测答案的现象发生等缺点。客观性试题编制技术要点如下。

（1）注意突出考核重点，抓住关键、重点来设计试题，即考核的内容要有价值，要能考查出应聘者是否具有岗位所需的知识和能力，是否能够胜任。

（2）文字要简练、清晰、明确，避免使用概念不明确、笼统的程度副词或数词，如"一定量的""较大地"等。

（3）选择题的每一个备选答案都应与题干搭配，其中干扰答案还应具有一定的迷惑性，能影响应聘者对正确答案的选择。判断题的语句也应具有一定的迷惑性。

（4）填空题的试题设计要求应聘者填写有实际意义的词，内容可以是一些容易混淆和遗忘的知识点，以提高试题的区分度，避免出现生僻的、不实际的、没有考查价值的内容。填空题答案必须是唯一的，空白不应太多。

5.1.4 笔试的组织管理

1. 命题的组织管理

企业在确定通过笔试招聘员工之后，应成立命题小组，专门负责命题。小组成员可以从外面聘请，可以是本企业人力资源管理部门的负责人，也可以是企业需要招聘岗位的部门经理。此外，命题组成员应具有合理的年龄结构、知识结构和能力结构。

2. 试卷印刷的组织管理

严格保密、防止泄密是试卷印刷组织管理工作的重点。试卷一般由专门机构印刷或交由专门的印刷厂承担，同时要配备监制人员，以防泄露。为确保印刷、装订的准确无误，必须严格检查、校验，由专人分工负责。试卷印刷完毕后，要做好保管工作，以使笔试能如期顺利进行。

3. 考场的管理

考场的编排应以方便应聘者答卷、监考人检查、考试秩序和考试纪律维持为原则，做到单人、单桌、单行，应聘者前后左右之间保持一定的距离，使其各尽所能、公平竞争。

考场要根据场所大小安排监考人员，一般以 2～3 人为宜，负责维护考场秩序，严肃考场纪律，组织考生按时入场入座，收发试卷和稿纸等。监考人员要有高度的责任心，认真负责。在考试过程中，要注意防止考试舞弊的现象。

开考之前，可以安排有关领导作简短讲话，鼓励应聘者报考本企业；接着由监考人员宣布考场纪律和考试时间。考试过程中要保证考场的肃静气氛。

5.2 面 试

面试（Interview）是最古老又最重要的一种人才评价选拔方法。从有文字的记载来看，其历史可以追溯到西周时期的"试射"人才测评选拔方法。在现代企业的人员招聘中，几乎所有的企业都使用面试方法，面试已成为招聘和甄选不可或缺的一个环节和有效方法。

5.2.1 面试的含义、特点及作用

1. 面试的含义与特点

面试是指通过面试官与应聘者双方面对面地接触，采用边提问边观察的方式了解应聘者的素质状况、能力特征及应聘动机等信息，以确定应聘者是否符合岗位要求的一种人员甄选方法。面试的具体内容包括应聘者的仪表风度、求职动机与工作期望、专业知识与特长、工作经验、工作态度、语言和文字表达能力、综合分析能力、反应能力、自我控制能力、人际交往能力、精力和活力、兴趣和爱好等。

面试是面试官与应聘者之间面对面的信息交流过程，相比笔试等其他测试方式而言具有直观、灵活、深入的特点。通过面试，不仅可以评价应聘者的知识水平，还能评价应聘者以下方面的素质与特点：仪表举止、动机与态度、口头表达能力、综合分析能力、应变能力、人际交往的意识与技巧、自我控制能力。如果面试沟通得比较深入，对应聘者的性格、爱好、专业知识与技能等也能有较准确的把握。

2. 面试的作用

面试在人员甄选中的作用表现在以下几个方面。

（1）可为招聘单位提供多角度观察应聘者的机会，如观察应聘者的仪表特征，了解其知识、能力、经验，推断其个性特征、动机，预测其未来实际工作的情形等。

（2）可为应聘者提供了解工作信息的机会。面试是一个双向交流的过程，通过沟通，应聘者可以了解招聘单位的基本情况、应聘职位的工作信息等。

（3）可为招聘单位提供介绍宣传企业及听取应聘者对工作的设想、见解的机会。

当然，面试也有其缺点，如耗时长、成本高，而且由于面试是一种主观性评价，因此其有效性和可信度很大程度取决于主试者的素质、经验和技巧，因此主试者若缺乏训练，就会影响面试的效率和效果。同时，应聘者的紧张心理往往会导致其临场表现与个人实际素质不符。

从某种意义上讲，面试与笔试是互补的，即面试能够对笔试不能有效测评的一些要素进行有效的补充，反之亦然。所以在甄选过程中，往往把面试与笔试等方法结合起来使用，以全面、客观地了解应聘者的综合素质。

相 关 链 接

面试中如何问得"稳、准、狠"

如何在这短暂的时间里，把面试问题问得"稳、准、狠"，从应聘者身上尽可能地多了解有价值的东西，是每一位面试官想实现的目标。那么，在面试中该如何提问呢？

常规途径中最常见的方法便是行为事例提问法（Behavior Event Interview，BEI），也就是通过对个人过去行为具体细节的深度挖掘，来预测其未来可能的行为及表现。行为事例提问法需要遵从 STAR 法则。STAR 分别代表情景（Situation）、任务（Task）、行动（Action）和结果（Result）。提问时重点考查应聘者在什么情境下面临什么任务，因此而采取了什么行动，最后的结果如何。

那么，在实际的面试过程中，提问时还有哪些非常规途径可以用呢？

第一类：自我认知

自我认知力是职场中非常重要的一项能力。想知道应聘者是否有足够的自我认知，可以问这些问题：

（1）你的工作有什么意义，把你从组织里拿走会怎样，项目里没有你会怎么样？

（2）你领导眼中的你是什么样的？你同事眼中的你呢？为什么？

（3）你的同事会怎样形容你？请使用五个形容词形容。

（4）你觉得目前在工作中最需要提高的地方是什么？为什么？

第二类：文化价值观

很多企业把价值观作为挑人的首选项。如果你希望迅速直观地对应聘者的价值观做到心中有数，那么可以考虑问这些问题：

（1）你最喜欢的老板是什么样？你最不喜欢的老板是什么样？

（2）请告诉我一个对你人生成长最有影响力的人，他给你带来了什么影响？

（3）你喜欢（或不喜欢）的一种公司文化是什么？

（4）当你和你的老板发生意见分歧的时候，你会怎么办？

第三类：潜力

你希望应聘者不但能胜任现有的岗位，还能在岗位上继续成长，未来可以去承担更复杂、更重要的任务。这里需要考查的是潜力，包括一个人的学习能力、求知欲、洞察力，以及工作动机等，那么可以考虑问这些问题：

（1）你一般是如何学习一门新领域的知识的？

（2）请你就现在应聘的这个岗位，谈一谈最近的行业动态，以及有什么新的政府政策法规出台？

（3）基于现有的行业变化趋势，你如何看待你所申请的这个职位未来三年的变化？

（4）你平时如何开拓自己的视野和经验？如何自我学习？如何自我提升？对于未知的未来，你具有什么样的心态？

第四类：个人

要想了解应聘者在工作以外是个什么样的人，可以这么问：

（1）你在工作之余都做什么？

（2）你最近读过的一本书叫什么名字？书里你最欣赏的人物是谁？为什么？

（3）你最喜欢的一部电影是什么？里面你最欣赏的人物是谁？为什么？

资料来源：公众号：行走的帆

5.2.2 面试的程序

1. 面试前的准备

这一阶段的主要任务是做好面试的组织工作，包括成立面试小组、制定面试实施方案、拟定面试内容、印制面试所需要的各种表格及准备其他材料、确定考场和候考室、培训面试官和考务工作人员、熟悉应聘者的基本情况等。

2. 面试实施

面试的实施分为三个阶段。第一阶段是导入阶段。这一阶段面试官可以提出一个轻松的话题，以缓和考场的紧张气氛，建立轻松、和谐、友好的氛围，使应聘者渐入佳境。第二阶段是提问阶段（正式面试阶段）。这是面试的主要环节，面试官一方面可以按照预先拟定的面试问题提问，另一方面可以根据应聘者的回答随机提问，挖掘更多的有效信息，从而全面了解应聘者的能力、素质、心理、工作动机等。第三阶段是结束阶段。面试的结束要轻松、自然、流畅，给应聘者以友好的印象，不给应聘者留下疑惑、突然的感觉，也不能流露出对应聘者评价的个人倾向。

3. 面试结果评价

面试结果评价主要是对应聘者的面试情况进行综合分析与评价，确定每一位应聘者的素质和能力特点，比照既定的工作标准或人员录用标准做出录用决定。录用决定应该由参与面试的所有面试官共同做出。对应聘者的评价可采取以下方式进行。

（1）召集面试结果研究会议。与会人员通过讨论，对每个应聘者在面试中的表现进行综合评价，勾画出每位应聘者的总体状况，将每位应聘者的综合评价结果与特定的工作要求或录用标准相比较，做出最后的录用决断。评价要以事实为依据，所有的陈述都必须有证据支持。要听取多方意见，综合各位面试官的判断，形成公正、准确的决策。

（2）设计综合评价表。为提高效率，可事先设计一张评价表。表中罗列有关某一岗位的目标维度，供各位面试官打分，然后在会议上集中讨论，得出综合评分。某企业秘书工作应聘者评价表如表5-1所示。

表 5-1　某企业秘书工作应聘者评价表

应聘者考号：　　　　　　　　　　　　　　　　　　　　　　　　应聘者姓名：

维　度	面试官评分						
	面试官一	面试官二	面试官三	面试官四	面试官五	面试官六	综合评分
打字技术							
注意细节的能力							
主动性							
独立性							
公关能力							
工作高标准							
承受压力的能力							
仪表风度							

注：评分等级说明：5 分——非常满意；4 分——满意；3 分——基本满意；2 分——不大满意；1 分——很不满意。

相 关 链 接

提高面试评分的准确性——面试评分 ORCSE 五步法

人力资源部门经常反映：在人才选聘的面试环节结束后，人力资源部要统计各位面试官的面试评分，而面试官之间对应聘者的打分千差万别，导致合成的分数没法使用。尽管在面试之前对面试官已经做了详尽的培训与指导，但是评分结果仍然不尽如人意。如何确保面试评分的准确性呢？需要遵循 ORCSE 过程。

O（Observing），指的是观察，即认真、仔细地观察应聘者在面试过程中的各种言语及非言语表现。

R（Recording），指的是记录，即全面、客观、精确地对应聘者在面试中的表现进行记录。

C（Classifying），指的是归类，即对应聘者在面试中表现的解读。拿职位竞聘来讲，就是将应聘者在面试中的表现归于所竞聘职位要求的那些重点考查方面，如胜任力中的"成就动机"、任职要求中的"专业知识和技能"等。

S（Summarizing），指的是总结，即将所归类的各个方面进行汇总与归纳，并写出一个简明的总结，这是整合分析与判断的过程。

E（Evaluating），指的是评价，这是面试过程中的最后一个环节，是决策的结果，通常以一个分数（数量化的分数或质性的等级评价）来呈现，体现应聘者在面试过程中的表现水准及与目标职位的匹配性等。

5.2.3　面试的方法

面试可以根据不同的分类划分出不同的方法。

1. 根据面试官的人数、顺序分类

根据面试官人数的多少，可将面试的方法分为个人面试法和集体面试法。另外，还有一种按面试官的级别顺序进行的逐步面试法。

（1）个人面试法。个人面试法是面试官与应聘者进行一对一单独面谈的方法。这种方

法是企业招聘使用最普遍也是最基本的方法。其优点是能够提供一个面对面的机会，让面试双方进行较深入的了解，可以就细节和个人特殊问题交换意见。其缺点是面试官只有一位，由一个人对应聘者下结论，有可能会出现偏差，容易受到关系、人情及个人主观偏好等因素的影响。

（2）集体面试法。集体面试法是由面试小组集体对应聘者进行面试的方法。各位面试官围绕面试的重点内容，依据拟定的基本面试问题及应聘者的回答情况，对应聘者进行提问或续问。每面试完一人，面试官们就依据应聘者的应答情况进行打分，填好面试成绩评定表。每位应聘者面试结束后，由面试小组核定出他的面试总成绩，或者等全部应聘者面试结束后再讨论、评定应聘者面试的总成绩。

集体面试法由多人一起参与面试评分，可以减少面试官个人偏见而产生的误差。面试官提问可以互相补充，这样可以更全面、更从容地掌握更多信息。采取这种共同面试、当场打分的方式，减少了中间环节，提高了工作效率，同时可以减少走后门、拉关系的现象发生，透明度高，较为客观公正。

集体面试法的不足之处在于，面试小组由多名面试官组成，难免给应聘者造成心理压力，可能影响其正常发挥。另外，主面试官一般由企业主要领导担任，这样会给其他面试官造成心理压力，他们可能会以主面试官的意见为评定成绩的标准。有时因为面试官多，一位面试官的问题还未回答完，另一位面试官又提出了问题，这会让应聘者应接不暇，不知如何应答。

（3）逐步面试法。逐步面试法是将面试官按照职级由低到高的顺序排列，依次对同一位应聘者进行面试。面试的内容上，一般低层次面试官以考查岗位专业知识为主，中层次面试官以考查能力为主，高层次面试官则进行全面考查。应聘者只有通过了较低层次的面试，才有可能被推荐参加更高层次的面试，否则就被淘汰出局。

逐步面试法的优点是，面试的层次越来越高，要求越来越严格，参加的应聘者也越来越少，到企业主要领导面试时，基本上便可确定岗位的合适人选。但是，逐步面试法每个层次的面试官一般为1~2人，这样各个层次的面试难免会因为个别面试官的疏忽或个人主观性导致淘汰优秀人才，使优秀人才因为人为因素无法进入下一轮面试。

相关链接

微软面试掠影

在多个行业、多家跨国公司工作过的微软亚太区全球技术支持中心（简称"CSS"）资深人事经理芦亚萍谈到，微软的面试通常有5~6轮。第一轮是笔试，笔试内容有逻辑推理测试、跟专业相关的测试及其他测试。由于CSS是对全球的客户提供技术支持服务，所以第二轮是用英文面试，而且请外籍的专业人士把关。第三轮会请一些技术专家来测试技术方面的能力、经验。之后就是业务经理面试，重点在软技能测试上，如测试文化、团队协作等方面的能力。最终通常还会有一个比较高层的人从整体上考查应聘者的素质和思维能力。

2. 根据结构化程度分类

根据面试的结构化程度，可将面试的方法分为结构化面试、非结构化面试和半结构化面试。

（1）结构化面试。结构化面试是指依据预先确定的内容、程序、分值结构进行的面试形式。面试过程中，面试官必须根据事先拟定好的面试提纲逐项对应聘者进行测试，应聘者必须针对问题进行回答，面试各个要素的评判也必须按分值结构合成。

结构化面试具有试题固定、程序严谨、评分统一等特点。从实践来看，结构化面试的测评效度、信度都比较高，比较适合规模较大、规范性较强的录用面试。然而，结构化面试也有其不足，主要表现为面试官实施时灵活性不够，即通常不允许在必要时对某些应聘者进行有针对性的追问，而面试官对一些已经有把握的方面却仍然要按事先拟定的问题提问。此外，这种方法容易使面试气氛过于正式，从而影响应聘者回答问题的能力和愿望。同时，比较呆板的面试形式容易导致面试官疲劳。

（2）非结构化面试，又称间接面试。面试官在面试中根据具体情况随机提问，无固定程式。面试官鼓励应聘者多谈，再根据应聘者对问题的反应，考查他们是否具备某一职务的任职条件。这种面试法的优点是面试官和应聘者在交流过程中都比较自然，不会显得前后没有关系和唐突。应聘者感觉随便、自在，回答时也容易敞开心扉。但是由于对每个应聘者所问的问题不一样，面试的效度和信度都会受到影响。最大的问题还在于，这种面试有可能把最关键问题遗漏掉。

（3）半结构化面试。半结构化面试在企业实际招聘面试过程中最常使用，也是最典型的一种面试方法。这种面试法将结构化面试和非结构化面试结合起来运用，即应聘者回答同样的问题，但同时面试官又根据他们的回答情况进一步提问，以求更加深入、细致地了解应聘者。这种方法兼容了上述两种方法的优点。

3. 根据面试内容设计的侧重点分类

（1）情景式面试。即通过向应聘者提供一种情景，观察应聘者在情景中的行为反应，并据此预测其未来工作行为的面试方法。

（2）行为描述式面试。即采用专门设计的问题来了解应聘者过去在特定的情况下行为的结构化面试方法。该方法可以了解应聘者对工作的熟练程度，有效度较高。

（3）综合式面试。这种方法具有前两种方法的特点，并且是结构化的，内容主要集中在与工作岗位有关的知识、技能、能力与其他个性心理特征等方面。

4. 根据所提问题的目的分类

（1）压力式面试。即将应聘者置于一种不舒适的环境中以考查其对压力的承受能力的面试方法。面试官可通过提出生硬的、不礼貌的问题故意使应聘者感到不舒服，或针对某一事项或问题做一连串的发问，打破砂锅问到底，直至应聘者无法回答；还可以通过设计一个紧张的场景，如在有限的时间内处理很多重要的事务，考查应聘者如何取舍。其目的是确定应聘者对压力的承受能力、应变能力和处理人际关系的能力。

这种类型的面试一般适用于面临较大压力职位的招聘中。如果工作要求具备应对高度压力的能力，了解这一因素是很重要的。然而，在压力环境下所获信息经常被扭曲、误解，不能反映应聘者的真实水平，所以压力面试对大多数情况的面试是不适合的。这种面试方式特别适用于对高级管理人员的测试。

（2）鉴定性面试。即由应聘者未来的上级主管与同事对其工作绩效进行评价的面试方法。

5.3 评价中心技术

5.3.1 评价中心技术的含义及背景

评价中心是一种运作概念，是多重测验在逻辑上的延伸，是多个评定者对多人进行的评定。按照芬科尔（Finkle，1976）的定义，评价中心是为组织判断和预测那些与组织的工作绩效目标相关联的个体行为所进行的一系列标准化活动程序。

评价中心技术的起源可以追溯到 1929 年德国心理学家建立的一套用于挑选军官的非常先进的多项评价过程。在第二次世界大战期间，美国的战略情报局使用小组讨论和情景模拟练习来选拔情报人员，并获得了成功。开创在工业组织中使用评价中心技术先河的是美国电话电报公司。该评价工作从 1956 年一直持续到 1960 年，结果证明，在被提升到中级管理岗位的员工中，有 78%与评价中心的评价鉴定是一致的；在未被提升的员工中，有 95%与评价中心在八年前认定的缺乏潜在管理能力的判断是吻合的。此后，许多大公司（如通用电气公司、国际商用机器公司、福特汽车公司等）都采用了这项技术，并建立了相应的评价中心机构来评价管理人员。

评价中心技术应用现代心理学、管理学、计算机科学等相关学科的研究成果，通过心理测验、能力、个性和情景测试对人员进行测量，并根据工作岗位要求及企业组织特性进行评价，从而实现对人的个性、动机和能力等较为准确的把握，做到人职匹配，确保人员达到最佳工作绩效。

评价中心被运用于招聘、晋升、发展员工能力等多方面的甄选中。由于评价中心的运作成本比较高，企业多在选拔管理人员时才采用，所以又有人将评价中心称为管理评价中心或人才评价中心。评价中心方法运作时，首先由专家分析空缺岗位所必需的知识、能力和态度，并设计出能够让应聘者表现出其能力及态度的测验，包括文件处理测验（文件筐测验）、无领导小组讨论、模拟演讲、管理游戏、紧张演习、案例分析等，然后在既定的控制条件下对应聘者进行测试，并由一组面试官各自观察并记录应聘者的表现，最后形成评价报告。

5.3.2 评价中心技术的优缺点

1. 评价中心技术的优点

（1）能全面考查评价应聘者的能力与态度。评价中心对应聘者进行多方面测试，各种测试方法对个人能力的考核各有侧重，最后综合评价得出结论。对应聘者各方面能力和态度的综合评价通常包括应聘者的语言表达能力、领导力、说服力、敏感度、计划与组织能力、时间运用能力、创造力、容忍力、参与度、冒险力、诚实程度、自信程度等，可以达二三十个项目。

（2）预测效度高。评价中心采用标准化程序和多种测试方法，对应聘者进行全方位的综合考查，这些都能保证评价的结果较为可靠，预测效度较高。

（3）可以有效防止或减少管理人员的任用错误。评价中心所采用的测评方法很多是对真实情境的模拟，而且很多情境是与拟任职务相关的。在这种情景下，对应聘者未来的表现有较好的预测效果。

（4）有助于个人进行职业生涯设计。应聘者通过评价中心的多次测试得到应试表现的反馈信息，对自己的知识、能力和性格等也会有全面的认识，知道自己的个性特征有哪些优势和不足，还需在哪些方面改进等。应聘者可以以此作为自己职业生涯设计的依据，规划个人发展。

（5）应用广泛。评价中心不仅可用于企业的人事选择，还可用于企业的绩效评价、培训、管理及人才使用等其他方面。

2. 评价中心技术的缺点

（1）成本高。相对于其他方法来说，评价中心费时、费力、费钱。这一过程要用多种手段，要求深入细致，同时对面试官的要求较高，实施前要对其进行一定的培训。

（2）使用难度大。在评价中心所采用的情境测验，其评价的主观性程度较高，制定统一标准化的评价标准比较困难，并且这种测验形式由于其任务的复杂程度较高，任务的设计和实施中的控制也比较困难。评价中心对评价者的要求也较高，需要对评价者进行比较系统的培训。此外，如果要实施，还要制定一整套复杂的方案。这些都加大了评价中心使用的难度。

（3）要有专家指导。企业自己采用评价中心的测试方法，往往由于不规范而缺乏科学性，导致其信度和效度降低。要想解决这一问题，就必须有专家指导。然而聘请专家也有难度，一方面费用高，另一方面有时不容易请到，这就给评价中心的推广造成一定困难。

5.3.3　评价中心技术的常用方法

1. 公文处理测验

公文处理测验，也称文件筐测试，是针对拟任职务的典型任务和要求，给予应聘者假定的身份和其他情况，向其提供一系列文件或工作事务让其处理，可能包括邮件、信件、文件、备忘录、报表、账单、投诉、电话记录、命令、请示、汇报、通知及其他可能的形式，要求其在规定的时间内拿出处理意见或办法，如同一个管理人员要在规定时间内处理完文件筐中的全部文件一样。

公文处理测验多用于考查应聘者的具体工作能力。通过公文处理测验，可以观察应聘者处理文件的速度、效率及处理方式和方法，从而可以对其分析判断能力、文字表达能力、反应能力、协调能力、计划能力和决策能力等进行评价。应聘者的素质水平不同，其公文处理的能力也不同，所以公文处理测验对应聘者具有较高的区分度。素质高的应聘者能够有条不紊地处理问题，抓住主要矛盾和关键问题，文字表达清晰，上下沟通顺畅；而素质低的应聘者会在一堆文件面前显得束手无策、思维混乱、条理不清，缺乏敏锐的眼光，抓不住主要矛盾，往往纠缠于某些可有可无的细节问题。

相 关 链 接

公文处理题

1. 测试要素
决策能力、计划能力、应急能力、组织能力。

2. 题目

今天是 11 月 22 日（周五）。赵总赴北京参加一个全国会议，已于 11 月 17 日起程，预计一个星期后才能回来；李副总半个月前刚做完一个肠道切除手术，正在休息；公司只有你——周副总（到该公司担任副总不到半个月）在主持工作。上午 8 时你一走进办公室，秘书小吴就将几份今天上午需要处理好的文件摆在你的案头。你必须在 5 分钟之内将所有文件阅读完毕并将处理意见向小吴交代清楚，因为 8:15 时你还要在公司会议室主持一个工作汇报总结会议。正当你阅读文件的时候，小吴又送来一份紧急电话记录。现在请你开始工作。

文件一：

关于参加全区消防工作会议的紧急通知

××公司：

根据市委办公室紧急安排，要求片区内各单位于 11 月 23 日上午 9:30—11:30 在区政府一楼会议室参加全区消防工作会议。各单位负责人必须准时参加，不得无故缺席。

××区政府办公室
11 月 21 日

文件二：

关于全省电视经贸工作会议提前召开的报告

周副总：

原定于 11 月 26 日召开的全省经贸电视工作会议因故改为 11 月 23 日上午 10:30 在省经贸委会议室召开。按原计划您将参加此次会议并就本公司的发展发言 10 分钟。请准时参加。

办公室
11 月 21 日

文件三：

关于接待外商考察团的报告

周副总：

由省经贸委组织的外商考察团将于今天下午到达我公司。根据计划安排，11 月 23 日上午由我公司负责介绍基本情况。届时拟请您主持会议。可否？请阅示。

办公室
11 月 22 日

文件四：

紧急电话记录

大哥：

父因突发心脏病住院，现在市第一医院抢救，望速赶到。

小妹

11 月 22 日 8:02
电话记录：吴××

3．评分标准

（1）有责任心，处事果断，有条理。

（2）全面完成工作任务。

（3）考虑问题系统全面，计划周密，资源配置合理，没有漏洞。

（4）方案的确定有充分依据。

（5）对每种方案实施后可能产生的问题有足够认识，并有备选方案或应对措施。

2．无领导小组讨论

无领导小组讨论是在没有任何组织领导的情况下，即在不指定讨论主持者、不布置议程和要求的情况下，让一组应聘者（通常为 7 人左右）根据一定素材或背景材料对与职务有关的一项典型任务进行自由讨论，如制订一个计划、解决一个问题或提出一项方案等。面试官（人数一般与应聘者对等）通过对应聘者自由讨论的观察，完成对应聘者的评价。

无领导小组讨论主要从以下方面对应聘者进行评价：领导欲望、主动性、说服能力、口头表达能力、自信程度、抵抗压力的能力、经历、人际交往能力等。也可以要求应聘者在讨论完后，写一份讨论记录或会议决议，从中分析应聘者的归纳能力、决策能力、分析能力、综合能力和民主意识等。这种测试方法常用于中高层经营管理人员的选拔录用。

无领导小组讨论的题目设计一般要求难度适中，并且有一定的冲突性，能够引起争论。题目类型一般有开放式问题、两难选择问题、排序问题、操作性问题和资源争夺问题。开放式问题如怎样才能提高下属的积极性，资源争夺问题如怎样让处于同等地位的应聘者就有限的资源进行合理分配等。

无领导小组讨论的实施详见本书第 9 章。

相 关 链 接

如何预防无领导面试中"冷场"现象

为预防无领导小组讨论中的"冷场"现象，面试组织者应采取如下措施。

合理设计讨论题目

首先，面试的组织者应事先对所招聘的岗位进行工作分析，并制作工作描述书，说明相关工作内容及执行此工作任务所需的人员特性，据此编制有针对性的试题。其次，讨论题材尽量简洁并为大家所熟悉，保证讨论的参与度和有效性。题目不要涉及敏感内容，以避免诱发应聘者的防御心理。同时难度要适中，题目若太简单，也就失去了讨论的意义，应聘者会在很短时间内达成一致，剩下的时间则开始"冷场"；若题目太难，则会使应聘者耗费更多的思考时间才能进入状态，无形中加大了压力，可能会导致他们非正常发挥，与平日的行为和状态形成较大反差。再次，题目必须具有冲突性，才能让小组成员展开充分讨论，尽可能多地发言，让面试官看到从一开始小组成员之间意见的分歧和交锋到最后形成一致意见的过程，以便对应聘者进行全面观察和评价。如果使用案例题目，也应结合拟任岗位的特点筛选出难度适中、具有典型性和现实性的案例，并进行加工、整理，对无须公开讨论的琐碎细节则直接删减。最后，检验和修正题目，讨论题目设计好后可以安排应聘者以外的一组相关人员进行测试，检验其是否能达到预期目的，并针对不合适的题目予以及时修正。

恰当安排面试场地

小组讨论的地点通常是一个能容纳较多人的会议室。一个大的会议桌和宽敞的空间是很有必要的，同时面试环境必须安静、明亮。场地布置整体要求朴素庄重、大方得体，避免让人产生压抑感。讨论桌最好按照马蹄形摆放，应聘者之间的距离应适合完成规定的任务，相互之间彼此能看到，便于讨论过程中彼此间的交流。座位安排要能使面试官轻易观察到所有应聘者，不必频繁起身来回走动，以便腾出更多时间来记录应聘者的行为表现；同时，面试官与应聘者之间保持 2 米左右的距离，有助于减轻应聘者的心理压力，让他们能更自然地表现，而不至于导致"冷场"。

科学调配讨论小组

无领导小组面试中每小组人数以 6～10 人为宜。人数少，小组成员之间更容易妥协，较快地达成一致意见，导致面试官难以全面观察每一位应聘者的行为表现并做出客观评价；而人数太多，不仅面试官会应接不暇，小组成员也难以有足够的机会一一展现自己的综合素质，而且可能导致因组内分歧过大，在规定时间内达不成一致意见。因此，分组时要注意遵照两个原则：一是将相同学历层次、相关专业的应聘者分在一组，以利于相互比较，保证相对公平和无障碍沟通；二是尽可能性别均衡，使应聘者能够快速进入讨论角色，也更能以比较放松的心态去思考和表达。

资料来源：陈思诗. 无领导小组面试中的"冷场"现象[J]. 管理观察，2018（2）.

3. 即席发言（模拟演讲）

这是指面试官给应聘者出一个题目，让应聘者稍做准备后按题目要求发言，以便了解其有关的基本素质和潜在能力的一种测评方法。即席发言主要是为了了解应聘者的快速反应能力、理解能力、思维的发散性、语言的表达能力、言谈举止、风度气质等。即席发言的题目往往是做一次动员报告、开一次新闻发布会或在员工联欢会上做祝词等。在即席发言之前，应向应聘者提供有关背景材料。针对具体的岗位或职务，让应聘者发表模拟式的就职演说，也是评价中心经常使用的一种方法。

4. 管理游戏

管理游戏是一种以完成某项"实际任务"为基础的团队模拟活动。通常采用小组形式进行，数名应聘者组合成一个小组，就给定的材料、工具共同完成一项游戏任务，并在任务结束后就某一主题进行讨论交流。在游戏中，每个小组成员各被分配一定的任务，有的游戏还规定了小组成员的角色，不同角色的权限不同，但不管处于什么角色，要完成任务，所有的成员都必须合作。在游戏的过程中，面试官通过观察应聘者在游戏中的行为表现，对预先设计好的某些能力与素质指标进行评价。通过管理游戏，可以考查应聘者的团队协作力、领导力、沟通力、创造力、观察力、学习力、责任担当力等个人能力。

5. 紧张演习

这种方法类似于压力面试法，主要用以了解应聘者应对压力和灵活应变的能力。最初，这种方法在第一次世界大战期间被用于考查新兵在敌后的紧张气氛中如何行动，后来在公务职务紧张演习中得到了应用。例如，挑选警察时将应聘者置于紧张环境中以考查他们如何处理所遇到的紧张问题。这种面试以火烧眉毛的进程、一系列苛刻的问题及不友好的方式推出。这种紧张情境通常是职务的一部分。

5.3.4 评价中心技术的实施

1. 面试官的培训

面试官素质及业务水平的高低，直接影响评价中心测试的效果。评价中心的面试官一般由两方面人员组成：一是企业中有实际经验的管理人员；二是有关专家、学者。面试官培训的主要内容包括：

（1）给出某种行为的定义。

（2）参加一些特别设计的练习，以提高认识行为表现好坏的能力。

（3）向面试官展示一个案例，说明应该怎样记录，必须做哪些笔记。

（4）在一个练习中学习如何观察行为，并如何得到观察的反馈意见。

（5）练习交流观察到的行为信息，以及如何得到完整的信息和如何收集有意义的反馈意见。

（6）参加一次主试模拟讨论，认识行为数据在最后讨论过程中的重要性，认识每一次评分对于测试都是十分重要的。

2. 评价中心技术的实施方法和内容

一次评价中心测评包含多个情景模拟测验，一般使用 4～6 种测试方法来进行，以 6～12 名应聘者、6 名面试官为佳。测评的方法包括结构化面试和心理测评，大部分时间和精力用于完成模拟的工作任务。

3. 形成评价报告

各种评价方法都实施完毕后，每位面试官都要将观察记录进行归类、评估，然后一起对每位应聘者在不同测试练习中的表现进行分析整合，逐一对每项素质维度给出分数，并撰写评价报告，即对应聘者的优势和劣势、潜在能力和发展趋势，以及应聘者是否还需要什么样的能力和经验方能满足既选岗位所明确的条件、要采取何种培训弥补应聘者经验和能力的不足等方面做出评价。

评价报告一般包括被评价者的总体表现、某种形式的结论性评语、对每个标准的解释和评价、未来的培训和发展意义等。具体如下：

（1）个人基本情况。描述个体在各个标准上的表现，一般每个标准占半页到一页。

（2）个体练习表现。分别说明个体在群体练习、一对一练习、独立工作情境中是如何表现的，或与他人是怎样互动的。

（3）优缺点总结。说明被评价者的强项和需要改进之处。

（4）未来的培训和发展。

自 测 题

一、判断题

1. 笔试容易出现"高分低能"现象，使企业得不到真正需要的有能力的人才。（ ）

2．压力面试的目的在于通过提出生硬的、不礼貌的问题故意使应聘者感到不舒服。
（　　）

3．面试与笔试等其他测试方式相比，具有直观、灵活、深入的特点。（　　）

4．评价中心与"培训中心""考试中心"都是地理的概念。（　　）

5．企业多在选拔管理人员时才采用评价中心技术。（　　）

6．无领导小组讨论不需要指定讨论主持者，不布置议程。（　　）

二、单选题

1．以下不属于面试官面试目标的是（　　）。
    A．创造一个融洽的会谈气氛
    B．展现自己的专业知识和工作风范
    C．使应聘者更加清楚地了解单位和招聘岗位的信息
    D．了解应聘者的专业知识、岗位技能和非智力因素

2．下面不属于工作知识测验的是（　　）。
    A．通用知识　　　　B．专业知识　　　　C．心理知识　　　　D．相关知识

3．在应聘人员较多的情况下，为了在短时间内筛选一部分人员，最好采用（　　）。
    A．面试　　　　　　B．笔试　　　　　　C．情景模拟　　　　D．心理测试

4．面试官在面试中根据具体情况随机提问，无固定程式，这种面试方式是（　　）。
    A．结构化面试　　B．半结构化面试　　C．非结构化面试　　D．一对一面试

5．公文处理测验可测评应聘者的（　　）。
    A．团体决策及逻辑思维能力
    B．自身角色的认知能力和自信心
    C．文字表达能力、反应能力、计划协调能力及决策能力
    D．沟通技巧、组织能力及人际关系的敏感度

6．无领导小组讨论法可测评应聘者的（　　）。
    A．团体决策及逻辑思维能力
    B．自身角色的认知能力和自信心
    C．专业知识、技术知识及分析、解决问题的能力
    D．沟通技巧、组织能力、压力处理能力及人际关系的敏感度

三、多选题

1．人员甄选技术主要包括（　　）三项。
    A．笔试　　　　　　B．心理测试　　　　C．面试　　　　　　D．评价中心技术

2．企业花费了大量的时间和精力进行面试，但效果并不理想，其一般原因有（　　）。
    A．面试的程序方面出现问题
    B．应聘者善于伪装，提供了不真实的信息
    C．面试者的主观偏见
    D．背景调查的信息失真

3．面试的缺点主要有（　　）。
    A．耗时长

  B．成本高

  C．有效性和可信度很大程度取决于主面试官的素质、经验和技巧

  D．应聘者容易紧张

4．以下属于评价中心技术的有（　　　）。

  A．无领导小组讨论   B．管理游戏

  C．文件处理练习   D．紧张演习

5．评价中心的评价报告一般包括应聘者的（　　　）。

  A．基本情况   B．优缺点   C．潜在能力   D．总体表现

四、练习与思考

1．请比较笔试和面试技术的优缺点。

2．编制笔试题应注意的基本问题有哪些？

3．简要阐述面试的基本程序。

4．简要分析评价中心技术的优缺点。

5．简要阐述无领导小组讨论的特点。

五、案例分析

  1．某家电公司，一年多来只有两个副总经理，没有总经理，并且未明确哪位副总经理主持工作。企业管理混乱，内耗严重，人心涣散，经营亏损，甚至发不出工资。该企业上级领导曾多次研究领导班子配备问题，但终因意见不一致而未能做出决定。最终，他们决定在全省范围内公开招聘总经理，并请 A 测评公司运用科学的人才测评方法帮助选定总经理。

  经过深入的调查，A 测评公司认为，尽管企业面临的问题比较复杂，但核心问题是内部的管理问题。有效解决内部管理问题是解决其他问题的前提条件。根据这一思路，A 测评公司确立了如下选人标准：

  （1）要有很强的内部组织管理控制能力，注重运用企业制度与规则进行管理，规范企业行为。

  （2）能够敏锐而准确地发现企业存在的问题，思路开阔，考虑问题深刻而务实。

  （3）要有较强的处理人际关系问题的技能技巧，善于驾驭错综复杂的内部关系与人际冲突。

  （4）经营意识较强，经营观念与经营策略正确，能够对市场做出冷静的分析判断，能够准确把握企业经营方向，有一定的市场开拓能力。

  （5）有较强的大局观和社会责任感。

  由于选聘的是总经理，要求又比较严格，根据选人标准，A 测评公司决定使用多种评价方法，全面而深入地对应聘者进行考查。具体评价方法包括：

  （1）笔试测验。测验包括能力测验、动机测验、兴趣测验、MBTI 人格测验、团队角色测验等，用来考查应聘者的基本能力素质和发展潜力、管理者所必备的心理素质、管理行为风格和在日常管理活动中的角色偏向等。

  （2）结构化面试。考查应聘者的经营观念和组织管理意识，并深入考查人际沟通意识与能力。

  （3）评价中心技术。①无领导小组讨论，用于考查应聘者分析处理问题的能力、口头

表达能力、人际沟通意识与能力等。②文件筐处理，用来考查应聘者的时间管理能力、危机处理能力、日常行政能力、授权能力、决策能力等。

整个测试分为三个单元，用时两天。测评用时半天，无领导小组讨论用时半天。经过这两轮筛选，从 7 名候选人中确立 5 名进行结构化面试，历时一天。

最后 A 测评公司写出详细的选拔评价报告，评价出 7 名候选人的差距、优势和不足，并就其中 2 名候选人提出推荐意见：认为 G 先生和 L 先生相对具备更强的岗位胜任力。

G 先生：细致、沉稳，办事注重条理、认真负责；有良好的经营管理意识和能力；分析判断问题视野较宽，关注工作任务的完成，原则性较强；对企业组织管理有一定的认识，但深度不够，基本停留在经验水平上；言语表达和沟通说服能力较弱，人际关系处理技能稍有欠缺，经营决策能力与职位要求尚有距离。

L 先生：思路开阔，自信敢为，热情进取，善于交流沟通；有较强的市场经营意识；分析判断问题视野较宽，不受条条框框的约束，关注各种机会和可能，有较强的成就动力。但缺少实际企业经营和组织管理经验，思考问题不够专注和严谨，在人际方面分散精力过多，而在具体事务的处理方面持久性不够，对基础性工作重视不够，管理决策能力与岗位要求有距离。

该家电公司看过评价和推荐报告后，一致认为评价非常科学并有说服力。公司领导班子和 A 测评公司共同商议后，做出录用决定，决定任用 G 先生为企业的总经理，L 先生为第一副总经理。理由简单地说为：G 先生将有助于抓好企业的内部组织管理；L 先生则可能会在士气和企业经营方面有所作为。

思考题：
（1）上述案例中的人员测评方法可归属为哪几种类型？
（2）结合上述案例讨论人员测评对招聘工作的意义。

2. LH 毕业于国内某著名大学的工商管理学院，获得 MBA 学位。她在报纸上看到某大型跨国公司要招聘一位销售部主管，决定去试一试，以下是她的应聘经历。

"当我到公司的时候，一位小姐友好地将我引到一个房间。房间里有一张椭圆形的会议桌，来参加面试的人都围着这张会议桌坐下。总共有 8 位来应聘的人，应聘不同部门的职位。一会儿，进来几个人，有外国人，也有中国人，估计他们是我们的面试官。其中一位先生代表公司向大家问好，并让房间里的人都做了自我介绍。他们没有发给我们考题，而是拿出一盒积木。还是刚才那位先生向我们介绍了活动的规则，原来是让我们 8 个人一起设计一个公园。我们花了大约一小时的时间建好了一个公园之后，那几位面试官问了我们一些问题。这个'节目'就算结束了。休息了一会儿后，他们给我们发了一些题本，里面的题目有图形的，也有文字的，好像是一些心理测验。上午的时间就这样过去了。午饭之后，一个外国人和一个中国人一起对我进行了面试，然后又让我做了一些测验。这个测验与上午的不同，我被安排在一个单独的小房间里，面试官在一个文件袋里装了一大堆各式各样的文件给了我，我被假设成为一个公司的代理总经理，批阅这些文件。在我批阅文件的过程中，有一个莫名其妙的'顾客'闯进来投诉。我想，这下糟了，本来批阅文件的时间就很紧张，我快要无法完成作业了。总算把那个难缠的顾客打发走了，我继续批阅那些文件。就在我快要批阅完那些文件的时候，一个工作人员进来递给我一张纸条，上面说要求我作为这家公司的总经理候选人参加竞选，竞选将在 10 分钟后开始，我必须根据文件中得到的关于公司的信息做出一个 3～5 分钟的竞选演说，于是我又匆忙准备这个竞选演说。10 分钟后，工作人员带我到另外一个房间，面试官们已经在那里坐好了。我就按照自己准备的内容做了演讲。紧张而有趣的一天就这样结束了。"

思考题：

（1）上述案例中，该跨国公司在甄选过程中采用了哪些测试方式？

（2）结合案例分析，说说这些测试分别考查了应聘者哪些方面的素质。

第6章
其他甄选活动与组织

越来越多的企业正在实施"走出去"战略：在全省、全国，甚至境外设立办事处、分公司、子公司。"天高皇帝远""将在外，军令有所不受"，如果想让外地分支机构发挥预期的作用，外派经理的选拔就成了重中之重。

关于外派经理的选拔标准，不同企业高管结合企业实际情况给出了相应的标准。

某工程机械营销公司总经理

我们选拔外派经理的标准很清晰，要求年龄在25～45岁，身体健康，五官端正，大专以上文化程度，家室稳定。所要具备的素质：忠诚于企业；有较强的进取意识及工作责任心；通晓产品经营、社会学、心理学、经济学、法律、财务等方面的知识；业务能力较强；思维敏捷，善于与人沟通合作；具备一定的书面表达能力。

某建设集团有限公司副总

我们集团公司选拔外派经理是按照"德、能、勤、绩、廉"五字标准进行考核的。"德"，指作为一名外派经理必须具备较高的思想觉悟和良好的职业道德，能坚持按照原则办事，贯彻执行集团的经营方针，高度认同企业文化。"能"，指外派经理要有很强的影响力、号召力和凝聚力，能任人唯贤、知人善任、团结同志、眼光超前，会精于激励、敢于授权、善于协调和勇于实验。"勤"，指外派经理因为要面对新市场的开发，是创新活动的倡导者、组织者和推动者，所以必须勤于思考。"绩"，指外派经理要能为企业创造一定的业绩。"廉"，其实是属于"德"的，因为外派经理主要在外地工作，对财务有一定的权限，所以在这方面要有特别的要求。

某工程有限公司副总

我们选拔外派经理有三个标准。第一，专业知识扎实，这样在进行销售时才能更好地介绍产品知识，赢得客户信任。第二，职业操守良好。企业选派员工到外地开展业务，代表的是企业的形象，因此要选拔具有职业操守的人才能保证企业的利益。第三，要有正确的思维模式，能按照企业的规划开展业务，还要具备上进心、有创业的魄力。因此，能成为外派经理的人选要符合一个乘法公式，即较强的工作愿望×科学的工作方法×较强的行动力，这三条缺一不可，缺少任何一点都很难承担这个岗位的工作。

某集团有限公司营销总监

企业外派经理要符合"四有"标准。第一，有德。品质好的人才能踏实做好工作。第二，有专业知识，包括产品知识、行业知识，还要了解派遣地的风俗习惯及所在国家的风土人情。第三，有管理知识。只有具备一定的管理知识，才能带领团队更好地开拓新市场，保证业绩，做好客户维护。第四，有信心。外派经理要有魄力，成为办事处其他员工的榜样，才能管理好办事处的员工。我们在实际工作中发现，能符合"四有"标准的人才，一般最少要有四年的工作经验，这也成为我们选拔企业外派经理的要求之一。

思考

（1）根据上述材料，请对各公司外派经理的选拔标准予以评价。
（2）你认为外派经理选拔应侧重哪些因素？

本章学习目标

1. 重点掌握人才库的含义及作用。
2. 掌握人才库建设甄选的程序。
3. 重点掌握人员外派甄选的含义。
4. 了解人员外派甄选的目的及素质要求。
5. 掌握人员外派甄选的程序及方法。
6. 掌握人员评优甄选的含义及原则。
7. 了解人员评优甄选的内容及方法。
8. 了解人员评优甄选的程序。

学习导航

第6章 其他甄选活动与组织

6.1 人才库建设甄选
6.1.1 人才库的含义及作用
6.1.2 人才库建设甄选的程序与注意事项

6.2 人员外派甄选
6.2.1 人员外派甄选的含义
6.2.2 人员外派甄选的内容与方法
6.2.3 人员外派甄选的程序

6.3 人员评优甄选
6.3.1 人员评优甄选的含义及原则
6.3.2 人员评优甄选的内容与方法
6.3.3 人员评优甄选的程序

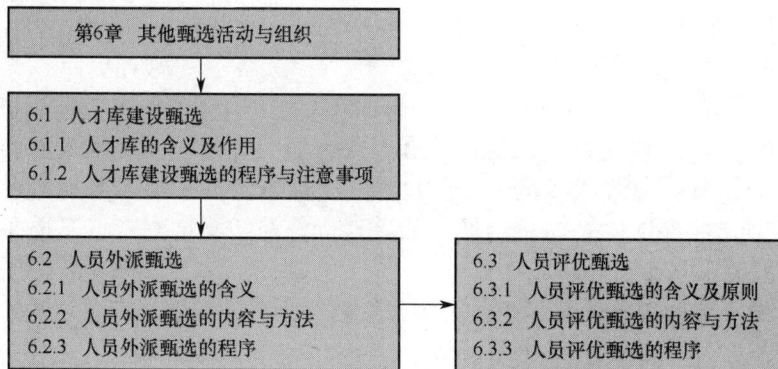

一般而言，作为人员招聘的主要环节，甄选在为企业挑选岗位合适的人员上发挥着重要作用。然而，甄选在企业管理中的作用不限于此，它在企业人才储备、员工晋升、员工能力开发、员工奖惩、员工外派等方面都发挥着重要作用。甄选可分为人才库建设甄选、人员外派甄选、人员评优甄选等类型。本章将对这三种甄选类型展开分析。

6.1 人才库建设甄选

人才是企业成败的关键因素，这已成为共识。出于长远发展战略考虑，以及由于当前人才的激烈竞争，人才库作为人才储存和储备的资源库备受企业青睐。各企业也都纷纷建立人才库。人才库建设的关键在于如何选出人才，即本节将要讨论的内容——人才库建设甄选。

6.1.1 人才库的含义及作用

1. 人才库的含义

人才库，简而言之，是人才的资料或档案的储存之地，然而又不是简单的资料储存之地。企业人才库的资料是通过对每个人进行评估分析后储存进去的，是为企业长远发展目标做准备的。所以，人才库瞄准的人才，特别是管理人才，一般都符合业务好、能力强、有丰富的经验三个要求。

2. 人才库的类别

人才库按不同的标准可划分为不同的类型。

（1）按人才的来源划分，企业人才库一般包括内部人才库和外部人才库。

内部人才库记录了企业内部每位员工在教育、培训、经验、技能、绩效、职业生涯规划等方面的信息，并且这些信息会随着员工的自身发展而不断更新，用人部门和人力资源部可以在人才库里找到合适的人补充职位空缺。外部人才库则是企业利用各种机会面向社会吸引对公司有兴趣的各类人才加入公司人才库，以备不时之需。

外部人才库包括以下几类人才：①疑才，即表面看来似乎有很好的技能，但有待进一步评估的人；②潜才，即已通过基本评估且被确定为符合公司需求的人；③引荐人才者，即可以举贤荐能，帮助公司找到其他目标人选或进一步评估公司看中的疑才或潜才的人；④候选人，即对公司有兴趣并递交了求职书的人；⑤入围者，即入围最终候选名单的候选人（也可归为虽然当前没有拿到录用通知，但日后可以为公司工作的后备人选）；⑥录用的入围者，即发出录用通知的入围者；⑦客户，所有求职者都很可能成为（或成为）公司的客户或引荐人才者；⑧未来可能成为招聘对象的出局者，这些人之所以在招聘过程中被淘汰，可能只是因为当时有人比他们更优秀，或者因为他们当时技能不够或经验不足，应该把这类人视为未来经过培训，随着经验积累，可能符合公司要求的后备人选，包括曾拒绝接受公司录用通知的人，以及在招聘过程中自己选择退出的高资历人才。

（2）按入库人才的层级划分，企业人才库主要分为三个层级，即高层人才库、中层人才库和基层人才库，也就是人才梯队。

（3）按入库人才的专业划分。企业普遍都会建立专业人才库。专业人才库是企业按专业建立的人才库。专业人才是指在不同的工作岗位上，具有丰富的专业知识、较强的开拓创新意识、突出的专业技能和实际工作能力的人，如企业将内部专业人才划分为综合管理类专业人才、法规类专业人才、计算机技术类专业人才、财会管理类专业人才等。

3．人才库的作用

人才库是招聘的一个重要资源库。好比水库，一般情况下，水库建得越大，水资源就越丰富，用途就越大。人才库也一样，人才库建得越大、越完善，招聘工作也就越系统、越有效。人才库的作用表现在如下几个方面。

（1）帮助企业有序安排职位更替和及时填补职位空缺。法国液气公司的人才库建设能够帮助企业制订关键职位接班人计划，公司每隔一年半就要对其"战略职位"进行综合考查，并会排列出六人作为接班人。

（2）帮助企业把好人员任命关，识别核心员工。通过系统的考查评估，更准确地判断人员素质与能力是否与新岗位匹配，以降低用人成本；通过人才库数据收集与整理分析，识别出公司未来发展所需的核心员工，重点做好相关工作，控制核心员工流动率。

（3）帮助企业有效激励员工。人才库的梯级设计为员工提供了一个能上能下的平台。对进入人才库的员工来说，他们可以看到职业发展的空间，便于规划个人职业生涯；对现任员工来说，他们会意识到有新生力量不断成长可以接替自己，所以必须表现出更优秀的业绩以保护自己当前的地位。

（4）减少招聘成本，同时提高企业本身的管理能力、后续的培训计划执行能力及企业知名度。

（5）促使企业将培训和个人的职业发展结合起来，搭建员工个性化发展平台。

4．人才库建设的基本流程

人才库建设的基本流程：第一步，确定入库的条件；第二步，进行资格审查、筛选；第三步，进行在库人才培养（培养方式如系统培训、岗前培训、轮岗培训、读书活动、项目研究等），并确定人才出库条件；第四步，人才出库后的使用和跟踪。

相 关 链 接

赛马与相马相结合的人才库

将人才库建设体系与内部晋升通道相衔接（见图 6-1），通过人才库选拔人才，让人才接受挑战，同时看到职业发展的空间、机会和希望，这样则是赛马与相马完美的结合。

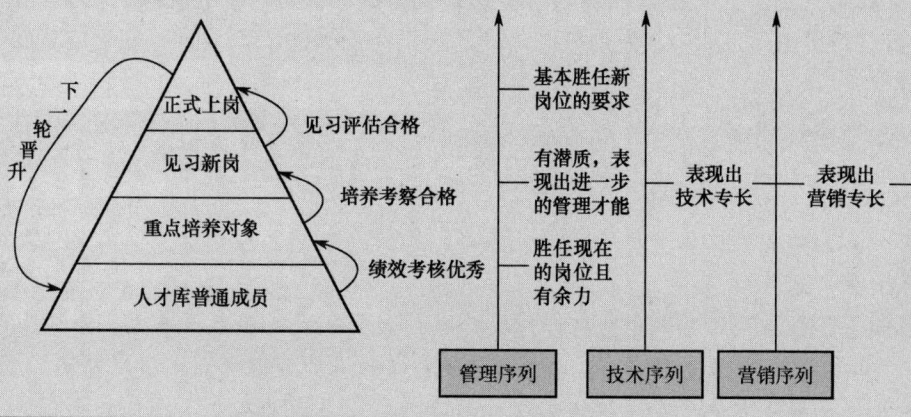

图 6-1　人才库建设体系与内部晋升通道

6.1.2　人才库建设甄选的程序与注意事项

人才库建设的过程，是从企业未来的发展目标出发，对企业人才现状进行科学深入分析，以及对入库人才进行甄选的过程。

1. 人才库建设甄选的程序

（1）对企业人才现状进行科学深入分析。明确企业人才的层次、数量、结构特征，以及每个人才的业绩、特长、性格、家庭等信息，并对信息进行必要的分析和加工，确保信息的全面性和统一性，在此基础上做出全年招聘计划表。

（2）人才库划分和入库资格设定。企业人才库按层次一般划分为高层人才库、中层人才库和基层人才库，也就是人才梯队。此外，企业还专门构建专业人才库和储备人才库。每个人才库的入库资格根据各人才库的人才层级、专业等进行确定。

（3）对候选人进行综合评价。根据入选标准，对候选人进行综合评价，以决定其进入哪个人才库，或是否有机会被纳入职位更替的备选队伍中。评价的方法包括面谈、测验、评价中心技术、推荐等。评价的周期为，在职员工原则上每半年进行一次，为企业三层梯队储备、选拔人才。对基层工作人员每季度沟通一次，了解其思想状况，并及时将企业最新情况告知他们，做好思想安抚工作。

（4）将入选人员纳入各个层次的人才库中。根据人才综合素质的高低调整岗位，进行纵向或横向的变动。纵向变动指从基层人才库中选拔表现优异、综合素质较好的员工，将其资料调入人才中转站，在中高层人才库有需求时，将其资料调入，作为备选人才；横向变动指根据评价结果对员工进行平行岗位的变动，对人才库中的个人资料做出相应调整。

（5）人才库建设过程中的动态调整。人才库是一个动态库，同一个员工在企业发展的不同时期可能适合不同的岗位，需要适时提拔或换岗；而每个岗位有人员变动时，必须有适合的备选人员迅速补上；每个月必须补充新信息至储备人才库，选择更合适的储备人员，保证人才无断层。也就是说，企业的人才梯队、人才储备需要不断补充，提拔有潜力、有能力的员工，以适应企业不断发展的人才需求。

当有岗位调动时，本着内部员工优先的原则，将企业内部表现优异、有发展潜力的员工与外部新聘人选一并考核，在各项考核结果类似的情况下，优先提拔内部员工，从而使在职人员看到自己在企业中的发展空间，调动其工作积极性。

相关链接

某集团公司专业人才库人员选拔办法与程序

第一条　专业人才库建设由集团人力资源部统一规划，牵头抓总，有关业务单位归口具体组织实施。

第二条　专业人才库人才由公开选拔产生，初次选拔数量为各专业人员总数的 20%左右，具体选拔数量由集团人力资源部和各业务单位人力资源部共同研究确定。

第三条　专业人才库人员按规定程序可参加其他类专业人才库人员的选拔，并可同时申报两类以上专业人才库人员的选拔。

第四条　专业人才选拔不受身份、职务、学历等限制，采取个人报名、所在单位审核、业务考试、业绩评审等办法，按规定程序选拔产生。

（一）个人报名。根据各类专业人才库人员的资格条件，由个人进行自荐报名。报名材料包括工作业绩、科研成果、调研报告和奖励等能够证明个人业绩突出的材料。

（二）所在单位审核。所在单位组织对报名人员提交的材料实事求是地进行审核，并提出评价意见。

（三）业务考试。主要考核本职工作所需的基础知识、专业知识和业务技能。根据业务考试成绩，按照 1 : 1.5 的比例进入下一环节。

（四）业绩评审。采取评审委员会评审的办法，由集团有关部门吸收相关专业人员，成立评审委员会。评审委员会由 7 名评委组成，评委对参与选拔的人员提供的材料进行客观公正的评审，评审完毕后打出各自的分数，去掉一个最高分和一个最低分后，按照算术平均法得出成绩，确定专业人才库入围人员名单。

（五）集团总部对专业人才库的入围人员进行进一步研究，确定进入专业人才库的人员。

（六）公示。对确定进入专业人才库的人员，在所在单位进行公示，公示期为 7 个工作日。

（七）确定人选。公示期内无问题的，纳入集团专业人才库管理，并颁发证书。公示期间因个人原因而未能进入专业人才库的，不再递补。

2. 人才库建设甄选中的注意事项

（1）建立人才招聘和人才分类系统，并有效运用。使用人才招聘系统有助于将应聘者的应聘信息直接存入企业人才信息数据库中的候选人才档案中。若应聘者面试合格，则系统将其资料转入相应的人才库；若面试没有通过，则系统会从候选人才档案中将其信息删除。人才分类系统可以将企业高层、中层、基层或储备、专业技术人才库里的人才资料，按照一定的标准进行库与库之间的自由转存操作。

（2）招聘优秀人才和招聘普通员工不可混为一谈。普通员工是在有切实的职位需求时才去招聘，优秀人才则不同。真正懂得唯才是用的企业，即使在没有职位空缺的时期，仍会对出类拔萃的人才敞开大门。

（3）人才库的建设不只是一个行政或人事问题。单凭人事部门是无法承担起人才培养的重任的，高层领导必须在这方面投入相当精力，根据企业发展规划，做出相应指示，由人事部门负责实施。

（4）要有长远的战略思考和规划，根据企业的战略需求培养相应人才。

（5）建立员工调查、测评机制，鼓励优秀员工毛遂自荐或相互推荐，挑战更高职位。

如果企业希望建立一支合格的人才梯队，在需要用人的时候永远有合适的人选，就必须明确企业现阶段及未来所需的人才种类，合理地从社会和企业内部予以引进、培养和储备，并定期对企业已聘人员进行评估和管理，调整、安排好人才的职务，提拔有实力的员工，确保他们是工作在最适合自己的职位上的，从而发挥其最大潜力。

华为的干部选拔程序

华为在干部选拔过程中采用三权分立的方式。这三个权利是，建议权、评议权和审核权、否决权和弹劾权。准确来说，第一个权利叫建议权与建议否决权，第二个权利叫评议权和审核权，第三个权利叫否决权和弹劾权。实际上，华为把干部选拔过程中的这三项权利分别交由不同的组织进行行使，相互制衡。

建议权

建议权由负责日常直接管辖的组织来行使。也就是说，如果某一干部属于某一个BU，那么就由这个BU的AT组织，即行政管理团队来行使建议权。

ST 组织也叫经营管理团队，它是由组织常设的这些部门的一把手共同组成的，所以它是跟岗位、角色直接相关的。比如，中国地区部的ST是由中国地区部所有的一级部门的一把手共同组成的，他们开展工作、进行决策，主要是针对业务活动、业务事项的。

AT组织的成员是从ST中进行选拔的，不是说所有部门的一把手都可以进入AT，而是挑选其中在人员管理方面具有较强能力和丰富经验的人来组成。AT的职权范围是对所有跟人的评价相关的工作行使权利，如干部的选拔评议、绩效考核、调薪、股权发放等。

建议权由日常直接管辖组织的AT来行使，而对处于举证组织里面的这些部门来讲，是由其举证的另一方来行使建议否决权的。

评议权和审核权

评议权由促进公司成长过程中能力建设与提升的组织来行使，也就是由华为大学来行使。

审核权由代表日常行政管辖的上级组织来行使，也就是由建议权行使的组织的上级部门来行使。

否决权和弹劾权

否决权和弹劾权由代表公司全流程运作要求、全局性经营利益和长期发展的组织来行使，实际上就是由党委来行使。

党委在干部选拔任命的过程中行使否决权，在干部日常管理的过程中行使弹劾权。行使否决权和弹劾权都是要有基础和依据的，也就是在这个过程中由各级员工的举报到经过调查核实，查实确实是这名干部有问题时才可以行使。

资料来源：王玲. 正和岛商学院.

6.2 人员外派甄选

6.2.1 人员外派甄选的含义

人员外派是指公司出于区域市场的业务拓展或项目研发等目的而派遣总部人员入驻相应地区工作的活动。人员外派甄选是指企业运用科学的甄选技术和方法，对人员的知识、能力、个性和动机等素质进行客观、系统的测量，以挑选出与外派岗位的工作要求相符的人选。

6.2.2　人员外派甄选的内容与方法

1．人员外派甄选的内容

外派人员在子公司或分公司的发展、公司内部和公司之间的协调、知识和补充能力的转换，以及公司竞争优势的形成中都扮演着重要的角色。由于远离总部及工作环境的复杂性，这些人员要求具有更强的职业能力和职业素质。

下面以跨国外派经理的素质要求为例，说明人员外派甄选的内容。

国际人力资源管理专家提出外派经理成功的关键因素，包括职业/技术能力、交际能力、国际任职动力、家庭状况和语言技能五大方面。具体的素质要求和选拔方法如表 6-1 所示。这些因素由于目的地（外派地区）、外派期限的不同，其重要程度也不一样。例如，短期任职的选拔标准通常主要强调技术与专业能力；长期任职的选拔标准则不仅强调专业能力，更强调文化适应能力、家庭状况和语言沟通能力。对于文化差异很大的国家的选派，更需要强调家庭因素、交际能力和语言能力。又如，一些工作需要与东道国雇员（如下属、供应商、顾客、合资伙伴）进行更多交流，在这种情况下，交际能力及对东道国语言和文化的了解就变得更为重要。

表 6-1　跨国外派经理的素质要求与选拔方法

成　功　因　素		选　拔　方　法					
		面试	标准化测试	评估中心技术	个人资料审查	工作样本分析	推荐
职业/技术能力	技术技能	√	√		√	√	√
	行政技能	√		√	√	√	
	领导技能	√		√			
交际能力	沟通能力	√		√			
	文化容忍力、接受力	√		√			
	对模棱两可的容忍度	√		√			
	适应能力	√		√			√
国际任职动力	愿意接受外派的程度	√			√		
	对派遣地区文化的兴趣	√					
	对国际任务的责任感	√					
	与职业发展阶段的吻合性	√			√		√
家庭状况	配偶愿意到国外生活	√					
	配偶的交际能力	√	√	√			
	配偶的职业目标	√					
	子女的教育要求	√					
语言技能	当地语言的沟通能力	√	√	√	√		√

相 关 链 接

华为的人员外派选拔标准与外派认证

一、外派选拔标准

在外派标准方面，华为一般采用自荐或部门推荐提名的方式，主要有以下几个门槛条件：

1. 认同公司核心价值观。

2. 在总部工作 3 年及以上（小语种优秀应届生除外）。

3. 在当前岗位上工作超过 1 年。

4. 绩效优良。原则上绩效必须在 B 以上（华为绩效分为 A、B+、B、C、D）。

5. 英语/当地语言水平过关。语言是一个硬条件，英语必须过关，如果英语没有达到托业 650 分以上，是没有资格获得外派的。

二、外派认证

华为的外派认证有英语认证、思想认证和技能认证三大关卡。

英语认证分为笔试和口语。英语专业和小语种专业的员工，有绿色通道，可以免英语认证。

思想认证的主要目的是帮助外派员工坚定信念，做好去海外艰苦奋斗的思想准备，同时帮助他们提高外派适应性。思想认证的内容包含核心价值观学习研讨，网络安全学习，法律法规（课程名）、从压力到活力（课程名）、跨文化适应（课程名）培训，优秀员工座谈（邀请有过跌宕起伏的海外工作经历者进行座谈），团队体验活动等。

技能认证主要是指员工自行完成外派岗位的应知应会学习，并在有人监考的情况下完成"应知应会"考试并取得合格的成绩。

资料来源：黄渊明. 海外人力资源管理：帮企业成功"走出去"[M]. 云南科学技术出版社出版，2021.

2. 人员外派甄选的方法

外派人员的甄选比企业国内人员的甄选复杂得多，需要考查候选人的语言水平（英语或当地语言水平）、业务能力与经验等硬性条件，还要考查候选人的软性条件，如价值观、沟通能力、交际能力、文化适应能力、文化敏感度与融入度等。其中，候选人的价值观、国际任职动力等素质的考查更是外派成功的关键。企业为此需要综合运用不同的选拔方法，对外派候选人进行全方面的甄选，特别是候选人素质"冰山下半部分"的要求。最常见的选拔方法有面试、标准化测试、评估中心技术、个人资料审查、工作样本分析和推荐等。

面试是最常用也是最快捷的方法，它是基于外派岗位的任职要求，面对面提问，判断候选人是否符合要求并预测其未来的选拔方法。标准化测试是通过专用的测评软件来测评候选人的智力、技能等基本素质的一种方法。评估中心技术是发现与开发人才的科学评价工具。在外派人员甄选中，评估中心技术用于测试候选人解决模拟管理问题的能力，包括无领导小组讨论、文件筐处理、管理游戏等技术，相对较复杂，但信度和效度较高。个人资料审查是最简单的方式，它通过审查现有的档案资料来对候选人进行挑选，这种方式一般用于选拔的初步筛选。工作样本分析是向候选人布置一项或若干工作任务，要求其在一定时间内完成，观察者对候选人完成任务的行为过程和行为结果进行观察和评估，以此考查候选人是否具有外派所需的素质。推荐是根据外派对候选人的素质要求，由他人推荐企业内部或外部合适人选的方法。另外，家庭访谈对于外派人员，尤其是高级外派人员的甄选也非常重要，因为通过家访的方式可以了解候选人的家庭生活方式和互动模式，判断家庭对外派人员的影响。

6.2.3　人员外派甄选的程序

人员外派甄选需要一套连续、规范的选拔程序和完善的选拔方法，并确保选拔过程是严谨和周密的，以便在面临外派人员职位更替或空缺时，人员选拔能够有序且有效地进行。

要规范外派人员的选拔过程，首先需要建立一套循序渐进的选拔程序。下面以人员跨国外派为例，说明外派甄选程序，如图 6-2 所示。

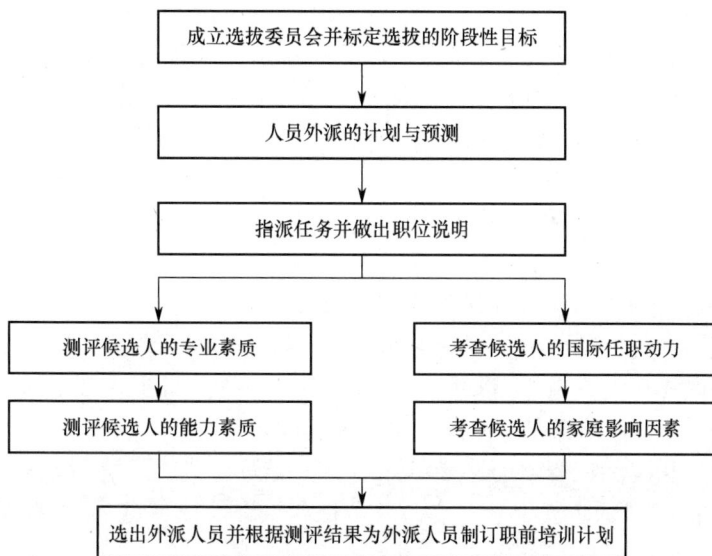

图 6-2　人员外派甄选程序

（1）成立选拔委员会并标定选拔的阶段性目标。成立选拔委员会，确定谁将参与真正的选拔决策是这一步骤的主要任务。选拔委员会的成员构成十分重要，因为这关系到整个选拔质量的高低。理想的选拔委员会成员需要自身具有丰富的国际工作经历，以帮助候选人把握取得国外指派成功所需的关键素质，并确保候选人对这些素质给予足够的重视。人员外派选拔，特别是外派经理的选拔，需要一支由国际人力资源专家、心理学专家、跨国公司中具有丰富国际工作经验的高层管理者和人力资源经理等专业人士组成的选拔委员会。另外，选拔的每个阶段性目标都需要清楚表达，以确保能满足全球指派的需要和能按时、按质、按量完成选拔。

（2）人员外派的计划与预测。为了保证选拔过程的严谨性和周密性，对人员外派职位更替和空缺时出现的时间敏感性应该有所准备。最好的准备方法是做好人员外派的计划与预测。有价值的外派计划应当既具有外部一致性，又具有内部一致性。外部一致性是指外派计划应当同企业的整体战略计划相配合；内部一致性是指外派计划应当同所有其他的人事功能（如招聘、培训、工作分析等）计划相一致或相协调。

外派计划一般包括三个方面的预测：人员外派需求预测、外部候选人供给预测、内部候选人供给预测。准确的需求预测来源于对公司海外拓展计划的准确把握和对已经任职于海外的外派人员的工作业绩及情绪心态的及时跟踪与了解。这里需要强调的是对外派候选人来源的发掘。由于大多数跨国公司都倾向于从内部挑选外派经理，即使企业没有足够的内部候选人可供挑选，也往往会任用一些并不十分合适、只是勉强可用的内部人员。排除从外部招聘合格外派经理的可能性，大大降低了全球指派的质量。因此，许多外派经理的选拔由于没有包括尽可能多的潜在候选人来源而达不到理想的效果，最容易忽视的一个来源是任职于海外的外部候选人。然而，在众多案例中，任职于海外的外部候选人在海外指派中都有不俗的表现。外部候选人的招聘有多种渠道，包括广告、猎头公司和内部人员推荐等。

（3）指派任务并做出职位说明。即分析指派的主要任务、工作性质和工作环境，并据此规定胜任工作所必须具备的素质。指派任务的不同会直接导致对外派人员素质要求的不同；母国和东道国环境的差异、东道国子公司或分公司内部环境的特征等也会对外派人员的素质要求有所影响。因此，选拔委员会应对两国环境的差异及子公司或分公司内部环境的特征进行深入了解和研究：着重从母国和东道国的经济发展水平、文化差异、行业特征、两国的竞争性质/类型和政府法律法规等几个方面了解候选人的工作环境；着重从国外组织的所有权、经营的自主水平、总公司对该公司的控制水平、政策和过程的一致性程度、外派人员职位在公司中所处的层次等几个方面了解候选人的子公司或分公司的内部环境。

（4）考查候选人的素质和国际任职动力。候选人的素质主要包括专业素质及语言、交际等能力素质。国际任职动力涉及候选人个人与家庭的影响因素。个人影响因素包括任职意愿、对派遣地区文化的兴趣、对国际任务的责任感、个人职业发展等因素；家庭影响因素包括家庭成员国外生活的意愿、工作、学习等因素。

对候选人素质和国际任职动力进行测评的方法有面谈、申请表、背景调查、推荐信核查、心理测验、标准测试（关于认知能力、个性和兴趣、成就）、工作样本、评价中心技术，以及小型工作培训和评价等。

在测评的过程中，选拔委员会的各位专家应全程观察和辅导候选人，并对每个候选人的每个测试指标给出自己的意见，然后依据评价方法，对所有专家的评价进行综合，给出对每个候选人的综合评价。

（5）选出外派人员并根据测评结果为外派人员制订职前培训计划。外派人员的甄选是外派成功与否的基础，外派人员的培训与后续的管理和支持则是外派成功的关键。选好了外派人员，并不是说他就具备了驻外工作所应有的全部知识和技能。为了帮助外派人员及其家属顺利克服跨文化冲突所带来的种种困难，使其尽早进入最佳的工作状态，充分的培训是必不可少的。培训的方式依据外派人员及其家庭成员的具体特点、东道国环境的特点、外派目的及期限，以及公司条件的不同而不同。主要的培训方式有阅读背景资料、看录像、授课、与有经验的经理座谈、角色模拟、案例讨论、去东道国实地考察等。

6.3　人员评优甄选

6.3.1　人员评优甄选的含义及原则

1. 人员评优甄选的含义

人员评优是指企业评选优秀的、先进的、在岗位上有突出贡献的人员或团队，并进行表扬和奖励。这就涉及通常所说的"评优活动或评奖活动"，即在人员评优之前对优秀人员进行识别和评选。

评优活动对所有企业来说都是非常重要的和必不可少的，是企业奖励机制的进一步完善。评优活动的举办不但能够激发员工的积极性和创造性，而且有助于培养员工的责任感、忠诚度、敬业精神和团队精神，增强企业凝聚力，更重要的是能够营造一种竞相争优、奋发向上的氛围。

评优活动作为奖励机制的一部分，也被企业从制度上形成相应的管理办法来定期实施。评选的周期一般有季度/次、半年/次、一年/次，所以评选和表彰活动一般被安排在年初、年中或年末进行。奖励项目和奖励力度根据企业所处行业、性质、规模和经营状况的不同而定。例如，某公司设立的个人奖项有优秀管理者、优秀营业员、优秀客户经理、优秀客服代表、优秀社区经理、优秀技术人才、优秀服务支撑人才、优秀工作者等，优秀团队奖项有突出贡献奖和创业功勋奖等。

2. 人员评优甄选必须遵循的原则

（1）客观公正原则。坚持客观公正的原则，杜绝主观臆断、片面评定的做法，是评选能否取得成功的关键。

（2）公开原则。在评奖之前，评选的奖项、标准、方法及评选日期等都应该在公司内部预先公布；在评选结束后，评选结果也要公布于众。

（3）民主评选原则。评选活动的开展首先应保证企业全员参与，其次应坚持领导评议和群众评议相结合的方法，避免不必要的偏见和个人情感因素的影响。

6.3.2　人员评优甄选的内容与方法

1. 人员评优甄选的内容

人员评优甄选是对优秀人员的评选。什么样的员工是优秀的员工，企业应从哪些方面考查员工，不同企业会根据其特设的奖项确定相应的评选条件，即确定人员评优甄选所要考查的主要内容。

评优、评奖活动有基本条件（通用标准）和各个奖项的特殊条件（个性标准）。有些企业在评选条件中还设置了否决条件。基本条件相对而言较低，通常要求在政治素质、职业道德、工作态度和工作业绩等方面符合常规的评选条件。例如，《某公司年度优秀员工及优秀团队评选和奖励办法》中关于参评优秀员工必须具备的基本条件为，政治素质好，认同公司核心价值观和企业文化，对企业忠诚；遵纪守法，维护社会公德和职业道德，遵守公司各项规章制度；热爱本职工作，吃苦耐劳，上进心、事业心和责任心强，具有良好的敬业精神和团结协作精神；有较好的自我学习能力，能够不断提高自身素质；无违法违纪行为，全年病、事假累计不超过 10 天。

各个奖项的特殊评选标准相对基本条件而言要求较高，并且根据工作性质、级别、难易程度不同而不同。

🔁 相 关 链 接

《某公司年度优秀员工及优秀团队评选和奖励办法》
中关于优秀客户经理的评选标准

- 实现业务收入稳步增长，所负责的客户业务收入同期增长率高于本地业务收入增长率，增长率≥8%。

- 以提高客户满意度和忠诚度为目标，重视客户价值分析及评估，与后端支撑部门紧密配合，完善、推行差异化的服务体系。客户满意度≥85分。无客户有理由投诉。
- 具有较强的客户关系保持能力、市场应变能力、有效应对竞争的能力，以及一定的营销策划和解决方案制定能力。对市场动态、行业动态、客户动态具有较高的敏感度，营销服务有创新，工作业绩突出。客户流失率≤1%。
- 善于抓住、挖掘市场机会，积极实施拓展转型。
- 积极配合建设跨区域客户营销服务经理虚拟团队，重视交流、沟通，在规范与深化"一站式服务""零距离""零中断""零时延""零偏差"的服务品牌和影响力方面有所创新，并带来显著效益。

2. 人员评优甄选的方法

评优甄选的过程中包含不同的甄选方法，这些方法在评优甄选的不同环节有不同的表现。企业开始评优活动：发布评选信息后，员工通过自我推荐或他人推荐（包括其他员工推荐、部门推荐、领导推荐等）的方法积极参与；企业人力资源部再通过个人资料审查、知识或技能测试等方法从参与者中确定新一轮的候选人；评优小组进一步对新一轮的候选人进行个人资料审查、测试和面谈，同时对这轮候选人进行民主评议；最后对入选的候选人通过公示的方式予以最终确定。

6.3.3 人员评优甄选的程序

企业根据全员参与、择优评选的原则，开展优秀人员评选活动，并形成评优专项奖励制度或管理办法。人员评优甄选的程序如图6-3所示。

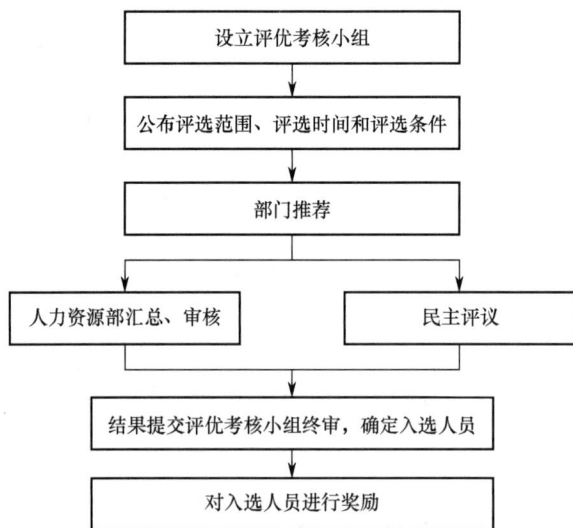

图6-3 人员评优甄选的程序

1. 设立评优考核小组

评优考核小组，也称奖励评审小组，主要负责优秀人员、优秀团队的评选和奖励评定工作，具体涉及评价奖励制度或管理办法的提议、审核，优秀人员、优秀团队的评选考核，以及对入选人员进行表彰和奖励等。评优考核小组一般由公司的中高层管理人员组成，如公司总经理、副总经理及各部门经理。

2. 公布评选范围、评选时间和评选条件

评选范围、评选时间和评选条件应提前在企业内部予以公布。评选范围应遵循全员参与原则，面向全体员工，选择在日常工作中各方面表现突出的员工或团队。优秀团队以部门或项目为单位，在公司范围内评选若干优秀团队；优秀个人以个人为单位，在公司范围内评选若干优秀员工。评选时间为评选的起止时间。评选条件，即评优标准比较关键，并要求评选过程中遵循择优评选原则。

3. 部门推荐

优秀员工或团队可自我推荐或由他人推荐至部门，再由部门根据评优条件向评优考核小组推荐，填写推荐表，指明团队和个人的优秀或突出事项。

4. 人力资源部汇总、审核

人力资源部汇总部门推荐信息，并根据评优标准予以审核。除此之外，人力资源部还需承担评优奖励制度的制定、解释、修订等工作，以及人事权限范围内的奖励工作。

5. 民主评议

评优活动应遵循民主评选原则，不仅民主参与评选活动，而且民主参与评议，即由群众评议候选人选。人力资源部制定民主评议表，下发并指导填写、汇总、分析结果，将此作为候选人员的部分成绩。

6. 结果提交评优考核小组终审，确定入选人员

人力资源部将审核结果、民主评议结果提交评优考核小组审核，由评优考核小组共同考核、商讨，最终确定入选人员。

7. 对入选人员进行奖励

一般对年度优秀员工和团队给予精神奖励和物质激励，如颁发荣誉证书、奖章，给予荣誉称号、奖金、提升职位等。大多企业在企业内部开展公开的评优活动，对优秀人员或团队予以表扬和奖励，激发入选人员的工作积极性，同时对其他员工起到积极的示范和导向作用。

相关链接

某公司优秀员工评选方案

为了弘扬我公司的企业精神，展现我公司优秀员工的风采，形成人人争当先进、人人为公司的发展争做贡献的良好氛围，公司决定今后每年开展评选"优秀员工"的活动。

1. 名额

高层管理人员 1 名，中层管理人员 1 名，普通员工 2 名。

2. 评选时间

每年的 12 月。

3. 推荐人员资格

（1）公司正式聘用的员工。

（2）工作满一年者。

4. 推荐依据

（1）思想品德，敬业精神，对公司的忠诚度，对岗位的热爱程度。

（2）适应其岗位工作要求的工作技能及娴熟程度，对本岗位职能的实现和工作成效的贡献程度。

（3）受员工尊敬或信赖的程度。

（4）与员工的沟通能力，关心员工、互帮互助的程度。

5. 具体步骤

（1）设立投票箱，发放选票至公司所有员工手中，所有员工必须参加，不得弃权。

（2）采取不记名方式，由员工投票进行推选（高层管理人员 1 名、中层管理人员 1 名、普通员工 2 名）。

（3）根据投票结果，办公室依据得票数量的多少整理候选人名单。

（4）将获得票数最多的确定为最终候选人（员工选出 3 名候选人；中层管理人员及高层管理人员各选出 2 名候选人）；当候选人选票相同时，允许排名并列。

（5）在部门经理工作会议上根据《优秀员工考评表》给每个候选人打分，满分为 100 分。

（6）高层、中层管理人员中得分最高的，普通员工中得分前 2 名者，将被评为优秀员工。

（7）经总经理批准后公布。

6. 表彰和奖励

对于年度优秀员工将给予表彰，同时颁发证书和 10 000 元奖金。

7. 评选的组织实施工作由办公室负责

优秀员工评选管理办法

1. 目的

加强企业文化建设，培养和塑造广大员工的集体荣誉感和使命感，不断增强企业向心力和凝聚力，同时培养优秀人才，提高工作效率，有效地激励成绩优良、表现优秀的员工，让大家始终朝同一方向、同一目标努力，更好地为公司服务。

2. 适用范围

适用于各部门全体基层员工，主管级以上人员不参与优秀员工评选。

3. 职责

人事行政部：负责组织优秀员工的评选、奖励等工作，负责制定、完善和维护评选标准和评选程序，并领导评选小组开展各项工作。

职能部门：负责根据评选标准组织评选本部门或班组的优秀员工，根据名额比例向人事处推荐申报。

总经理：负责审核批准优秀员工名单。

4. 评定小组

成立评定小组是确保评选活动是在公司管理层控制之下进行的必要保障；同时评定小组由管理层各级领导组成，能够使评选获得各方认可并形成客观、公平的工作氛围。

评选小组成员名单：略。

5. 评选标准

1）基本条件

优秀员工必须具备以下条件，缺一不可：

（1）在公司连续工作 1 年以上的，可参与评选年度优秀员工；为公司服务满半年以上的，可参与评选季度优秀员工。

（2）遵守考勤纪律，无迟到、早退、旷工、请假（除每个月中正常休息的四天外，属请假）记录。

（3）品德端正，遵纪守法，无违反国家法律法规和厂规、厂纪行为（没有处分记录，如口头警告、警告、严重警告、记过等）。

（4）工作认真负责，积极主动，服从安排，能配合同事完成各项工作任务，无损失性的工作失误。

（5）热爱公司，维护公司形象，爱岗敬业，乐于助人，与同事相处融洽，有团队精神和集体荣誉感。

（6）完全胜任本职工作，能较好地完成工作任务，讲效率，讲质量。

2）优先评选条件

在基本条件已具备的前提下，具备下列条件之一的，可直接参加季度优秀员工的评选。

（1）办公室人员。

① 刻苦钻研业务知识，在本职岗位工作成绩突出，受到领导和同事的普遍好评。

② 努力改进工作成效或通过合理化建议，为公司创造了显著的经济效益。

③ 对推动品质管理、成本控制工作和在体系监控、维护方面做出突出贡献。

④ 克己奉公，为公司挽回重大经济损失或名誉损失。

⑤ 为公司取得重大社会荣誉。

⑥ 在公司和部门获得重大奖励和表彰。

（2）车间员工。除具备上面列出的基本条件外，还应具备下列条件：

① 生产任务及时完成率在98%以上，个人制作产品的返工率低于2%。

② 在品质、成本控制工作中做出突出贡献。

③ 在质检活动、团队建设、合理化建议等活动中表现优异并获得重大奖励、表彰。

④ 克己奉公，为公司挽回重大经济损失或名誉损失。

⑤ 通过创新，提高了工作效率和工作质量，为公司创造了显著的经济效益。

⑥ 严于律己，严格按照《员工手册》要求自己，并给其他员工做出表率。

（3）班组长。除具备车间员工评选条件外，还应具备下列条件：

① 有上进心，工作态度主动、积极、认真，有很强的责任心。

② 能够合理地安排自己及员工的工作，提高员工的业务技能及心理素质。

③ 能够协助上级领导，做好领导的左右手，服从领导的工作安排，保质保量完成领

导所交付的各项工作。

④ 提出合理化建议并被公司采纳。

⑤ 班内材料进、耗、产账目记录清晰，成本控制明显，废料利用率高。

⑥ 班内设备故障率在5%以下。

⑦ 班组内员工无打架斗殴等重大违反厂规、厂纪及违法现象。

⑧ 班组内工作气氛和谐融洽，无集体怠工现象。

6. 评选方法

（1）每季度评选一次，各班组或相关部门在每季度的末月5日前完成本部门或班组优秀员工评选，并向人事处推荐。人事处通知评选小组在本月内对该员工进行考查、鉴定。

（2）部门员工进行无记名投票，生产车间评选出5人，办公室人员评选出3人，作为候选人。

（3）人事行政部和各部门负责人可直接推荐候选人。

（4）综合上述（2）、（3）选出的结果，确定候选人。

（5）人事行政部着重对候选人的各项工作记录按相关规定进行审查，经综合考核从生产车间评选出3名优秀员工、从办公室人员中评选出2名优秀员工。一年内3次获得优秀员工者则成为年度优秀员工。

（6）经评选出的5名优秀员工名单及候选人申报表，至少提前20天报总经理进行评审，并审批。

7. 优秀员工奖励

公司对评选出的优秀员工实施奖励，根据奖励标准颁发奖金。

自 测 题

一、判断题

1. 人才库就是人才资料的简单储存。　　　　　　　　　　　　（　　）

2. 人才库的建设是一个行政或人事问题。　　　　　　　　　　（　　）

3. 人员外派是指公司出于区域市场的业务拓展或项目研发等目的而派遣总部人员入驻到相应地区工作。　　　　　　　　　　　　　　　　　　　　（　　）

4. 在人员外派甄选中，评估中心技术用于测试候选人解决模拟管理问题的能力，信度和效度较高。　　　　　　　　　　　　　　　　　　　　　（　　）

5. 人员表彰甄选由评优小组测评，并进行公布。　　　　　　　（　　）

二、单选题

1. 以下属于人才梯队划分的是（　　　）。

    A. 专业技术型人才库　　　　　　B. 储备人才库

    C. 中层人才库　　　　　　　　　D. 一般人才库

2. 评优甄选的首要程序是（　　　）。

    A. 设立评优考核小组　　　　　　B. 公布评选范围

    C. 公布评选时间、评选对象　　　D. 公布评选条件

3. 外派人员短期任职的选拔标准，通常首要强调的是（　　）。

    A．家庭状况   B．技术与专业能力

    C．适应能力   D．文化接受能力

4. 不属于外派计划的是（　　）。

    A．人员外派需求预测   B．人员外派工作预测

    C．外部候选人供给预测   D．内部候选人供给预测

5. 人员评优甄选的内容是（　　）。

    A．评选条件   B．评选原则   C．评选对象   D．民主评选

三、多选题

1. 外部人才库包括（　　）。

    A．疑才   B．潜才   C．入围者   D．出局者

2. 人才库建设甄选的方法一般包括（　　）。

    A．面谈   B．技术知识测验   C．评估中心技术   D．推荐

3. 人员外派甄选的方法有（　　）。

    A．面谈   B．技术知识测验   C．评估中心技术   D．推荐

4. 测试外派经理沟通能力的方法主要有（　　）。

    A．面谈   B．标准测试   C．评估中心技术   D．工作样本

5. 人员评优甄选必须遵循的原则有（　　）。

    A．客观   B．公正   C．公开   D．民主

四、练习与思考

1. 怎样对进入人才库的人员进行甄选？

2. 跨国外派需要外派人员具备怎样的素质？

3. 简要阐述人员外派甄选的基本程序。

4. 简要阐述人员评优甄选的程序。

5. 除本章涉及的领域，人员甄选技术还可以运用到哪些领域？

五、案例分析

驻外失败往往反映了企业在选拔过程中的失误。

大多数企业在跨国化进程中首先选择广大发展中国家和地区作为迈出国门的第一步。这些国家和地区的经济发展水平较低，对商品的要求不是太高，进入壁垒较低，可以获得较高的利润。但是这些地区的气候条件往往较为恶劣（如中亚、中东及非洲等），且当地的风俗习惯、生活方式等与我国相差甚远，因此大多数员工都不愿意接受到这些国家的外派任务，故企业往往会降低选派标准，或是选派刚加入企业的大学毕业生，因为考虑到其年纪轻、适应力较强，并且无家庭方面的负担，可以较长时间留在海外。

然而，许多企业外派失败的经验表明，除语言能力外，外派人员与客户开展业务的能力变得越来越重要，而一般人员或刚加入企业的大学生在这方面的能力和经验明显缺乏。跨文化管理对外派人员的能力要求是多方面的，不仅需要外派人员具有较强的专业技能和丰富的工作经验，还必须具有对不同文化的较强适应力，具体表现在语言适应性、当地文化适应性、人际关系适应性，以及良好的沟通能力和快速学习新知识的能力等方面。

此外，外派人员的个人基本道德素质也是不可忽视的因素。企业在这一方面的忽视和偏见，往往使得外派结果不甚理想，最终给企业造成较大损失。

资料来源：段兴民，周蓓蓓. 跨国企业外派人员管理问题探究[J]. 国际经济合作研究，2008（2）.

思考题：

（1）上述案例中外派人员的选拔存在怎样的问题？应如何解决？

（2）外派人员应该具备怎样的素质或潜质？

第 7 章
人员录用

引导案例

王某通过了公司面试，公司向其发送录用通知书，约定月工资为税前 25 000 元，工作满一年后，将在 2 个月内发放年度奖励，金额为一个月的工资。

王某正式入职后一周内，公司与其签订了劳动合同。劳动合同约定月工资为 25 000 元，但是没有载明年度奖励，也没有载明录用通知书同时在劳动合同签订后失效。

后王某向公司人事部门确认，回复称劳动合同未约定年度奖励，薪资待遇等都按照劳动合同履行。王某认为录用通知书对双方均具有法律效力，合同应载明支付年度奖励，遂起诉。

裁判观点：

法院认为劳动合同和录用通知书的内容并不冲突，且劳动合同未提及自劳动合同签订之日录用通知书自动失效，劳动合同中也并没有相反约定，录取通知书对于用人单位也应当具有约束力，因此需要载明支付年度奖励金。

资料来源：公众号 论典说法 2022.5.

思考

（1）录用通知书的作用是什么？

（2）若录用通知书和劳动合同约定不一致，应该怎么处理？

本章学习目标

1. 重点掌握录用信息收集与分析的方法。
2. 掌握录用的程序与主要内容。
3. 重点掌握录用文件的设计。
4. 了解新员工培训的主要目的。
5. 重点掌握新员工培训的主要方法。

学习导航

```
┌─────────────────────────┐
│   第7章  人员录用         │
└─────────────────────────┘
            │
            ▼
┌─────────────────────────┐
│ 7.1  录用决策            │
│ 7.1.1 信息收集、整理与分析 │
│ 7.1.2 录用决策的制定      │
└─────────────────────────┘
            │
            ▼
┌─────────────────────────┐      ┌──────────────────────────┐
│ 7.2 录用程序和文件管理    │      │ 7.3 新员工入职与培训        │
│ 7.2.1 录用程序           │─────▶│ 7.3.1 新员工入职           │
│ 7.2.2 录用文件管理        │      │ 7.3.2 新员工培训的目的和内容 │
└─────────────────────────┘      │ 7.3.3 新员工培训的方法      │
                                  └──────────────────────────┘
```

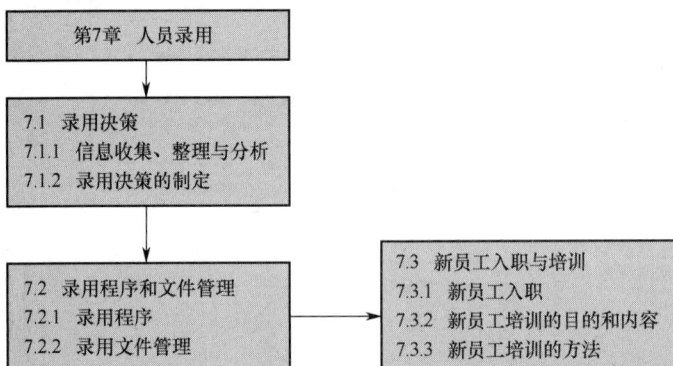

人员录用是招聘活动的最后一个阶段，也是最重要的阶段，是企业经过层层筛选之后做出的慎重决策。通过企业的一整套录用程序，企业和个体之间被紧紧地联系在一起。

7.1 录用决策

录用决策的质量与两个要素直接相关：一是与录用决策有关的信息的准确性；二是对有关资料分析的正确性。在这两个要素中，信息的准确是基础和基本要求，没有准确的信息资料，再好的分析方法也不能取得好的结果，而准确的信息又来自对信息的有效收集与整理。同时，分析也很关键，没有正确的分析方法，再准确的信息也可能导致错误的决策。

7.1.1 信息收集、整理与分析

招聘企业在对求职者进行各种测试之后，各种信息的收集整理工作非常重要，因为它是分析判断求职者情况并做出录用决策的基础。这项工作的好坏，直接影响分析工作的效率和效果。

1. 信息的收集与整理

总体来说，录用决策做出之前，招聘者所要收集的信息大致包括两个方面：一是岗位信息，它来自工作分析；二是求职者信息，包括求职者的全部原始信息（工作经历、在原单位的工作表现及其他一些背景资料）和招聘过程中通过各种测评所得到的成绩、评语等。这两方面缺一不可，因为这两方面的信息对照与比较的结果是招聘决策的依据。

关于工作分析，本书第2章已有详细介绍，这里不再赘述。通过工作分析，可以确定录用的要求和标准，而这个标准就是测评求职者的"标尺"，它能使企业在录用过程中处于主动地位。

求职者信息具体由以下几个部分组成：一是应聘者的基本情况，包括性别、年龄、学历、专业、毕业学校、学习与培训经历、特长、兴趣爱好等；二是应聘者的工作经历，包括以前工作的单位、曾经担任的职务、曾经承担的工作任务、曾经取得的工作业绩等；三是应聘过程中的各种测试成绩和评语，包括笔试、面试、情景模拟、心理测试等。

值得注意的是，在市场竞争日益激烈的今天，由于就业压力的增大和信息不对称的客观存在，信息的收集和整理的难度也在随之加大。在招聘实验中，企业常常会碰到假文凭、假资格证明、假荣誉证书、虚构工作经历等影响录用决策的现象。曾经就有这样一个笑话：在某次毕业生招聘会上，一个班五十几个同学竟有四十几个同学在其简历中称自己曾经担任班长职务，以显示自己的组织领导才能。因此，招聘者有必要对求职者提供的个人资料进行深入了解，调查其是否属实。但调查的程度取决于招聘职位本身的职责水平和重要程度，对于管理岗位、负有重要责任的岗位，调查尤为必要。

2. 信息的分析

通过各种测评方法和渠道所获得的关于求职者的大量定性和定量信息，即各种分数、数据，并不能直接成为录用决策的依据。在做出录用决策之前，首先要对它们进行分析，也就是对这些分数、数据按照一定方式进行合成，形成单一指标，以便对个体进行比较，从而做出对某个求职者录用或拒绝的明确决定。

对求职者信息的合成并不是简单地取平均值，而是要对各种能力进行系统化的评估和比较。这就要求招聘者必须选择一个科学合理的合成方法，否则很容易在辛辛苦苦做完各种信息收集整理工作后做出完全错误的录用决策。举一个简单的例子：甲和乙均应聘某企业保管员职位，甲的文化程度很低，缺乏基本的写、算能力，但甲在沟通能力、认真程度、责任心等方面均优于乙，如果按照取平均值的做法，很可能录用的是连基本的保管账目也做不出来的甲。

对信息进行合成的方法有很多，下面介绍几种较为简单的方法。

（1）经验判断法。经验判断法是根据自己的经验对各种信息凭直觉进行判断的方法。这种方法整体性较强，分析者能够从整体上对各种因素进行综合考虑，不仅考虑各要素的相对重要性，而且考虑各因素之间的相互关系。

这种方法最大的缺点是缺乏科学严谨的数据分析，因而判断结果很容易受分析者个人好恶的影响。同时，判断的准确性还受到评定者个人经验和素质的限制。

（2）加权法。加权法是根据各种要素的相对重要性赋予各种要素不同的权重，用各种测试结果乘以其权重，然后再相加而得到总分的方法。与经验判断法相比，这种方法的优点是判断结果来自数据，克服了主观因素的影响，但这种方法只考虑了各种因素间的相对重要性，并未考虑各要素间的相互影响。

（3）多重分段法。这种方法假定各种测试结果之间不具有互补性，即一种测试的低成绩不能由另一种测试的高成绩来弥补。这样，各种测试就被均分为两个等级：合格与不合格。无论多少项测试，只要有一项不合格，被试者即被淘汰。如前面的例子，求职者甲在文化水平测试一项上不合格，则被淘汰；而求职者乙因各项测试均处于合格水平，可能会被录用。

多重分段法适用于各种测试不具有互补性的情况，其最大的优点是计算简便、操作简单。缺点是对各项指标均合格的可接受人选没有进行排名，在名额有限的情况下无法选出最佳人选。

招聘者进行招聘的一个基本目标就是要用最经济的成本招聘到最合适的员工。因此，招聘者在对求职者信息进行分析判断时，一定要以工作分析的结果为依据，根据测验的目的和具体情况选择高效度的测试方法，必要时可以多种方法并用。同样，在分析测试结果时，也要根据各项测试的具体情况，选择科学合理的分析方法，也可以多种方法并用，形成一个连续选择的策略。例如，通常在面试阶段，可以采用经验判断法，而在测试阶段可以更多地采用更加客观的方法，最终做出决定。

7.1.2 录用决策的制定

录用决策的正确性受多种因素影响，其中除信息的准确性、分析方法的正确性和面试官的高素质外，还需要注意以下几个问题。

（1）录用决定由谁拍板。通常情况下，录用决策应该由人力资源部和用人部门共同做出，但有时也会产生意见上的冲突。一旦出现这种情况，究竟应该尊重用人部门的意见还是人力资源部的意见，目前颇有争议。一种观点认为，随着企业规模的扩大，岗位越来越复杂，人力资源部对岗位要求的把握已经远没有部门经理来得准确，尤其是在部门经理也受到有关方面的充分训练的情况下。因此，在录用决策方面，部门经理的意见应当更加受到尊重。另一种观点则认为，企业的招聘工作是由人力资源部全程操作的，整个过程中的实际操作和信息收集整理使得他们在录用决策中的地位无可替代。如何正确处理双方在录用决策中的分歧，充分发挥人力资源部和用人部门在录用决策中的作用，值得很多企业关心与思考。

某科技公司新员工的招聘与录用按这样的流程开展和决策：HR 初试—用人部门（部门经理和事业部总监）复试—人力资源总监审核—总经理审核，对一些重要的研发类岗位在用人部门复试后还增加了公司首席科学家复试环节。该公司新员工录用意见表如表 7-1 所示。

表 7-1　某科技公司新员工录用意见表

姓　　名		性　　别		出生年月		电　　话	
学　　历		何时何校何专业					
录用部门				录用岗位			
HR 初试 意见	推荐理由： 签名：　　年　　月　　日						
用人部门意见	部门经理： 评语： 结论：□淘汰　□录用　建议月薪：_____元 签名：　　年　　月　　日						
	事业部总监： 评语： 结论：□淘汰　□录用　建议月薪：_____元 签名：　　年　　月　　日						
人力资源总监 意见	评语： 结论：□淘汰　□录用　试用期月薪：_____元　转正月薪：_____元 签名：　　年　　月　　日						
总经理 意见	签名：　　年　　月　　日						
备注	录取通知书：　　　　　　　　　　　　报到日期：　　年　　月　　日						

（2）综合评分大抵相当的情况下录用谁。企业应该尽可能选择那些在思想意识、个性特点、价值取向上与企业文化相吻合的应聘者。例如，甲、乙两个应聘者在知识背景和工作经验方面大致相当，甲稍低一点，但是甲的个性特点和价值取向与企业文化更加吻合。这种情况下，一般认为应该选择甲，因为在知识背景和工作经验方面的些许欠缺是可以通过培训弥补的，而一个人的个性品质却是不容易改变的。

（3）录用标准。企业的录用标准是人为制定的，并且受到多种不确定因素的影响，因此标准的高低往往很难把握。一旦标准设得过高，将会出现"地板效应"，即能够符合录用标准的人选寥寥无几，从而使招聘工作的投入得不偿失。而标准定得过低，又会出现"天花板效应"，即绝大多数人都符合录用条件，从而使企业陷入两难境地。录用标准制定得是否恰到好处，往往一时很难判断。解决这个问题的最好办法就是回到工作分析这个起点，对岗位进行重新审视，再从候选人中进行挑选，但注意不要犯"按图索骥"的错误。许多研究显示，按照岗位要求能百分之百完成其应聘岗位工作的人往往不会在该岗位上工作太长时间，因为这样的工作缺乏挑战性。一般来讲，一个能够有能力完成八成工作的应聘者就是很理想的人选了，因为这种工作对他而言"跳一跳够得着"，能够对其产生激励作用，也会使其在该岗位上工作更长时间。

（4）录用决策的速度。当今社会，人才的竞争相当激烈，优秀人才的竞争更是如此。招聘过程中的审慎是必要的，但一旦有了意向就要尽快做出决定，并立即采取行动，否则很可能会使人才在漫长的等待中花落别家。漫长的等待也会增加求职者的求职成本，尤其是求职者比较在意的组织，他们往往会在无限的期待中等待招聘单位的结果而失去其他一些机会。这对求职者个人求职和招聘单位的形象都是不利的。

另外，在一些特殊情况下，可对一些具有特殊才能的求职者使用"补偿原则"，就是当其高分项目恰好是岗位要求侧重的项目时，可以忽略其相对不重要的项目的低分，予以录用，不因其总成绩不高而淘汰。例如，在招聘计算机工程师时，有的应聘者在技术方面非常突出，在语言表达能力和沟通能力方面却不理想，但对于这个技术性很强的职位来讲技术是重要项目，而沟通和表达相对不那么重要，这种情况就可以使用"补偿原则"。

7.2　录用程序和文件管理

7.2.1　录用程序

做出录用决策之后，即进入录用阶段。录用阶段的基本程序大致可以分为发录用通知书、新员工录用面谈、签订劳动合同、办理录用手续四个阶段，如图 7-1 所示。

1. 发录用通知书

对决定录用的求职者发出录用通知书，以便其尽快到达工作岗位；同时对不能录用的求职者发出辞谢通知书，以使未被录用人员尽快了解应聘结果，早做打算。

（1）录用通知书。在做出录用决策之后，企业应该尽快向决定录用的求职者发出录用通知书，避免因为这一步骤的拖延导致企业在人才竞争中失去一些重要的人才。

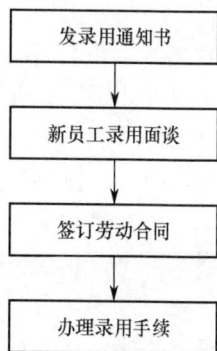

图 7-1　录用流程

录用通知书的基本内容一般包括报到的详细时间、详细地点，报到时必须携带的文件和物品，以及其他需要说明的信息。目前信息传递的媒介多种多样，但一般还是以纸质的信函为佳，以示对人才的尊重。同时，通知的语言要亲切、热情，使被通知人感到尊重和欢迎。录用通知书某种意义上也是吸引人才的一个手段，有些通知中对企业情况和未来职位的介绍能够增加新员工对企业的了解，通知中对薪酬、福利待遇的简单解释也能在一定程度上消除新员工在这些方面的疑虑。某公司一份标准的录用通知书如表 7-2 所示。

表 7-2　某公司录用通知书

_____先生/女士：

　　您应聘本公司_____职位，经面试考核通过，依本公司任用规定予以录用。现热诚欢迎您加入本公司的行列。有关报到事项如下，敬请参照办理。

　　1. 报到日期：　　年　　月　　日前。

　　2. 报到地点：

　　3. 报到时需提供的材料：

　　（1）经本人签字确认的录用通知书。

　　（2）居民身份证。

　　（3）最高学历证书、学位证书。

　　（4）职业资格证书。

　　（5）体检合格证明（区以上医院血液肝功能体检证明）。

　　（6）非本市户口需携带外出就业证明。

　　（7）最近一家公司的离职证明及劳动合同解约书。

　　（8）近期免冠一寸白底彩色照片三张，同版电子照片一张。

　　注：以上证件均需提供原件。

　　4. 其他事项

　　我们将为您把此工作保留至　　年　　月　　日，如您不能提供完整的报到材料，我们将视为您自动放弃此份工作。如有其他问题，请于　　月　　日前告知本公司。逾期未作回复，我们将视为您自动放弃此份工作。

　　5. 联系方式

　　公司地址：

　　联系人：_____　　联系电话：_____

某公司人力资源部
年　月　日

　　企业做出录用决策，并不表示招聘工作已经大功告成。一种常见的情况是，由于种种原因被通知录用的人员拒绝前来就职。如果遇到这种情况，而拒聘者又正是企业所需要的优秀人才时，企业人力资源部，甚至高层管理者应该给予足够重视，并采取积极的态度去争取，主动与其联系。同时，被拒聘的次数过多可能也反映出企业在招聘过程中存在的问题。因此，企业有必要对拒聘原因进行调查，以便改进今后的招聘工作。

　　（2）辞谢通知书。辞谢通知书是针对没有被企业录用的人员发出的告知，可以是书面形式，也可以是电话或其他形式。发辞谢通知书的目的是及时告知求职者求职结果，以便节省对方的等待时间。通知书语言应该委婉，说明未被录用的原因，并对求职者前来面试表示感谢，这无论是对求职者求职还是对企业形象来说都是有利的。但是目前很多企业都忽视了这一程序，认为不录用就没有必要通知对方，甚至认为不录用就不要再"割一刀再撒盐"了，这种做法是不对的。某公司的辞谢通知书如表 7-3 所示。

表 7-3　某公司辞谢通知书

尊敬的_____先生/女士：

　　非常感谢您应聘我公司____职位。您应聘该岗位时的表现，给我们留下了很好的印象，但遗憾的是此次名额有限，暂不能录用，请多谅解。我们已将您的资料备案至公司人才库，如有新的空缺，我们会优先考虑您。

　　最后再次感谢您应聘我公司。

某公司人力资源部
年　月　日

2. 新员工录用面谈

新员工录用面谈是指在签订劳动合同之前，企业与新员工进行的更深层次的交谈，使双方彼此更加了解。

新录用员工分为两部分：一部分是外部招聘所获新员工；另一部分是内部竞争上岗录用到新岗位的老员工。与新录用员工进行录用面谈非常必要。

（1）录用面谈可以加强企业对新员工的进一步了解。在招聘面试过程中，企业对许多信息的了解可能并不全面，甚至没有涉及，如新员工的家庭背景、婚姻状况、兴趣爱好、思想上有无负担、生活上有无困难等，通过录用面谈，企业就可以对这些情况进行较为深入的了解。

（2）录用面谈可以加强新员工对企业的了解。通过录用面谈，面谈者可以向新员工介绍企业的基本情况，如企业的发展历史、企业目前的经营状况、企业的各项规章制度、企业的薪酬福利待遇情况、员工即将就任的工作岗位的有关情况（包括有无升迁的可能性），以及企业文化、企业主要管理者的领导风格等。这样，通过面谈可以使新员工对自己即将工作的单位及自己能否适应这样的环境事先有一个心理准备，便于新员工迅速适应企业环境和工作岗位。

（3）录用面谈可以为新升迁的老员工排除由于岗位变动带来的新矛盾。老员工的工作升迁意味着公司对其原来的工作能力和业绩是认可的，但工作的升迁和变动依然会带来一系列新的问题。例如，由于新岗位的工作职责和工作内容的变动，特别是一些原来从事专业技术工作的员工被提拔到管理岗位，可能担心对新的岗位不能适应，担心新部门的同事关系、上下级关系等，录用面谈可以帮助这部分员工找出解决这些问题的方法或消除一些不必要的顾虑，使新升迁员工轻松愉快地投入新的工作之中。

录用面谈由谁来执行呢？这要根据录用岗位的权级高低来决定。如果录用的是经营管理层的高级管理人员，就由董事长、总经理或人力资源专家顾问来执行；如果录用的是中层管理人员，就由分管的公司领导（副职）来执行；如果录用的是基层管理人员，就由部门主管或分管领导来执行；普通员工的录用面谈则由人力资源部主管来执行。

录用面谈的场所可以多种多样，一般在执行面谈者的办公室进行，也可以根据录用者的层次在其他合适的地点进行。无论是面谈场所的选择还是面谈内容、面谈方式的选取，都应该遵循一个原则，那就是尽量营造一个轻松愉快的氛围，这样有利于双方的了解，以便为今后在工作中的愉快合作打下良好的基础。

3. 签订劳动合同

签订劳动合同是企业与新招聘来的员工以契约的方式确定双方的责任、权利和义务。

这个环节是录用过程中最重要也是最需要谨慎的步骤。

用人单位与劳动者签订的劳动合同可以由用人单位拟定，也可以由双方当事人共同拟定，但劳动合同必须经双方当事人协商一致后才能签订。

劳动合同应当以书面形式订立，并具备以下条款。

（1）劳动合同期限，即劳动合同的有效时间。劳动合同的期限分为固定期限、无固定期限和以完成一定的工作任务为期限。劳动者在同一单位连续工作满10年以上，当事人双方同意延续合同的，如果劳动者提出订立无固定期限的劳动合同，应当订立无固定期限的劳动合同。劳动合同可以约定试用期，但试用期最长不得超过6个月。

（2）工作内容，即劳动者在劳动合同有效期内所从事的工作（工种），以及工作应达到的数量、质量指标或者应当完成的任务。

（3）劳动保护和劳动条件，即为了保障劳动者在劳动过程中的安全、卫生及其他劳动条件，用人单位根据国家有关法律、法规而采取的各项保护措施。

（4）劳动报酬，即在劳动者提供了正常劳动的情况下，用人单位应当支付的报酬。报酬的含义较为广泛，通常包括以下几点：

① 工资。用人单位对于国家规定的各种税、费（如个人所得税、失业保险金、医疗保险金、养老保险金、女性生育保险金等）有权在职工工资中扣除。因此，劳动者应向用人单位认真了解工资所包括的内容及各种扣费理由，合法的予以接受，不合法的应当拒绝。

② 福利。主要包括养老保险、医疗保险、失业保险、工伤保险和生育保险。效益好的企业还可发给职工补充养老保险，也叫企业年金。

③ 工作时间与休假。国家法定工作时间为8小时工作制，对于延长工作时间的，用人单位要按照三种情形分别支付工资：一是安排劳动者延长工作时间的，支付不低于工资150%的劳动报酬。二是休息日安排劳动者工作又不能安排补休的，支付不低于工资200%的劳动报酬。三是法定休假日安排劳动者工作的，支付不低于工资300%的劳动报酬。

④ 职业培训。对于大家关心的各种职业培训，如岗前培训、在岗培训、脱岗培训等，法律并未规定用人单位有此义务。这要视劳动者的工作性质及工作情况而定，由用人单位与劳动者协商确定。

（5）劳动纪律，即劳动者在劳动过程中必须遵守的工作秩序和规则。

（6）劳动合同终止的条件，即除期限外其他由当事人约定的特定法律事实。这些事实一出现，双方当事人间的权利义务关系即终止。

（7）违反劳动合同的责任，即当事人不履行劳动合同或者不完全履行劳动合同所应承担的相应法律责任。

劳动合同订立时，除上述法定的必备条款外，当事人可以协商约定其他内容。协商约定的内容是劳动合同中的约定条款，即劳动合同双方当事人除就劳动合同的必备条款达成一致外，如果认为某些方面与劳动合同有关的内容仍需协调，便可将协商一致的内容写进合同。这些内容是合同当事人自愿协商确定的，而不是法定的。

4. 办理录用手续

办理录用手续是指在当地劳动人事行政主管部门办理录用手续，使招聘录用工作受到国家有关部门的认可和监督，具有合法性。

办理录用手续通常应该准备以下材料：

（1）劳动用工登记表。

（2）招用简章。

（3）招用人员登记表。

（4）招用职工劳动合同鉴证花名册。

（5）被录用人员的失业证、待岗证等证件。

（6）属国家就业准入控制工种的，提供相应职业资格证书。

7.2.2 录用文件管理

录用过程一般需要经过试用、考查、培训等环节，最终才能签订劳动合同。在此过程中，企业运用各种文件和表格进行管理是十分必要的。以下是部分文件和表格的参考文本，企业可以根据自身的具体情况，设计符合企业实际情况和需要的文件、表格，以对录用过程进行有效管理。

表 7-4、表 7-5 和表 7-6 分别是试用查看通知、新员工试用表和新员工工资核定表范本。

表 7-4 试用查看通知

姓　名		职　位		服务部门	
查看期间： 自　　到		延长查看期： 自　　到		查看期间解除日期： 自　　到	
试用查看报告					
主　管			日　期		
部门经理			日　期		
人事经理			日　期		
本人已收到这份通知					
被通知人签名			日　期		

表 7-5 新员工试用表

日期

人事资料							
姓　名		所属部门		职　位		报到时间	
年　龄		毕业学校		专　业		学　历	
甄选方式	[ ]公开招聘		[ ]推荐遴选		[ ]内部提升		
工作经验	相关　年，非相关　年，共　　年						
试用计划							
1. 试用职位：							
2. 试用期限：							
3. 督导人员：							
4. 督导人员工作：　[ ]观察　　[ ]训练							
5. 拟安排工作：							
6. 训练项目：							
7. 试用薪资：							
核准　　　拟定							

（续表）

试用结果考察
1. 试用期间：自　年 月 日到　年 月 日
2. 安排工作及训练项目：
3. 工作情形： [ ]满意 [ ]尚可 [ ]差
4. 出勤情况： 早退　次，病假　次，事假　次
5. 评语： [ ]拟正式任用 [ ]拟予辞退
6. 正式薪资拟核：
人事经办　　　　 核准　　　　 考核

表7-6 新员工工资核定表

年　月　日

部　门		职　位	
姓　名		入职日期	
学　历		毕业学校	
工作经验	相关　年，非相关　年，共　年		
能力说明			
要求待遇		公司标准	
被核工作		生效日期	
批示		单位主管	人事经办

7.3　新员工入职与培训

案例

　　刘军在某工程公司人力资源部工作，最近刚被任命为培训主管，工作内容之一就是进行新员工入职培训。公司近期根据业务的需要招聘了一批新员工，明天报到。怎么能够让新员工更快更好地融入企业、进入角色呢？刘军不禁想起几年前自己刚入职时的情景。当时公司成立的时间还不长，人力资源管理的各个方面都还很不完善，自己进入公司的最初一段时间，既没有人对自己详细介绍公司的全面情况，也没有人给自己指导工作方法，一切全靠自己去摸索、熟悉和适应。那可真是一段艰难的时光，自己甚至产生过放弃的念头。现在，刘军暗下决心，一定不能让过去发生在自己身上的经历重演。

　　分析：刚刚进入企业的员工，无论过去是否具备工作经验，都会对自己能否适应新的环境和文化、能否胜任新的工作、能否和上下级及同事处好关系、个人未来发展前景如何等问题产生不同程度的忧虑。对新员工进行必要的培训，打消他们的顾虑和疑问，使他们尽快适应新的环境和工作，是十分必要的。

7.3.1　新员工入职

　　新员工入职一般有一定的程序与规范。按照一定的程序与规范安排新员工有序入职，可以提高人力资源部门的工作效率，帮助新员工尽快进入岗位开始工作。

　　新员工入职的基本程序主要有以下几个。

（1）办理入职手续。新员工必须按照录用通知上的时间要求到单位办理入职手续，否则将视为放弃。新员工办理入职手续时一般应向企业提供以下资料：①身份证复印件 1 张；②最高学历证及学位证复印件各 1 张；③技术职称证或技工上岗证（特种作业证）复印件 1 张；④个人一寸免冠照片 3 张；⑤其他必要证件复印件；⑥近三个月的体检报告等。上述资料须提供原件备审核后将复印件提交单位备案。新员工办理入职手续时，如果资料不全，应限期补办（试用期内），否则暂停薪资发放。

（2）召开新员工入职见面会。新员工入职见面会的主要内容分为两个部分：一是新员工做自我介绍，使大家互相熟悉以便交流沟通；二是人力资源部向新员工介绍公司内部新员工最关心的问题，如干部管理、社会保险、薪酬福利、培训、人事档案、劳动合同和户口管理等，帮助新员工尽快了解公司、融入新集体、适应新生活、完成角色转变，以饱满的工作热情投入到工作中。总之，新员工见面会可以有效地增进新员工对公司的认同感和归属感，营造良好的沟通氛围，为新员工更好地熟悉公司、融入公司打下坚实的基础。

（3）介绍工作环境。一般由行政部带领新员工参观公司办公区，到各部门与部门领导和同事见面，并介绍公司工作环境、生活环境。对于新入职的管理人员，须为其安排工作位置、办公电话等。

（4）新员工入职培训。对新员工进行入职培训十分重要，可以帮助新员工尽快地适应环境，提高工作绩效，增强团队意识与合作精神，以及转变思想和行为。

（5）办公用品发放。新员工入职第一天，行政部应通知其到行政部领取办公用品，如纸、笔、计算机、优盘、工牌、银行卡（卡号提供给财务科用于发薪水）等，有些还需要去公司前台录入指纹以便进入办公场所。

（6）签订劳动合同。新员工试用期过后，公司应与试用合格的员工签订劳动合同。劳动合同的内容必须符合劳动法的规定。

（7）建立新员工个人档案。档案主要包括新入职员工所提交的个人资料、劳动合同等。

（8）制作《员工流动统计表》，记录新员工入职情况。这由人力资源专员负责。

7.3.2　新员工培训的目的和内容

1. 新员工培训的目的

（1）让新员工了解企业的基本情况，了解企业历史、文化、战略发展目标、组织结构和管理方式，了解企业及其就职部门所期望的态度、规范、价值观和行为模式等，从而帮助新员工尽快地适应环境，提高工作绩效。

（2）使新员工明确自身的岗位职责，适应新的业务流程和管理方式，掌握基本的技能，更快地进入角色，胜任工作。

（3）帮助新员工建立良好的人际关系，使其能够更好地融入团队，并增强新员工的团队意识与合作精神。

（4）通过一系列文化理念的宣传贯彻，传递价值理念和规范行为，促使新员工思想和行为发生转变。

（5）通过新员工培训发现问题，积累经验，为今后的招聘、选拔、职业生涯规划等提供信息反馈。

2. 新员工培训的内容

新员工培训可以分为岗前培训和上岗培训两种。

1）岗前培训

岗前培训是指尚未正式上岗之前的教育培训活动。培训内容一般包括：

（1）企业的历史与文化。每个企业都会经历不同的发展阶段，不同阶段又往往有着令人骄傲的事件和人物，通过对企业历史的介绍，可以使新员工增加对企业的了解，从而在心理上产生认同感和归属感。企业文化是一个企业长期发展过程中形成的员工共同遵守的价值观和行为规范。岗前培训的一个重要任务就是让新员工融入企业文化，所以向新员工宣传企业的理念和价值观念非常重要。

（2）企业的组织结构。组织结构体现管理风格，让新员工了解企业的组织结构有助于其迅速熟悉自己的工作环境。培训者不仅要介绍企业现在的组织结构，还应该介绍企业组织结构的演变及演变原因，并注意结合企业的管理理念，以增加新员工对组织结构的理解和感性认识。

（3）企业各部门职责、权限的划分和有关规章制度。对各部门职责和权限的清楚认识，可以帮助新员工弄清哪些事情该做，哪些事情不该做，哪些事情该找谁做，从而提高新员工的工作效率。企业可以将各部门的职责和权限汇编成册，供新员工学习和随时查阅。此外，让新员工了解企业的各项规章制度，如人事管理制度、办公室管理制度、财务管理制度、考勤管理制度、安全保卫制度等，可以帮助其了解什么事情该怎么做，按照什么程序做，从而提高办事效率，减少错误发生。

（4）企业的战略和发展前景。企业的发展为员工个人发展提供空间，因此，企业的战略和发展前景是新员工十分关心的问题。对企业战略和未来发展前景的了解，可以极大地激发新员工的工作热情。

（5）企业的产品与服务。让新员工了解企业产品的名称、性能、原材料、生产流程、售后服务等，可以让直接与产品打交道的生产技术人员迅速进入角色。对一些并不直接接触产品和技术的新员工来说，了解这些方面的知识也是很有必要的。对公司产品、技术的先进性和在市场的竞争地位进行了解，可以让新员工产生自豪感，增强企业凝聚力。有些企业的"产品"是无形的服务，企业则有必要让新员工了解企业服务的内容、性质、对象，以便新员工入职后对服务质量检验和服务中的错误进行纠正。

上述培训内容的目的在于帮助新员工了解企业的基本情况，端正工作态度，确定人生目标，完成新员工进入企业后的角色转变。培训方法可以是学员主动学习，也可以由人事部门组织集中培训。

2）上岗培训

新员工经过岗前培训之后，就会被分配到各个部门的具体岗位上。上岗后的培训主要是部门的组织文化教育、岗位知识培训、实际操作能力培训等。

（1）部门的组织文化教育的目的是增强新员工对企业、岗位、同事的亲切感。

（2）岗位知识培训是新员工入职培训的主要内容，是指在定员定额的基础上，以岗位职务为主要依据，有针对性地对新员工进行以岗位专业知识和实际操作技能为主的培训。这种培训的内容需要与岗位紧密联系，为新员工掌握岗位工作所需的知识和技能提供帮助。

在进行岗位知识培训时要注意以下几点：①新员工岗位知识培训的内容要和企业的实际需要密切结合，以直接提高企业的经济效益为培训目的；②新员工培训要严格按照职位分类，根据职位的职责范围、职位的等级确定培训内容，使培训内容中的文化知识、专业理论知识和实际操作技能能够适应不同岗位的要求，而且各部分有一个合理的比例；③新员工培训的内容要能够充分考虑现代科学技术和管理理论的新发展，反映出最新的成果，保证新员工学到最新的知识和理论。同时，培训过程中还要充分考虑新员工现有的知识结构和能力水平，因材施教。

（3）实际操作能力培训主要训练新员工的实际动手操作能力。在实际操作培训中，应当注意以下几点：①了解新员工的优点和特长，以便有针对性地培训和安排工作；②不仅训练新员工的操作技能，还要在此过程中对新员工与上下级和同事的沟通技巧、能力进行培训；③培训新员工不仅要注重培训工作的结果，还要注意培训工作的过程、方式和方法。

相关链接

中铁十五局集团电气化公司新员工入职培训

入职培训分为公司本级培训和项目部培训。公司本级培训约为 7 天，项目部具体培训时间以各项目部安排为准。公司本级培训流程如下：

（1）填写个人信息表：入职前，你可能会收到公司发送的相关资料和表格填写要求，请认真填写并确保准确无误。

（2）入职培训：开班仪式，领导致辞，了解企业文化和公司发展史，观看欢迎视频，集体合影。

（3）入职体检：确保员工的身体健康，保障工作安全和工作效率。

（4）廉洁教育：树廉政之风，扣好人生第一粒扣子。

（5）素质拓展：员工表现自我个性的活动，增强团队凝聚力，也让新员工们彼此加深认识。

（6）安全教育：强化安全生产思想观念，打牢安全管理基础，把保护员工生命安全摆在首位。

（7）工程技术知识：新能源工程、铁路四电、公路交安机电、市政管网、三电迁改、机电安装，公司六大业务板块简要介绍。

（8）参观红色教育基地：体念家国深情，感召革命事业，游览中国共产党诞生地上海的红色教育基地，参观中国铁建爱国主义教育基地十五局荣史馆。

（9）分专业交流座谈会：工程+安全、造价+物资、财务、行政党务，根据不同专业进行新老员工的交流座谈。

（10）结业典礼：宣布分配方案，奔赴祖国大江南北，投身基建事业。

资料来源：公众号 中铁十五局集团电气化公司 2023.7.

7.3.3 新员工培训的方法

1. 以传授知识为主的培训方法

（1）课堂讲授法。课堂讲授法是指培训师运用口头语言，同时借助肢体语言，向新员工传授知识、输送信息的一种教学手段。从"教"的角度来说，这是一种传授知识的方法；从"学"的角度来说，这是一种接受性的学习方法。该方法也是新员工培训中最常用的、最适合以简单获取知识为目的的培训。

课堂讲授法要求培训师具有丰富的知识和经验；讲授要有系统性，条理清晰，重点、难点突出；授课时语言清晰，生动准确；必要时运用板书；尽量配备必要的多媒体设备，以增强培训的效果；讲授完应保留适当的时间让培训师与受训新员工进行沟通，用问答方式获取新员工对讲授内容的反馈。

该方法的优点：可以同时对许多人进行培训；可以系统地向新员工传授新知识；容易把握和控制学习的进度；有利于新员工加深理解难度大的内容。该方法的缺点：教授过程中信息传递主要是单向性的；培训师与新员工之间的交流和反馈不足；学过的知识不易巩固。

（2）研讨法。研讨法是指由培训师有效地组织受训新员工以团体的方式对工作中的课题或问题进行研讨并得出共同的结论，由此让受训新员工在研讨过程中互相交流和讨论，以提高受训新员工知识和能力的一种方法。该方法主要适合领导艺术、战略决策、商务谈判技能等内容的培训。

按照培训师和受训新员工在研讨中的地位和作用，研讨法可分为以培训师为中心的研讨和以受训新员工为中心的研讨。前者把受训新员工的注意力集中于培训师身上，受训新员工虽然有时也会影响到讨论的议程和进度，但培训师始终是信息的主要来源。后者把受训新员工的注意力集中于受训新员工自己或同伴身上，他们不仅主导研讨的过程，还负责收集信息并提出解决问题的办法。

按照研讨的组织方式，可将研讨分为演讲讨论式、小组讨论式、集体讨论式和系列研讨式。演讲讨论式指由培训师或指定一个新员工就某个题目发表演讲，然后让其他新员工自由讨论的方式。小组讨论式指由某几位专家或几位新员工就某些问题进行讨论，其他新员工作为旁听的方式。集体讨论式指在团队领导人带领下对某一问题进行专门讨论。系列研讨式指针对某一专业领域的一系列问题进行的长达数日、数周、数月乃至数年的讨论方式。

研讨法的最大优点是新员工有机会参与讨论，表达个人的思想和感受，这样有助于调动受训新员工的学习积极性；同时，在讨论中，受训新员工可以相互学习，有助于知识和经验的交流。研讨法的缺点是不利于受训新员工系统地掌握各种知识和技能。

（3）视听法。视听法是指用幻灯、电影、录像、录音、计算机等视听设备解释教材进行培训的方法。这种方法在新员工培训中最为常用。该方法被广泛应用于提高员工的沟通、交流能力和讲解某些工作程序等方面。

视听法要求在教材内容播放前清楚地说明培训的目的，依培训的主题选择合适的教材，并要求受训新员工能够根据播映内容开展讨论，讨论后培训师必须做重点总结或将如何应用在工作上的具体方法告知受训新员工。

视听法的优点：运用视觉和听觉的感知方式，直观鲜明，所以比讲授或讨论给人印象更深；画面生动形象且给受训新员工以真实感，所以也比较容易引起新员工的兴趣；教材通过视听设备可反复使用，从而能更好地适应新员工的个别差异和不同水平的要求。视听法的缺点：选择合适的教材不太容易，内容易过时；不具备交互性，新员工容易按自己的理解取舍情节或内容。

2. 以开发技能为主的培训方法

（1）游戏训练法。游戏训练法是一种在培训新员工过程中常用的方法。该方法由两个或更多参与者在一定规则约束下相互竞争达到目的，主要适用于企业各级管理人员的沟通能力、指挥能力、组织能力、决策能力、团队精神、服务态度等方面的培训。许多企业也将游戏训练引进新员工培训的课程中，作为一种辅助教育方式。

由于游戏本身的趣味性，该方法可提高受训新员工的好奇心、兴趣及参与意识。缺点是比较简单，而且比较费时间。

（2）工作教练法。工作教练法是指由一位有经验的技术能手或直接主管人员在工作岗位上对新员工进行培训的方法。如果是单个的一对一现场个别培训，则是企业常用的师带徒培训。负责指导的教练或师傅的任务是教授新员工如何做，提出如何做好的建议，并对新员工进行鼓励。这种方法不一定要有详细、完整的教学计划，但应注意如下培训要点：①关键工作环节的要求；②做好工作的原则和技巧；③需避免、防止的问题和错误。这种方法应用广泛，可用于基层生产工人。

工作教练法的要求：培训前准备好所有的用具，搁置整齐；让每个新员工都能看清示范物；教练一边示范操作，一边讲解动作或操作要领；示范完毕，让每个新员工反复模仿练习；对每个新员工的试做情况给予立即反馈。

这种方法的优点：能在教练与新员工之间形成良好的关系，有助于工作的开展；一旦这个教练调动、提升或退休、辞职时，训练有素的员工就能顶上。这种方法的缺点：不容易挑选到合格的教练或师傅，有些师傅担心"带会徒弟饿死师傅"而不愿意倾尽全力，所以应挑选具有较强沟通能力、监督和指导能力及心胸宽广的人担任师傅。

（3）案例分析。案例分析法是指通过给新员工一定的案例资料，由新员工分析并提出解决问题对策的培训方法。案例分析法为美国哈佛管理学院所推出，目前广泛应用于新进企业的管理人员的培训。目的是训练新员工具有良好的决策能力，帮助他们学习如何在紧急状况下处理各类事件。

运用案例分析法时通常会向受训新员工提供一则描述完整的关于经营问题或组织问题的案例。案例应具有真实性，不能随意捏造，并与培训内容相一致。受训新员工则组成小组来完成对案例的分析，做出判断，提出解决问题的方法。随后，在集体讨论中发表自己小组的看法，同时听取别人的意见。讨论结束后，公布讨论结果，由教员再对新员工进行分析引导，直至达成共识。

该方法的优点：新员工参与性强，变被动接受为主动参与；将新员工解决问题能力的提高融入知识传授中，有利于受训新员工参与解决企业的实际问题；教学方式生动具体，直观易学；容易使新员工养成积极参与和向他人学习的习惯。该方法的缺点：案例的准备时间较长，且对教员和受训新员工的要求都比较高；案例的来源往往不能满足培训的需要。

3. 以改变态度为主的培训方法

（1）角色扮演法。角色扮演法是指在一个模拟的工作环境中，指定受训新员工扮演某种角色，借助角色的演练来理解角色的内容，模拟性地处理工作事务，从而提高处理各种问题的能力。这种方法比较适用于训练态度、仪容和言谈举止等人际关系技能，如询问、电话应答、销售技术、业务会谈等基本技能的学习和提高。

这种方法要求培训师为角色扮演准备好材料及一些必要的场景工具，确保每一事项均能代表培训计划中所教导的行为。为了激发演练者的士气，在演出开始之前及结束之后，全体受训新员工应鼓掌表示感谢。演出结束后，培训师应针对各演示者存在的问题进行分析和评论。角色扮演法应和授课法、讨论法结合使用，才能产生更好的效果。

这种方法的优点：受训新员工参与性强，新员工与培训师之间的互动交流充分，可以提高新员工培训的积极性；特定的模拟环境和主题有利于增强培训的效果；通过扮演和观察其他新员工的扮演行为，受训新员工可以学习各种交流技能；通过模拟后的指导，受训新员工可以及时认识自身存在的问题并进行改正。这种方法的缺点是效果的好坏主要取决于培训师的水平。

（2）考察法。考察法是指通过直接观察来了解社会实验的一项培训活动。它以视、听、记为主，通过对生动、具体的实验对象的考察来开阔视野，丰富知识。该方法常用于培训新员工管理、技术方面的感性知识和观察能力、销售技能、服务技能、作业技能等。该培训方法常被用来配合某一课程的教学活动，以增加新员工对该课程的感性认识。

考察法要求培训师在考查之前向受训新员工讲明考察的目的、意义和注意事项，进行过程中要请相关单位人员做必要的说明，结束后要及时组织大家整理资料、笔记，撰写心得体会。

考察法的优点是能够增加受训新员工的感性认识，有效提高受训新员工的观察能力；缺点是成本比较高，需要花费大量的时间和经费。

自 测 题

一、判断题

1. 对于内部招聘的员工来说，不需要进行新员工面谈，因为他们是老员工。 （　　）

2. 新员工培训要严格按照职位分类，根据职位的职责范围、职位的等级确定培训内容。 （　　）

3. 讲授法可以使受训新员工相互学习，有助于知识和经验的交流。 （　　）

4. 辞谢通知可以是书面形式，也可以是电话或其他形式。 （　　）

5. 背景调查最好安排在面试前进行。 （　　）

二、单选题

1. 《中华人民共和国劳动法》规定，劳动者每日正常工作时间不超过（　　）。
   A. 8 小时　　　　B. 10 小时　　　　C. 9 小时　　　　D. 12 小时

2. 在综合评分大抵相当的情况下，组织应该尽可能选择（　　）。
   A. 与企业文化相吻合的应聘者　　　　B. 技术水平高的应聘者
   C. 工作经验丰富的应聘者　　　　　　D. 学历高的应聘者

3. 订立和变更劳动合同，应当遵循（　　）。
    A. 实事求是原则　　　　　　　　　B. 公平公开原则
    C. 平等自愿、协商一致原则　　　　D. 能岗匹配原则
4. 下列不属于以开发技能为主的培训方法是（　　）。
    A. 工作教练法　　B. 角色扮演法　　C. 案例分析法　　D. 游戏法
5. 新员工上岗培训的内容不包括（　　）。
    A. 组织文化教育　　　　　　　　　B. 岗位知识
    C. 实际操作能力　　　　　　　　　D. 基础文化知识

三、多选题

1. 录用的程序大致分为（　　）几个阶段。
    A. 录用面谈　　　　　　　　　　　B. 发录用通知书
    C. 办理录用手续　　　　　　　　　D. 签订劳动合同
2. 在信息分析阶段，（　　）直接关系到录用决策的质量。
    A. 与录用决策有关的信息的准确性　　B. 资料的复杂性
    C. 对有关资料分析的正确性　　　　　D. 信息的来源
3. 以传授知识为主的培训方法主要有（　　）。
    A. 课堂讲授法　　B. 工作教练法　　C. 视听法　　　　D. 研讨法
4. 对企业而言，背景调查的程度取决于（　　）。
    A. 招聘职位的职责水平　　　　　　B. 招聘职位的重要程度
    C. 应聘者的工作经历　　　　　　　D. 是否熟悉
5. 以改变态度为主的培训方法主要有（　　）。
    A. 考察法　　　　B. 课堂讲授法　　C. 视听法　　　　D. 角色扮演法

四、练习与思考

1. 企业往往为"谁是最终的录用决定者"这个问题所困扰。你如何看待这个问题？为什么？
2. 简述录用的程序。
3. 有人认为，辞谢通知可有可无。你的意见如何？为什么？
4. 简述新员工培训的主要方法。
5. 一份有效的劳动合同应该具备哪些内容？

五、案例分析

1. 黄某是 A 公司的技术骨干，由于对公司现有的薪酬待遇不满，于是偷偷到人才市场寻找新的工作，并自称已经与原公司解约。黄某的才干被求才若渴的 B 公司看中，在看了黄某的自荐材料后，B 公司决定录用黄某。

一年后，A 公司终于找到了黄某。由于黄某的不辞而别，A 公司由黄某负责的业务几乎陷于瘫痪，给 A 公司造成了重大损失。因此，A 公司一纸诉状把黄某和 B 公司告上了法庭，要求黄某和 B 公司赔偿损失。

思考题：

B 公司不得不成为被告的主要原因是什么？从录用程序上讲有什么问题？

2．顾某向某文化公司投递简历后，该文化公司对顾某进行了面试。2022 年 7 月 22 日，该文化公司向顾某发出入职通知书，明确工资为每月 18 000 元，并要求顾某提供离职证明。顾某随即向原用人单位提出离职。其后，该文化公司通知顾某取消录用。顾某经仲裁程序前置后起诉至苏州市姑苏区人民法院，主张赔偿损失 50 100 元。

裁判结果：法院判决该文化公司赔偿顾某损失 20 000 元。

思考题：

根据案例分析，法院为什么判决文化公司承担赔偿责任。

第8章
人员招聘评估

从员工离职的"232法则""评"招聘

众多公司经过分析比较，发现员工离职较为集中的三个时间段为入职的第2周、3个月试用期届满及在公司工作了2年后，这就是员工离职的"232法则"。

第一个"2"代表员工两周后离职。员工进来后一看，不是那么回事，两个星期后就离开了。对一位入职两周后提出辞职的员工进行访谈，获知他离职的主要原因是入职后相应的薪资福利与应聘时招聘人员介绍的有差异。当初应聘时招聘人员介绍其入职后享有出差补贴、季度奖金等各项福利，然而真正入职后发现补贴少得可怜，根本不够用，季度奖金并不是每个人都能享受到的，与自己期望的薪资要求差距甚远等，于是提出辞职。

第二个"3"代表员工3个月后离职，一般指3个月试用期。经过一个试用期下来，员工对公司的情况也基本了解了，发现很多东西与应聘时所谈不符。例如，招聘人员曾许诺他到岗后是什么职位、参加什么培训、享有什么福利、将有什么发展机会等，然而3个月时间过去了，都没有兑现。或者，在应聘时招聘人员描述的企业文化与他3个月了解的并不相符，发现招聘人员当初讲得太夸大了。这时他就会重新思考，就不会在试用期过了以后还再等待或适应下去。

最后一个"2"代表员工2年后离职。经过2年的时间，员工希望在自己目前的工作岗位上能够实现一个突破，能够得到学习新知识、新技能的机会，想要升职或者进行工作轮换。这时若公司不能给他提供这个机会，员工就会主动离职或被竞争对手挖走。

思考

（1）分析上述员工离职的"232法则"，你认为招聘对员工离职有没有影响？若有影响，请从招聘角度分析员工离职的原因。

（2）根据该案例，简要评估企业招聘工作，分析企业招聘工作在哪些方面应该改进。

本章学习目标

1. 重点掌握人员招聘评估的含义、要素。
2. 重点掌握招聘成本的含义、分类。
3. 重点掌握招聘投资收益的含义。

4. 了解人员招聘评估的重要性。
5. 掌握招聘评估的标准和方法。
6. 掌握招聘评估指标体系的构建。
7. 掌握招聘成本评估的内容和指标。
8. 掌握员工招聘投资收益的预测方法。
9. 掌握招聘投资收益评估的内容和指标。

学习导航


```
┌─────────────────────────┐        ┌─────────────────────────────────┐
│   第8章  人员招聘评估       │        │ 8.2  招聘评估指标体系              │
└───────────┬─────────────┘        │ 8.2.1 招聘数量和质量评估指标        │
            │                      │ 8.2.2 招聘人员工作评估指标          │
            ▼                      │ 8.2.3 招聘方法信度和效度评估指标     │
┌─────────────────────────┐        │ 8.2.4 招聘成本—收益评估指标        │
│ 8.1  招聘评估概述          │        └─────────────────────────────────┘
│ 8.1.1 招聘评估的含义及作用   │ ────────────►
│ 8.1.2 招聘评估的标准        │
│ 8.1.3 招聘评估的方法        │        ┌─────────────────────────────────┐
└─────────────────────────┘        │ 8.3  招聘成本评估                 │
                                   │ 8.3.1 招聘成本的分类              │
┌─────────────────────────┐        │ 8.3.2 招聘成本评估的内容          │
│ 8.4  招聘投资收益评估       │ ◄──────│ 8.3.3 招聘成本效用评估            │
│ 8.4.1 招聘投资收益的预测方法 │        └─────────────────────────────────┘
│ 8.4.2 招聘投资收益的其他评价方法│
└─────────────────────────┘
```

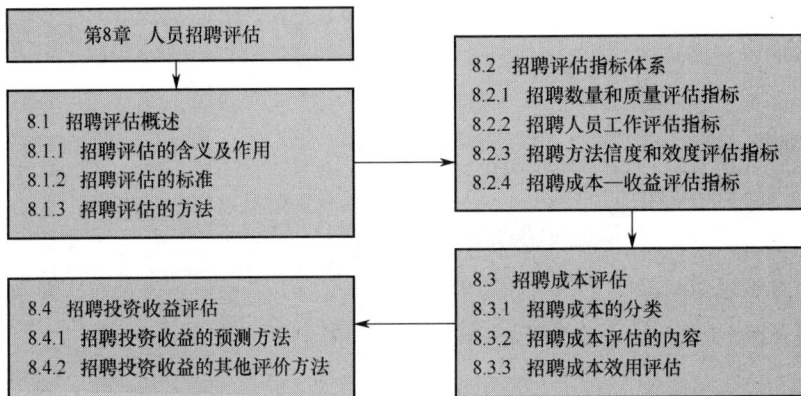

招聘评估是招聘程序中必不可少的环节。"引导案例"中员工短期内离职的原因主要与招聘工作有关，如企业招聘人员向应聘者宣扬企业不实之处和许诺无效等。除此之外，实际的招聘过程中还存在急功近利，招聘渠道、招聘方法选择不当，招聘成本高而招聘效果差等问题。这些问题需要通过对招聘工作进行总结和评估来发现并加以解决，即企业应在招聘活动结束后对招聘进行一次全面、深入、科学和合理的评估。例如，职位空缺是否得到满足，所录用人员的实际业绩究竟如何，招聘的目的是否达到，招聘渠道是否有效，招聘流程是否流畅，招聘预算的执行是否得当，招聘时间（周期）的安排是否合理，人才测评的方法是否可靠有效，等等，明确这些问题的答案，以此作为招聘工作进一步改进的依据。

8.1 招聘评估概述

8.1.1 招聘评估的含义及作用

1. 招聘评估的含义及要素

招聘评估是指企业按照一定的标准，采用科学的方法，对招聘活动的过程及结果进行检查和评定，总结经验，发现问题，在此基础上不断改进招聘方式，提升招聘效率的过程。招聘评估的要素包括评估内容、评估指标、评估方法等。

（1）评估内容。评估内容包括招聘工作活动本身和招聘工作效果，具体包括人员招募评估、人员甄选评估、人员录用评估、招聘成本与收益分析等。

（2）评估指标。评估指标是指检查和评定人员招聘工作成效所选用的衡量标准。评估指标是招聘评估的依据，包括单位招聘成本、应聘比、录用比、招聘完成比等。

（3）评估方法。评估方法是指衡量与判断招聘工作完成情况所采用的方法。评估方法要说明该如何进行招聘工作的评估。

2. 招聘评估的作用

招聘评估是招聘过程中必不可少的一个环节，是对前期招聘工作的经验总结。招聘评估的作用具体表现在以下三个方面。

（1）招聘评估是企业反思招聘中的问题和改进招聘工作的依据。招聘评估可以帮助企业反思招聘过程中存在的问题，对招聘工作形成一个更加清晰的认识，从而总结经验，吸取教训，降低招聘成本，提高招聘效率，进而避免招聘工作的盲目性，合理配置企业资源。

（2）招聘评估是衡量招聘班子工作成果的依据。企业通过招聘工作，引进一定数量和质量的新员工，这就是企业招聘班子的工作成果。通过对被聘用员工的数量、工作态度、工作绩效和留任率等方面的分析，可以正确评估招聘班子的工作成果，了解招聘班子对人员招聘工作的完成情况。因此，企业对人员招聘工作进行评估，也是衡量招聘班子工作成绩的重要依据之一。

（3）招聘评估能够帮助企业发现内部问题。招聘能否达到预期的目标，不仅受企业外部环境的影响，也受企业内部诸多因素的影响。因此，做好招聘评估工作，有助于找出企业内部导致人员招聘失败的深层原因。例如，企业提供的薪酬是否低于同行业竞争企业，企业的人力资源战略是否存在问题，企业文化与企业形象能否被应聘者广泛接受等。企业应通过人员招聘评估，深究其原因并适时调整人力资源战略和其他有关的管理政策。

8.1.2　招聘评估的标准

1. 标准化

标准化是指与实施测试有关的过程和条件的一致性。为了能根据同样的测试来比较多名应聘者的表现，所有人都必须在尽可能相似的条件下接受测试。例如，提供的内容说明和允许的时间必须相同，测试环境也必须相似。

2. 客观性

客观性即不受主观因素的影响，对应聘者进行客观的评价。具体来讲，客观性包括两个方面：一是招聘人员不受个人偏见、价值观、感情等因素的影响，客观地对应聘者进行评价；二是应聘者不因其社会地位、种族、宗教、性别、籍贯等因素而被人为地划分等级。要做到客观评价，招聘人员就要克服主观偏见的影响。

3. 全面性

全面性即测评内容是否具有完整性，能否全面反映招聘岗位所需的各项要求。要想全面地对应聘者进行评价，首先需要明确各岗位的任职资格要求，包括政治素质（职业道德）、专业素质、身体素质等。

4. 适合性

适合性即被录用人员与企业需求是否匹配。"合适的就是最好的"，招聘活动是否成功，最终要看被录用人员与岗位的匹配度，这将决定他们的工作稳定性、能力的发挥程度及对企业的贡献度。

5. 可靠性

可靠性即甄选中所采用的测试方法的可信程度，是评价测试效果的一个指标。它是指一个人在同一测试中几次测试结果的一致性或者相关测试中测试结果的一致性，反映测试所提供结果的一致程度。应聘者多次接受同一测试或有关测试时，若其结果相同或相近，则可认为该测试的可靠性较高。

6. 有效性

有效性是指一项测试所能测量出的其所要测量的内容的程度。例如，尺子对于测量长度是有效的，但对于测量重量就没有效度了。在招聘甄选过程中，有效性测试是判断所选用测评工具的测试内容与工作性质相吻合的程度，以及预测应聘者在未来业绩方面成功与否，即评价结果客观反映应聘者实际情况的程度。测试内容与工作性质相关性越高，以及测试结果与应聘者未来业绩表现的相关性越高，表明测试的有效性就越高。这要求招聘人员真正了解空缺岗位的要求，测评工具的选择也要与空缺职位的工作性质相一致。

8.1.3 招聘评估的方法

在实验中，大多数企业常采用评估尺度表法、目标管理法、相对比较法等对人员招聘工作进行评估。

1. 评估尺度表法

评估尺度表法是最简单和运用最普遍的评估方法之一。表 8-1 是一种典型的招聘评估尺度表，它不仅列举了人员招聘评估的内容，还列举了评估等级（从"杰出"到"不令人满意"）。在运用该方法进行评估时，首先从工作内容每一项的评估等级中找出最符合工作成效的分数，然后将所得到的分数相加，就能得到最终的评估结果。

表 8-1　招聘评估尺度表

评 估 内 容	评 估 等 级	评估依据或评语
人员招聘工作：应聘者数量和质量	O: 90~100 分 V: 80~90 分 G: 70~80 分 I: 60~70 分 U: 60 分以下	分数： 依据或评语：
人员筛选工作：工作效率和正确率	O: 90~100 分 V: 80~90 分 G: 70~80 分 I: 60~70 分 U: 60 分以下	分数： 依据或评语：
成本和效益：招聘成本和筛选成本的控制	O: 90~100 分 V: 80~90 分 G: 70~80 分 I: 60~70 分 U: 60 分以下	分数： 依据或评语：

评估等级说明：

O：杰出。各方面成效都十分突出，成绩优异。

V：很好。工作成效的大多数都被事实证明是高质量且富有成效的。

G：好。工作成效基本令人满意，基本没有出现失误。

I：需要改进。在工作的某些方面还存在缺陷，需加以改进。

U：不令人满意。工作成效无法让人接受，没有完成招聘目标，须立即加以改进。

2. 目标管理法

目标管理法是在人员招聘工作开始前制定工作目标，在工作结束后根据对工作目标完成情况来衡量工作绩效的方法。目标管理法是一种有效的管理方法，也是有效评估人员招聘工作的方法之一。采用目标管理法进行招聘评估，主要有以下四个步骤。

（1）确定招聘目标。即根据企业的人力资源规划和工作分析制定需要招聘的新员工的数量、资格要求，以及新员工的工作绩效要求等。

（2）修订招聘目标。即在人员招聘工作开始时，因为实际情况的变化或其他原因，对招聘目标进行微小的调整和修订。

（3）评估工作绩效。即将工作成果与招聘目标相比较，做出客观的评估。

（4）反馈评估结果。即将评估结果反馈给招聘工作人员，招聘工作人员展开讨论，研究并提出改进招聘工作的计划。

3. 相对比较法

相对比较法是将招聘工作的成绩与企业往年的招聘成绩或其他企业的招聘情况进行比较，从而确定招聘工作成效的评估方法。相对比较法的特点是比较简单，易于操作。

如果采用招聘工作中实际产生的一些数据作为评估的直接依据，如招募来的应聘者的数量、获聘人数等，则可能会因为人员招聘过程中的影响因素多，使得这些数据并不能确切地评估出招聘工作的成效。而采用本企业或其他企业在以前用同样的方法招聘时所收集的数据作为评估招聘工作的依据，如去年用同样的招聘方法招募来的应聘者数量，就可以有效地衡量招聘效果的好坏，因此具有一定的客观性。

4. 评估方法的综合运用

由于招聘工作的影响因素较多，有些因素是不以人的意志为转移的，因此以上三种评估方法在单独使用时往往都有一定的局限性或较难克服的缺点。例如，评估尺度表中的评估等级说明难以准确反映工作的实际成效，从定性说明到定量评分易产生误差；采用目标管理法时，因为目标是事先确定的，目标会因影响因素的改变而显得过高或过低，难以准确反映工作的实际成效；同样，相对比较法采用以前或其他企业的工作成绩来衡量现在的工作成绩，也很容易产生误差。因此，企业在评估实验中可以将几种方法结合起来使用，如表 8-2 所示。

表 8-2 招聘工作综合评估表

评 估 内 容	工作评估情况	目标完成情况	与往年或其他企业的比较情况	总分和评语
人员招聘工作：应聘者数量和质量	O：90～100 分 V：80～90 分 G：70～80 分 I： 60～70 分 U：60 分以下	O：90～100 分 V：80～90 分 G：70～80 分 I： 60～70 分 U：60 分以下	O：90～100 分 V：80～90 分 G：70～80 分 I： 60～70 分 U：60 分以下	分数： 依据或评语：
人员筛选工作：工作效率和正确率	O：90～100 分 V：80～90 分 G：70～80 分 I： 60～70 分 U：60 分以下	O：90～100 分 V：80～90 分 G：70～80 分 I： 60～70 分 U：60 分以下	O：90～100 分 V：80～90 分 G：70～80 分 I： 60～70 分 U：60 分以下	分数： 依据或评语：

（续表）

评 估 内 容	工作评估情况	目标完成情况	与往年或其他企业的比较情况	总分和评语
成本和效益：招聘成本和筛选成本的控制	O：90～100分 V：80～90分 G：70～80分 I：60～70分 U：60分以下	O：90～100分 V：80～90分 G：70～80分 I：60～70分 U：60分以下	O：90～100分 V：80～90分 G：70～80分 I：60～70分 U：60分以下	分数： 依据或评语：

评估等级说明：

O：杰出。各方面成效都十分突出，成绩优异。

V：很好。工作成效的大多数都被事实证明是高质量且富有成效的。

G：好。工作成效基本令人满意，基本没有出现失误。

I：需要改进。在工作的某些方面还存在缺陷，需加以改进。

U：不令人满意。工作成效无法让人接受，没有完成招聘目标，须立即加以改进。

　　制定综合评估表的关键在于制定清晰的评估等级说明，即用明确的文字说明对评估指标做出规定。

　　评估指标不明确是造成评估工作失误的常见原因之一。没有明确的评估指标，就无法对人员招聘工作做出客观公正的评估。例如，在表 8-2 中，如果未对评估等级做出清晰的说明，在含混不清、模棱两可的情况下，评估人员就很难准确地给出相应的分数，很难准确判断人员招聘工作成效的好坏。要解决这个问题，最好的办法就是明确地对评估内容加以分析，并清晰地对评估指标的等级用描述性的语言加以说明。只有这样，才有助于评估人员做出正确的选择和客观的评估。

　　晕轮效应是造成评估工作失误的又一常见原因。晕轮效应是指当招聘工作的某一要项评估较高时，会导致对其他要项的评估也很高，或者当招聘工作的某一要项评估不高时，会导致对其他要项的评估也不高。解决或避免这一问题的关键是，评估人员本身应意识到这一问题发生的可能性，提高认识，从发现问题和改进工作的角度去进行客观公正的评估。

8.2　招聘评估指标体系

　　评估指标是检查和评定人员招聘工作成效所用的衡量标准，是招聘评估的依据。一次有效的招聘必须包括两大衡量标准：一是招聘的结果能否满足组织对人力资源数量的要求；二是招聘的质量，特别是新录用的员工素质及其上岗后的工作表现是否很好地达到了组织的用人标准。围绕这两大衡量标准，我们从招聘的数量和质量、招聘人员的工作、招聘方法的信度和效度、招聘的成本收益等方面细化评估指标，构建招聘评估指标体系，以实现对招聘效果的定量化、理性化认识。

8.2.1　招聘数量和质量评估指标

　　招聘数量和质量是对应聘的人数和所录用人员质量的分析，包括录用率是否真正符合招聘计划、所录用人员的实际工作绩效如何、用人部门对新录用员工工作表现是否满意、新录用员工对工作和企业是否满意等。

1．招聘数量评估

招聘数量评估主要是通过对应聘人数、录用人数与计划招聘人数的相关数值比较来分析招聘效果的活动。

（1）应聘比。该比例说明员工招聘的挑选余地和信息发布状况。

$$应聘比 = 应聘人数 \div 计划招聘人数 \times 100\%$$

应聘比越大，说明组织的招聘信息发布得越广、越有效，组织的挑选余地越大，招聘信息发布效果越好，同时说明所录用人员素质可能较高；反之，该比例越小，说明组织的招聘信息发布得不适当或无效，组织的挑选余地也越小。一般来说，应聘比应在 200%以上。招聘越重要的岗位，该比例应当越大，这样才能保证录用者的质量。

（2）职位的选择率。这是衡量企业对人员选择的严格程度和人员报名的踊跃程度的一个指标。某个职位聘用的人数与所有这一职位的报名人数之比称为选择率。

$$职位的选择率 = 某职位计划招聘的人数 \div 申请该职位的人数$$

选择率低于 1.0 的程度越大，管理者在选择决策中的可行方案就越多。

（3）录用比。指录用人数与应聘人数的比例，用来衡量录用人员的素质高低。

$$录用比 = 录用人数 \div 应聘人数 \times 100\%$$

一般录用比越小，表明可供选择的人员越多，实际录用者的素质就越高，但同时也加大了企业的招聘成本；反之，则表明实际录用者的素质可能较低。

（4）招聘完成比。该比例说明新员工招聘计划的完成情况。

$$招聘完成比 = 录用人数 \div 计划招聘人数 \times 100\%$$

如果招聘完成比等于或大于 100%，则说明在数量上全面或超额完成了招聘计划；该比例越小，说明招聘员工数量越不足。

2．招聘质量评估

（1）招聘合格率。招聘合格率是从质的角度评价招聘人员对企业的适合度。合格招聘人数是指顺利通过岗位适应性培训，试用期考核合格并最终转正的新员工。招聘合格率高说明招聘人员对企业的适合度高。

$$招聘合格率 = 合格招聘人数 \div 总招聘人数 \times 100\%$$

（2）用人单位或部门对新录用员工绩效的满意度。这一指标用于衡量新录用员工质量的高低，通过用人单位考查后的满意程度来体现。

$$用人单位对新录用员工绩效的满意度 = 满意的用人单位数量 \div 新录用员工总数 \times 100\%$$

（3）新员工对企业和所在岗位的满意度。该比例在一定程度上可以反映新员工对企业的认可程度，也可以在很大程度上影响新员工的士气与工作绩效。该比例高说明招聘新员工的需求、动机、价值观等与企业的吻合度高。

$$新员工对企业的满意度 = 满意的新员工数量 \div 新员工总数 \times 100\%$$

满意的新员工数量是指企业在进行员工满意度调查时，对企业总体"满意"和"比较满意"的新员工的数量。

（4）新员工离职率。该比例也反映了新员工对企业和所在岗位的满意度。

$$新员工离职率 = 新录用员工离职数 \div 新录用员工总数 \times 100\%$$

离职率高，表示新录用员工对企业或岗位的满意度低。

（5）员工录用质量比。员工录用质量比是以应聘岗位的工作分析文件为基准所设置的分数等级，以此来考查员工录用的质量，可以用下面的公式来进行定量分析。

$$QH = (PR + HP + HR) \div N$$

式中，QH 为新录用员工的质量；PR 为工作绩效的百分比，如以 100 为满分，该员工的绩效分值为 80，则 PR 为 80%；HP 为新录用员工在 1 年内晋升的人数占所有当期新员工人数的比例，如 20%；HR 为 1 年后还留在企业工作的新员工数占原招聘的新员工总数的百分比，如 80%；N 为指标的个数。

因此，QH = (80% + 20% + 80%) ÷ 3 = 60%。

QH 的数值只是一个参考值，并不能完全反映新员工的质量，这主要是因为绩效和晋升率有时并不能被新员工所控制。企业内部的复杂环境导致的人才流失，或者企业的绩效评价系统并不完善等，都可能影响新员工最终的考评结果。但该指标在一定程度上也能反映新员工的质量高低。

8.2.2 招聘人员工作评估指标

一项招聘是否成功，招聘效果是否良好，很重要的因素在于招聘的组织和过程实施是否及时、高效、顺利。为此，一些企业会专门成立招聘领导班子或招聘工作小组，开展有序、系统的招聘实施和监督工作。人力资源部主要负责招聘工作的组织和实施。除此之外，公司高管和用人部门都要积极参与和支持招聘工作。招聘工作小组一般包括公司高管、用人部门主管、人力资源部相关人员，有的还包括外聘的专家或顾问。

对招聘人员工作评估的内容比较广泛，如人力资源部是否明确空缺岗位情况、是否与用人部门沟通充分，招聘计划是否科学、有效，招聘过程中人力资源部反应是否迅速，招聘流程是否流畅，招聘时间（周期）是否合理，招聘渠道选择是否有效，用人部门主管是否有效地开展甄选工作等。

上述招聘的数量和质量指标就是对招聘人员的工作评估指标。除此之外，评估指标还包括以下几种。

1. 平均职位空缺时间

该指标反映的是平均每个职位空缺多长时间能够有新员工补缺到位，反映了职位填补的及时性，同时能够反映招聘人员的工作效率。平均职位空缺时间越短，说明招聘效率越高；反之，说明招聘效率较低。当然，不能孤立地分析该指标，还应该结合招聘合格率、录用人员的质量等指标进行综合分析。

平均职位空缺时间 = 职位空缺总时间 ÷ 补充职位数

2. 用人单位对招聘人员工作的满意度

这项指标主要是指用人单位对招聘过程的满意程度，即是否按照用人单位或部门的要求招募到合适的人选，是否及时和用人单位或部门联系以共同招募和筛选候选人，负责招聘的人员是否花时间与部门经理们一起讨论对应聘人员的要求等。

用人单位对招聘人员工作的满意度 = 满意的用人单位数量 ÷ 用人单位总数 × 100%

3. 新员工对招聘人员工作的满意度

让新员工对招聘人员的工作满意度进行评价，若"满意"与"比较满意"的比例较高，则说明新员工对招聘人员工作的认可度高，这可以在一定程度上反映招聘人员的工作情况。

$$新员工对招聘人员工作的满意度 = 满意的新员工数量 \div 新员工总数 \times 100\%$$

4．招聘渠道的吸引力

这项指标可用应聘比来反映：应聘比越大，说明组织的招聘信息发布效果越好，招聘渠道吸引力就越大；反之，该比例越小，说明招聘渠道的吸引力越小。

8.2.3　招聘方法信度和效度评估指标

招聘方法主要是指招聘过程中的测试方法。招聘中所采用的测试方法的信度、效度对招聘的效果影响最大。

1．招聘的信度评估

招聘信度是指招聘的可靠性程度，具体指通过某项测试所得的结果的稳定性和一致性情况。应聘者多次接受同一测试或有关测试时，若其结果相同或相近，则认为该测试的可靠性较高。通常用于招聘方法成效评估的信度主要有重测信度、副本信度、内在一致性信度，也可以分别用稳定系数、等值系数、内在一致性系数等指标加以衡量。

（1）重测信度（稳定信度或稳定系数）。重测信度是检验时间间隔对测试分数的影响，即用同一种测试方法对一组应聘者在两个不同时间进行测试的结果的一致性检测。一致性程度可用两次结果之间的相关系数来测定，即稳定系数。

（2）副本信度。副本信度又叫等值信度或等值系数，即对一种测试的结果与其他副本的测试结果进行相关性分析，两次测试结果之间的相关系数就称为副本信度。在招聘过程中，副本信度是指对同一应聘者在内容、结构、难度等方面相当的两种测试中所得结果之间的一致性所进行的分析。它可用两次结果之间的相关程度（相关系数）来表示，即等值信度或等值系数。

（3）内在一致性信度。内在一致性信度，即分半信度，将同一测试的题目分成对等的两半或若干部分，对同一组应聘者进行测试，各部分测试所得的分数间的相关系数就是内在一致性信度，也可用内在一致性系数表示。

信度的取值范围为 $0 \sim \pm 1$。测试的信度最高值是 1，这在实际中是达不到的，信度在 0.9 以上就表示测试方法是相当可信的。

信度是否准确与误差特别是与随机误差的关系十分密切。被试者的身心健康程度，参加测试的动机、态度，主试者的专业水平，空气的温度，测试场地的环境，指导语言的差异，题意的明确与否，项目的多少等，都会影响测试的信度。因此，为了使信度测试准确可靠，必须严格控制可能影响测试结果的各种主观变量。

2．招聘的效度评估

可靠性高的测试方法不一定有效，即信度高但效度不一定高。人员招聘的效度是指招聘的有效性或精确性，指测试的结果与想要测试的内容之间的相关系数。它具体指用人单位实际测到的应聘者的特征与其想要测的特征的符合程度。若符合程度高，则表明测试结果应该能够正确地预计应聘者将来的工作成绩。效度主要由预测效度、内容效度、同测效度等指标来进行具体衡量。

（1）预测效度。预测效度反映了测试用来预测将来行为的有效性，通过对应聘者在选拔中所得分数与其被录用后的绩效分数相比较来了解预测效度。应聘者选拔中的分数与未来工作中的绩效分数相关性越大，说明所选的测试方法、选拔方法越有效，即这种测试方法可以较准确地预测应聘者未来的工作业绩。如果一项测试不能表明某人是否具有完成某项工作的能力，那么它就毫无价值。

（2）内容效度。内容效度是实际测试的各个部分对于想测试的某种特性或做出某种估计有多大效用，它主要考虑被测试的特征是否与想测试的特性有关，如招聘打字员时测试其打字速度和准确性、手眼协调性和手指灵活度的操作测试的内容效度是较高的。内容效度多用于知识测试与实际操作测试，不适用于对能力和潜力的测试。

（3）同测效度。同测效度是指用企业现有员工来检测某种测试方法的有效性。即对现有员工实施某种测试，然后将测试结果与员工实际工作绩效考核得分进行比较，若两者相关性很大，则说明此测试效度高。它不适用于选拔员工时的测试，适用于对现有员工进行测试。

效度的取值范围为 $0 \sim \pm 1$，效度的最高值是 1。

同测效度的准确与否与误差十分相关。误差来源主要有三个方面：一是测试组成方面的影响因素，如测试的取材、长度，试题的难度，试题的编排方式等；二是测试实施方面的影响因素，如招聘者是否能够恰当控制测试情景、是否遵照有关规定去进行测试；三是受测者的反应方面的影响因素，如受测者的兴趣、动机、情绪、态度和身心健康状况等。

8.2.4　招聘成本—收益评估指标

对招聘进行成本—收益的比较是招聘评估中非常重要的内容。

招聘成本是指在员工招聘工作中所需花费的各项成本的总和，包括招聘过程中的招募、选拔、录用、安置成本，以及适应性培训成本等。招聘成本评估是指对招聘中的费用进行调查、核实，并对照预算进行评价的过程，即对招聘成本进行预算和核算。此外，企业还需要对招聘成本效用进行评估，即考查耗费一定招聘成本所产生的效果。评估指标包括招聘总成本效用、招募成本效用、选拔成本效用、录用成本效用等。

企业在招聘中投入了大量的人力、物力和财力，但一定的投入必须给企业带来一定甚至更多的回报，即招聘投资收益。企业有必要结合招聘成本对招聘投资收益进行定量分析，帮助企业掌握招聘投入与产出的比例，为以后的招聘决策提供依据。招聘投资收益的具体评估指标包括员工招聘投资总收益、投资净收益、投资收益率；其他评估指标包括招聘收益成本比、业绩优良的新员工数量或百分比等。

招聘成本—收益评估内容详见本章 8.3 节和 8.4 节。

根据上述四方面细化评估指标构建的招聘评估指标体系，如表 8-3 所示。

表 8-3　招聘评估指标体系

指 标 分 类	一 级 指 标	二 级 指 标
基于招聘数量和质量的评估指标	招聘数量	• 应聘比 • 职位的选择率 • 录用比 • 招聘完成比

（续表）

指 标 分 类	一 级 指 标	二 级 指 标
基于招聘数量和质量的评估指标	招聘质量	• 招聘合格率 • 用人单位或部门对新录用员工绩效的满意度 • 新员工对企业和所在岗位的满意度 • 新员工离职率 • 员工录用质量比
基于招聘人员工作的评估指标		• 平均职位空缺时间 • 用人单位对招聘人员工作的满意度 • 新员工对招聘人员工作的满意度 • 招聘渠道的吸引力
基于招聘方法信度和效度的评估指标	招聘信度	• 重测信度 • 副本信度 • 内在一致性信度
	招聘效度	• 预测效度 • 内容效度 • 同测效度
基于招聘成本—收益评估的指标	招聘成本	• 招聘总成本效用 • 招募成本效用 • 选拔成本效用 • 录用成本效用
	招聘收益	• 投资总收益 • 投资净收益 • 投资收益率 • 收益成本比 • 留职至少 n 年（$n = 1, 2, 3, \cdots$）以上新员工的数量或百分比 • 业绩优良的新员工的百分比 • 新员工晋升的百分比 • 推荐的候选人中被录用且业绩突出的员工的比例 • 招聘渠道的效益评估

8.3　招聘成本评估

招聘成本是评价招聘工作的一个重要指标。随着人才竞争的日益激烈，人才招聘的成本亦有增加的趋势。目前，许多企业对招聘成本尚未有足够的重视，很少有企业核算招聘成本，即使核算，方法也往往非常简单，计算的结果也很难说明问题。在西方国家，一些财务总监、首席财务官和公司总裁已经发现这一问题，他们开始向企业的人力资源部索要"招聘成本"这种数据，以便对人力资源部招聘工作的价值进行评估。所以，人力资源招聘工作即将迎来量化和价值化的考察阶段。

8.3.1　招聘成本的分类

招聘成本是指在员工招聘工作中所需花费的各项成本的总和，包括招募、选拔、录用、安置及适应性培训成本等。

1. 招募成本

招募成本是企业为了吸引和确定其所需要的内外人力资源而发生的费用，主要包括招募人员的直接劳务费用（工资与福利）、直接业务费用（如参加招聘洽谈会的费用、差旅费、招聘代理费、专家咨询费、广告费、宣传材料费、办公费、水电费）、间接管理费用（如行政管理费、临时场地及设备使用费）等。招募成本既包括在企业内部或外部招募人员所发生的费用，又包括吸引未来可能成为企业成员人选的费用。例如，为吸引高校学生所预先支付的委托代培费、提供的奖学金、设立的特困基金、举办的校园活动费用（如以企业名称命名的奖学金、以企业名称冠名的大型活动、企业举办的优秀学生夏令营活动）等。其计算公式为：

招募成本 = 直接劳务费用 + 直接业务费用 + 间接管理费用 + 各类预付费用

2. 选拔成本

选拔成本由对应聘者进行人员测评与选拔，以做出决定录用与否时所支付的费用所构成，主要在以下环节产生费用：初步面试，进行人员初选；汇总应聘者申请资料；进行各种书面知识测试与心理测验；进行诊断面试；内部选拔人员现有工作情况调查，提出评价意见；根据应聘者的资料、知识测试成绩与心理测验结果、面试中的表现、调查评价意见等，召集相关人员讨论录用人选；对录用人员进行背景调查，获取有关证明材料；通知背景调查合格者体检，通知体检合格者录用。以上各个环节所产生的费用的计算公式为：

初步面试的费用 = 面试时间 × 主试者的小时工资率

选拔面谈的时间费用 = （每人面谈前的准备时间 + 每人面谈所需要的时间）×
选拔者工资率 × 候选人数

汇总申请资料费用 = （印发每份申请表资料费 + 每人资料汇总费）× 候选人数

考试费用 = （平均每人的资料费 + 平均每人的评分成本）× 参加考试的人数 × 考试次数

（本企业）体检费 = 每位候选人的体检费用 × 检查人数 + 体检时间 ×
体检组织者的小时工资率

此外，选拔成本因应聘者所需从事工作的不同而不同。一般来说，外部人员的选拔成本要高于内部人员的选拔成本，技术人员的选拔成本要高于操作人员的选拔成本，管理人员的选拔成本要高于一般人员的选拔成本。总之，选拔成本随着被选拔人员的职位增高及对企业影响的增大而增加。如果由中介机构代理招聘，选拔成本应包括在代理费用之中。

3. 录用成本

录用成本是指在经过各种测评考核后，将符合要求的合格人选录用到企业时所发生的费用。录用成本包括录取手续费、调动补偿费、搬迁费和旅途补助费等由录用引起的有关费用。这些费用一般都是直接费用。有时可能还会发生一项费用：被录用者在原工作单位劳动合同没有到期，如果要解除合同，原单位提出缴纳一定数额的补偿金，如果被录用者是企业的关键人才，双方协商该补偿金由企业来缴纳，则该部分费用也应该计入录用成本。

一般来讲，被录用者职位越高，录用成本也就越高。从企业内部录用员工仅是工作调动，一般不会再发生录用成本。其计算公式为：

录用成本 = 录取手续费 + 调动补偿费 + 搬迁费 + 旅途补助费 + 离职补偿金 + 违约补偿金

4.　安置成本

安置成本是为安置新员工到具体的工作岗位时所发生的费用。安置成本包括为安排新员工的工作所必须花费的各种行政管理费用、为新员工提供工作所需要的装备费用、欢迎新员工入职的相关费用，以及录用部门因安置人员所损失的时间成本而发生的费用。被录用者职位的高低对安置成本的高低有一定的影响。其计算公式为：

安置成本 = 各种安置行政管理费用 + 必要的装备费用 + 安置人员时间损失成本

5.　适应性培训成本

适应性培训成本是企业为新员工正式上岗前在企业文化、规章制度、基本技能等方面进行培训时所花费的费用。适应性培训成本主要包括培训者的工资，新员工培训期间的工资，以及培训教育管理、培训资料、培训设备折旧等费用。其计算公式为：

适应性培训成本 = （培训者的平均工资率 × 培训引起的生产效率的降低率 + 新员工的
工资率 × 新员工的人数）× 受训的天数 + 教育管理费用 + 资料费用 +
培训设备折旧费用

8.3.2　招聘成本评估的内容

招聘成本评估是指对招聘中的费用进行调查、核实，并对照预算进行评价的过程。它是鉴定招聘效率的一个重要指标。

1.　招聘预算

在招聘工作开始之前，应先制定招聘预算。每年的招聘预算应该是全年人力资源开发与管理总预算的一部分。招聘预算中主要包括招聘广告预算、招聘测试预算、体格检查预算、其他测试预算等，其中招聘广告预算占据相当大的比例。企业可以根据自身的实际情况拟定招聘预算。

2.　招聘核算

招聘核算是指对招聘经费的使用情况进行度量、计算、审计等。通过核算可以了解招聘中经费的使用情况、经费是否符合预算及差异主要出现在哪些环节。核算过程实际上也是对预算的执行情况进行监控的过程。

8.3.3　招聘成本效用评估

招聘成本效用评估是对招聘成本所产生的效果进行分析，主要包括招聘总成本效用分析、招募成本效用分析、人员选拔成本效用分析、人员录用成本效用分析等。

1.　招聘总成本效用分析

该指标说明实际录用人数与招聘费用之间的关系。该比例越大，说明公司花费一定数量的费用后，所取得的效果越好，录用人员越多；反之，则说明公司没能招到足够数量的员工，总成本效用低。其计算公式为：

招聘总成本效用 = 录用人数 ÷ 招聘总成本

2. 招募成本效用分析

该指标说明招募期间的费用支出对于吸引应聘者的效用。该比例越大，说明招募期间费用开支的效用越高，用于不同渠道的费用组合较合理，能够为组织吸引大量的应聘者，企业挑选的余地大，有利于提高录用人员的素质；反之，则说明无效的花费较多，资金应用不合理。其计算公式为：

$$招募成本效用 = 应聘人数 \div 招募期间的费用$$

3. 人员选拔成本效用分析

该指标说明选拔过程中资金使用的效率。该比例越低，说明公司用于选拔的投入越大，选拔面较广、余地较大，被选中的人员素质较高；反之，则说明入选人员多，效果不明显，人员素质可能不高。其计算公式为：

$$人员选拔成本效用 = 被选中人数 \div 选拔期间的费用$$

4. 人员录用成本效用分析

该指标说明录用期间资金的使用效率。其计算公式为：

$$人员录用成本效用 = 正式录用的人数 \div 录用期间的费用$$

8.4 招聘投资收益评估

从上述招聘成本分析中可以了解到，企业在招聘中投入了大量的人力、物力和财力，所以要求一定的投入必须给企业带来一定甚至更多的回报，即招聘投资收益。通过有效招聘获得的新员工入职后，他们不仅要能完成基本工作，为组织创造出预期的收益，而且随着新员工创造性潜力的发挥，还要能创造出更多的新价值。所以，有必要结合招聘成本对招聘投资收益进行定量分析，帮助企业掌握招聘投入与产出的比例，为以后的招聘决策提供依据。

8.4.1 招聘投资收益的预测方法

招聘的收益价值可以通过新员工入职后，以其在岗位上所做出的业绩、利润，以及通过其他方式进行的绩效考评结果，与历史同期或同行业的标准进行比较来确定。

企业招聘投资收益包括录用的新员工为企业带来的直接经济利益、企业产品质量的改善、市场份额的增长幅度、市场竞争力的提高，以及未来支出的减少等各个方面。

对招聘投资收益的分析往往是人力资源会计的工作，常用的方法也是会计收益法，即通过分析招聘带给企业的预期总收益与现实招聘总支出之间的差额，进而计算员工招聘投资净收益的方法。

1. 员工招聘投资总收益

员工招聘投资总收益 = 实际招聘人数 × 招聘过程有效性指标（测评方法的效度）× 应聘后实际工作绩效的差别 × 被录用者在招聘过程中的平均测试成绩

用字母表示为：

$$员工招聘投资总收益 = N \cdot R \cdot \mathrm{SD}y \cdot Z$$

式中，N 为实际招聘人数；R 为招聘过程有效性指标；SDy 为应聘后实际工作绩效的差别；Z 为被录用者在招聘过程中的平均测试成绩。

招聘过程有效性指标是指招聘过程对最佳申请人预测的准确程度，也就是招聘方法的效度。有效性系数越高，测试成绩越高的员工未来的工作业绩让企业满意的可能性越大，测试成绩越低的员工未来的工作业绩让企业满意的可能性越小。一般情况下，R 的取值范围为 $0 \leqslant R \leqslant 1$。当 R 为 0 时，说明预测结果与申请人实际工作行为完全不符，该招聘方法的有效性为 0；当 R 为 1 时，说明预测结果与申请人实际工作行为完全相符，该招聘方法的有效性为 1。关于有效性系数的取值，表 8-4 列示了可供参考的国外经验数据。

表 8-4　员工未来工作绩效预测方法的有效性系数

招聘新员工并进行培训的预测方法		根据当前绩效预测未来绩效的方法	
智力测验	0.53	工作实例测试	0.54
工作试用	0.44	智力测验	0.53
个人简历	0.37	同事评价	0.49
背景调查	0.26	以往工作绩效评价	0.49
实际工作	0.18	专业知识测验	0.48
面试	0.14	评价中心	0.43
培训和实际工作成绩	0.13		
学术成果	0.11		
教育背景	0.10		
兴趣	0.10		
年龄	0.01		

资料来源：Wayne F.Casio，Managing Human Resources，McGraw-Hill，1995，p.206.

应聘后实际工作绩效的差别是指不同申请人每年工作绩效的变化程度。20 世纪 70 年代后期，美国学者经过大量的研究得知，SDy 的取值约等于年工资的 40%。

被录用者在招聘过程中的平均测试成绩是某个申请人预测分数减所有申请人预测分数的平均值与其标准差的商。根据经验，$-3 \leqslant Z \leqslant 3$。

当公式中 4 个因数的值确定之后，即可计算出采用某一特定招聘方法的招聘投资总收益。

2. 员工招聘投资净收益

员工招聘投资净收益＝员工招聘总收益－员工招聘总成本

员工招聘总成本＝实际招聘人数×（全部申请者人均成本×申请人数÷实际招聘人数）

＝实际招聘人数×（全部申请者人均成本÷录用率）

员工招聘总成本＝$N(C/SR)$

式中，N 为实际招聘人数；C 为全部申请者人均成本；SR 为录用率。

把员工招聘总收益和员工招聘总成本的公式代入员工招聘净收益的公式中，得到：

$$U = N \cdot R \cdot SDy \cdot Z - N(C/SR)$$

式中，U 为员工招聘净收益。

例如，某电力公司今年实际招聘 100 人。招聘采用面试与知识测验两种方法相结合的方式进行。方法一为面试，其有效性指标为 0.14；方法二为知识测验，其有效性指标为

0.48。不同应聘者实际工作绩数的差别根据工作记录可知为 5 500 元/年；被录用者在招聘过程中的平均测试成绩为 1.5。全部申请者的人均成本，在采用方法一（面试）时为 30 元，在采用方法二（知识测验）时为 40 元。录用率均为 20%。

根据以上资料分别计算采用方法一、方法二得到的招聘方案的投资净收益，结果如下：

$$U_1 = 100 \times 0.14 \times 5\,500 \times 1.5 - 100 \times 30 \div 20\% = 100\,500\,（元）$$
$$U_2 = 100 \times 0.48 \times 5\,500 \times 1.5 - 100 \times 40 \div 20\% = 376\,000\,（元）$$

从以上计算可知，方法二的招聘净收益较大，方法一较小。

3. 员工招聘投资收益率

员工招聘投资收益率 =（员工招聘总收益 – 员工招聘总成本）÷ 员工招聘总成本
= 员工招聘净收益 ÷ 员工招聘总成本

承上例，方法一的投资收益率 = 100 500 ÷ 15 000 = 6.7
方法二的投资收益率 = 376 000 ÷ 20 000 = 18.8

8.4.2 招聘投资收益的其他评价方法

1. 招聘收益成本比

对员工招聘的工作进行整体评估可以通过招聘收益成本比来实现。这是一项经济评价指标，同时是对招聘工作的有效性进行考核的一项指标。招聘收益成本比越高，说明招聘工作越有效，即招聘收益越大，所录用员工对企业的贡献越大，并且说明所录用人员的素质较高，招聘效果较好，实现了企业设定的招聘目标；反之，说明企业可能招入了不合格的员工，不能实现创造价值的目标。其计算公式如下：

招聘收益成本比 = 所有新员工为组织创造的总价值 ÷ 招聘总成本

2. 留职至少 n 年（$n = 1,2,3,\ldots$）以上新员工的数量或百分比

该比例说明企业招聘所录用人员的适合度及稳定性。一般认为，在企业工作的时间越长，说明该员工接受的培训、通过的考核越多，为公司所做贡献越大，招聘收益越高；反之，则说明招聘收益较低，员工稳定性较差，企业不仅要为他们支付离职成本，还要为填补空缺职位而花费更多的重置成本。其计算公式如下：

留职 n 年以上的新员工百分比 = 留职 n 年以上的新员工 ÷ 新员工录用总人数 × 100%

3. 业绩优良的新员工的百分比

该比例说明所招聘的新员工的优秀率。该比例越大，说明新员工总体素质、能力越强，可能为企业创造更多的收益，企业可以根据新员工历史资料对其进行最优安置；反之，则说明所录用新员工的能力可能不强或者缺乏相关的经验，从而使得招聘收益下降。其计算公式如下：

业绩优良的新员工的百分比 = 业绩优良的新员工数 ÷ 新员工录用总数 × 100%

4. 新员工晋升的百分比

该比例说明所招聘的新员工获得晋升的比例。该比例越大，说明新员工的综合素质越高，潜力发挥充分，对企业的贡献度大，也说明录用员工的质量较高。其计算公式如下：

新员工晋升的百分比 = 晋升的新员工数 ÷ 新员工录用总数 × 100%

5. 推荐的候选人中被录用且业绩突出的员工的比例

该比例反映新员工被录用后实际的工作表现。该指标具有较强的说服力，即新员工通过实际业绩说明其为公司创造的价值，也反映招聘工作的后期效果是否良好，公司可据此对招聘人员进行适当的奖赏。其计算公式如下：

推荐的候选人中被录用且业绩突出的员工的比例＝推荐的候选人中被录用且业绩突出的员工数÷推荐的候选人总数×100%

6. 招聘渠道的效益评估

对招聘渠道的效益进行评估，可以为企业找到最经济、效率最高的招聘渠道组合。招聘渠道的效益评估主要从以下几点考虑：每种渠道所吸引的应聘者数量，各渠道应聘者的招聘成本，每种渠道合格应聘者的数量，每个合格应聘者的成本，每种渠道来源的应聘者中优秀者的数量。

案例

CZ 股份有限公司人员招聘评估

CZ 股份有限公司通过对近三年来数据的统计分析，对招募、选拔和录用阶段招聘效果进行评估。

1. 人员招募阶段招聘效果评估

人员招募阶段效果评估主要从招聘数量和招聘成本上进行，计算应聘人数、录用人数及招聘计划完成之间的比例关系，以此推测人员招募阶段的招聘效果。

CZ 股份有限公司应聘比：

2020 年应聘比＝应聘人数÷计划招聘人数×100%＝6 240÷12×100%＝520%

2021 年应聘比＝应聘人数÷计划招聘人数×100%＝7 348÷15×100%≈489.87%

2022 年应聘比＝应聘人数÷计划招聘人数×100%＝8 587÷20×100%≈429.35%

CZ 股份有限公司招聘完成比：

2020 年招聘完成比＝录用人数÷计划招聘人数×100%＝5÷12×100%≈41.67%

2021 年招聘完成比＝录用人数÷计划招聘人数×100%＝7÷15×100%≈46.67%

2022 年招聘完成比＝录用人数÷计划招聘人数×100%＝8÷20×100%＝40%

CZ 股份有限公司招聘成本效用：

2020 年招募成本效用＝应聘人数÷招募期间费用＝6 240÷85 200×100%≈7.32%

2021 年招募成本效用＝应聘人数÷招募期间费用＝7 348÷252 400×100%≈2.91%

2022 年招募成本效用＝应聘人数÷招募期间费用＝8 587÷190 300×100%≈4.51%

结合 CZ 股份有限公司近三年的招聘数量评估数据计算结果，发现 2021 年该公司招聘完成情况提高，招聘成本效用却下降了。主要原因是，2021 年，公司拓宽了中层管理人员的招聘渠道，开展了与猎头公司的合作，招聘完成情况较 2020 年要好，但是招聘成本支出却增加了。招聘完成比在 2021 年有所上升，到 2022 年招聘完成比继续呈现下降的趋势。

2. 人员选拔阶段招聘效果评估

人员选拔阶段的评估，主要是对各种招聘方法和招聘时间长短进行评估。

CZ 股份有限公司录用比：

2020 年录用比 = 录用比 ÷ 应聘人数 × 100% = 5 ÷ 6 240 × 100% ≈ 0.08%

2021 年录用比 = 录用比 ÷ 应聘人数 × 100% = 7 ÷ 7 348 × 100% ≈ 0.1%

2022 年录用比 = 录用比 ÷ 应聘人数 × 100% = 8 ÷ 8 587 × 100% ≈ 0.09%

CZ 股份有限公司在人员选拔阶段主要用的招聘方法是履历分析、笔试和面试三种方法。录用比在 2021 年因引入猎头而有所提高。

3. 人员录用阶段招聘效果评估

人员录用阶段的评估有两个方面的预测作用：一方面，在人员选拔阶段，评估通过招聘方法选拔的人才是否能正常胜任该工作；另一方面，在人员录用阶段的岗位培训及试用期考查各环节，评估人员胜任力是否有所提高。

CZ 股份有限公司录用合格比：

2020 年录用合格比 = 录用人员胜任工作人数 ÷ 实际录用人数 × 100%

= 3 ÷ 5 × 100% = 60%

2021 年录用合格比 = 录用人员胜任工作人数 ÷ 实际录用人数 ÷ 100%

= 5 ÷ 7 × 100% ≈ 71.4%

2022 年录用合格比 = 录用人员胜任工作人数 ÷ 实际录用人数 ÷ 100%

= 4 ÷ 8 × 100% = 50%

从 CZ 公司录用合格比上可以推断出新入职员工在胜任工作方面呈波动趋势；2022 年不再单纯依赖猎头中介推选中层管理人员后，录用合格比呈下降趋势。

自 测 题

一、判断题

1. 职位选择率低于 1.0 的程度越大，管理者在选择决策中的可行方案就越少。（　　）

2. 录用比越小，表明对企业来说可供选择的人员越多，实际录用者的素质就越高。

（　　）

3. 应聘比越大，说明组织的招聘信息发布效果越好，招聘渠道吸引力就越大。（　　）

4. 应聘者多次接受同一测试或有关测试时，若其结果相同或相近，则认为该测试的有效性较高。（　　）

5. 企业招聘总成本效用越高，说明企业花费一定数量的费用后，所取得的效果越好。

（　　）

二、单选题

1. 人员招聘是一项经济活动。在保证招聘质量的基础上，尽可能降低招聘成本，体现了（　　）原则。

    A. 竞争　　　　　B. 效率优先　　　　C. 双向选择　　　　D. 公平、公开

2. 企业完成人员招聘工作后应对（　　）和录用人员进行评估。

    A. 招聘效果　　　B. 招聘成绩　　　　C. 招聘部门　　　　D. 招聘成本

3. 以下不属于招聘方法成效评估信度类型的是（　　）。

    A. 重测信度　　　B. 副本信度　　　　C. 同测信度　　　　D. 内在一致性信度

4．从员工招聘投资净收益计算公式 $U = N \cdot R \cdot \mathrm{SD}y \cdot Z - \left(NC / SR \right)$，可知（　　）。

  A．$SR \to 1$，企业选择性 $\to 0$ B．$SR \to 1$，企业选择性 $\to \infty$

  C．$SR \to 0$，企业选择性 $\to 0$ D．$SR \to 1$，企业选择性 $\to 1$

三、多选题

1．招聘评估的要素包括（　　）。

  A．评估内容   B．评估指标   C．评估对象   D．评估方法

2．招聘评估的标准包括（　　）。

  A．主观性   B．标准化   C．适合性   D．有效性

3．招聘的效度评估包括（　　）。

  A．预测效度   B．同测效度   C．重测效度   D．内容效度

4．以下属于招聘成本的有（　　）。

  A．招募成本   B．选拔成本

  C．录用成本   D．适应性培训成本

5．招聘的成本效用评估是对招聘成本所产生的效果进行的分析，它主要包括（　　）。

  A．招聘总成本效用分析   B．招募成本效用分析

  C．选拔成本效用分析   D．录用成本效用分析

四、练习与思考

1．招聘评估时应遵循怎样的原则？

2．简要分析目标管理法在招聘评估中的运用。

3．列出评估招聘人员工作的主要指标。

4．简要阐述招聘成本评估的基本程序。

5．如何对招聘渠道的效益进行评估？

五、计算题

今年 4 月，某公司因生产经营需要面向社会公开招聘下列人员：管理人员 15 名、销售人员 50 名、生产工人 30 名，共计 95 名。根据有关部门预测，新招员工将为公司创造 3 500 000 元收入。招聘完成后，相关资料统计如表 8-5 所示。

表 8-5　某公司招聘情况统计

指　标	人 员 分 类		
	管 理 人 员	销 售 人 员	生 产 工 人
应聘人数	15	50	30
录用人数	6	20	24
实际招募费用（元）	2 400	2 460	2 250
实际选拔费用（元）	2 040	2 640	2 230
实际录用费用（元）	600	600	800

1．计算招聘管理人员、销售人员、生产工人的单位成本，并进行比较分析。

2．计算招聘收益成本比，并进行招聘收益成本分析。

六、案例分析

1. 某公司正处在成长期，业务不断拓展，市场部提出急需增加人手。公司决定招聘一批市场营销人员。人力资源部按照职位说明书的描述进行招聘准备工作，开展了一系列招聘活动。

在面试之前，人力资源部提出让市场部的管理人员参加面试，可市场部的人实在太忙了，即使是管理人员也难得在公司露面，用手机联系上他们后的回答是："我们哪里顾得上这些事啊，面试是人力资源部的事，叫我们干什么呀！"

所招聘的人员到位一段时间后，市场部管理人员开始抱怨："人力资源部招聘来的人不好用，不适合干市场，安排的指标任务完不成。"

"究竟要什么样的人，从你们那里听不到一点意见，面试也不参加。"人力资源部的人也很委屈，"想要什么样的人，你们自己最清楚。招聘过程不参与、不配合，人来了，又埋怨我们。"

思考题：

（1）该公司的招聘问题到底出在哪里？

（2）如何处理人力资源部和业务部门的关系，使招聘更有效？

2. N化学有限公司是一家跨国企业，主要以研制、生产、销售医药、农药为主。A公司是N化学有限公司在中国的分公司，主要生产、销售医疗药品。随着生产业务的扩大，为了对生产部门的人力资源进行更有效的管理开发，今年年初，分公司总经理把生产部经理于欣和人力资源部经理王力叫到办公室，商量在生产部设立一个处理人事事务的职位，主要负责生产部与人力资源部的协调工作，通过外部招聘的方式寻找人才。

在走出总经理办公室后，人力资源部经理开始了一系列工作，在招聘渠道的选择上设计了两个方案。一个方案是在本行业专业媒体中做专业人员招聘广告，费用为3 500元。好处：对口的人才比例会高些，招聘成本低。不利条件：对企业的宣传力度小。另一个方案是在大众媒体上做招聘广告，费用为8 500元。好处：对企业的宣传力度很大。不利条件：非专业人才的比例很高，前期筛选工作量大，招聘成本高。因此，建议选用第一种方案。总经理看过招聘计划后，认为公司在中国处于初期发展阶段，不应放过任何一个宣传企业的机会，于是选择了第二种方案。

招聘广告刊登后一周内，人力资源部收到了800多份简历。王力和人力资源部的人员在800份简历中筛出70份有效简历，又经筛选后，留下5人。于是他来到生产部经理于欣的办公室，将此5人的简历交给了于欣，并让于欣直接约见面试。于欣经过筛选后认为可从李楚和王智勇两人中做选择。他们将所了解的两人资料对比如下：

李楚，男，企业管理学士学位，32岁，8年人事管理和生产管理经验，在之前的两份工作中均有良好的表现，可录用。

王智勇，男，企业管理学士学位，32岁，7年人事管理和生产管理经验，以前曾在两个单位工作过，第一位主管评价很好，没有第二位主管的评价资料，可录用。

从以上资料中可以看出，李楚和王智勇的基本资料相当。

生产部经理于欣反复考虑后，来到人力资源部经理办公室，与王力商谈录用何人。

王力："两位候选人看来似乎都不错，你认为哪一位更合适呢？"

于欣："两位候选人的资格审查都合格了，唯一存在的问题是王智勇的第二家公司主管给的资料太少，虽然如此，我也看不出他有何不好的背景，你的意见呢？"

王力："于经理，显然你我对王智勇的面谈表现都有很好的印象，人嘛，有点圆滑，但我想我会很容易与他共事，相信在以后的工作中不会出现大的问题。"

于欣："由你做出决定更好，明天就可以通知他来工作。"

于是，最后决定录用王智勇。

王智勇来到公司工作了 6 个月，经观察发现其工作不如期望得好，指定的工作经常不能按时完成，有时甚至表现出不能胜任工作的行为，所以引起了管理层的抱怨，显然他对此职位不适合，必须加以处理。

然而，王智勇也很委屈：来公司工作了一段时间后，发现招聘时所描述的公司环境和各方面的情况与实际情况并不一样，原来谈好的薪酬待遇在进入公司后又有所减少，工作的性质和面试时所描述的有所不同，也没有正规的工作说明书作为岗位工作的基础依据。

思考题：

（1）A 公司在招聘结束后没有进行招聘评估，请你对此次招聘工作进行系统评估。

（2）此次招聘失败的症结主要在哪里？应该如何改进？

第 9 章
人员招聘与甄选实验操作

本章学习目标

1. 掌握人员招聘的模拟操作。
2. 掌握招聘广告拟定与发布的模拟操作。
3. 掌握结构化面试的模拟操作。
4. 掌握无领导小组讨论的模拟操作。
5. 掌握公文处理测验的模拟操作。

学习导航

第9章　人员招聘与甄选实验操作

9.1　人员招聘模拟实验
9.1.1　实验内容与目的
9.1.2　实验要求
9.1.3　实验条件准备
9.1.4　实验步骤与过程
9.1.5　实验成果及评价
9.1.6　课后练习题
9.1.7　相关表单和范例

9.2　招聘广告拟定与发布模拟实验
9.2.1　实验内容与目的
9.2.2　实验要求
9.2.3　实验条件准备
9.2.4　实验步骤与过程
9.2.5　实验成果及评价
9.2.6　课后练习题

9.3　结构化面试模拟实验
9.3.1　实验内容与目的
9.3.2　实验要求
9.3.3　实验条件准备
9.3.4　实验步骤与过程
9.3.5　实验成果及评价
9.3.6　课后练习题
9.3.7　结构化面试试题和评分表范本

9.5　评价中心模拟实验二——公文处理测验
9.5.1　实验内容与目的
9.5.2　实验要求
9.5.3　实验条件准备
9.5.4　实验步骤与过程
9.5.5　实验成果及评价
9.5.6　课后练习题
9.5.7　公文处理题及评分表范例

9.4　评价中心模拟实验一——无领导小组讨论
9.4.1　实验内容与目的
9.4.2　实验要求
9.4.3　实验条件准备
9.4.4　实验步骤与过程
9.4.5　实验成果及评价
9.4.6　课后练习题
9.4.7　无领导小组讨论测评场地布置、讨论题目及评分表范例

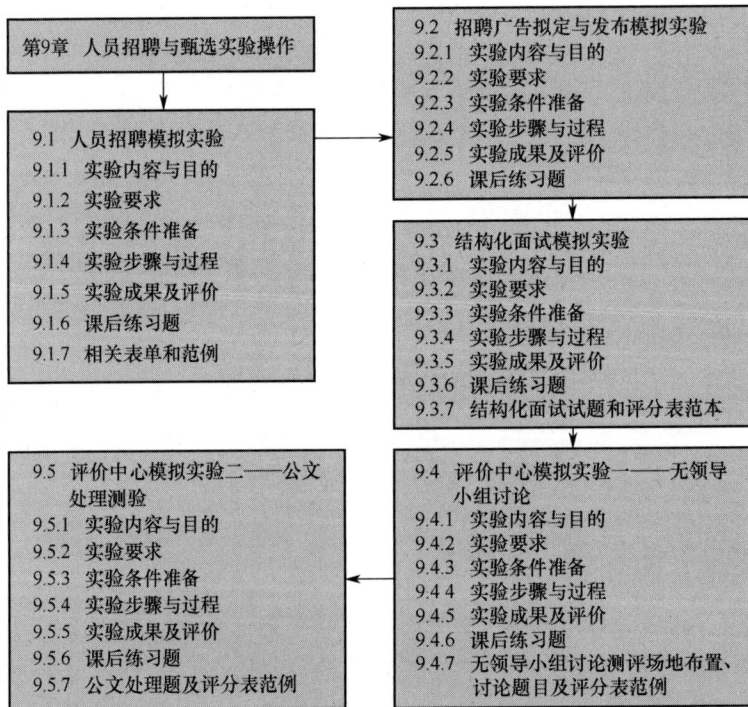

　　实验的性质是课堂实验教学，模拟招聘中的具体环节，让所有学生积极参与，培养学生的实验操作能力。

9.1　人员招聘模拟实验

9.1.1　实验内容与目的

本实验的内容：人员招聘的流程操作；根据流程实施完整的招聘操作。

本实验的目的：一是帮助学生掌握招聘渠道、招聘方法和招聘工具，以及人员招聘的流程；二是帮助学生能够有序地组织"招、选、聘"工作。

9.1.2　实验要求

1．对指导老师的要求

（1）指导老师应事先提供的相关材料：实验背景（公司背景）、公司拟招聘的职位信息（包括职位名称、职责和任职资格要求）、实验的基本规则、实验评价标准等。

相 关 链 接

实验背景及拟招聘的职位

上海某通用设备制造有限公司成立于 1996 年 11 月，专门从事世界知名品牌风机设备的引进和销售，以其诚信、严谨的作风在国内外风机设备市场上享有盛誉。公司在上海某开发区拥有近 20 000 平方米的生产中心，在新技术研发与产品质量的监控上达到行业先进水平。同时，硬件的配置在国内也是首屈一指的，拥有国内第一家大型实验室及风机展览室等一系列硬件设施。公司在上海浦东陆家嘴地段拥有占地 400 余平方米的营销中心；目前在国内十多个大中城市设立了办事处，建立了覆盖全国的网络；在北京、沈阳、天津、青岛、南京、苏州、上海、武汉、杭州、广州、重庆、西安等 18 个城市建立了自己的销售、售后服务、技术支持网点。在接下来的几年时间里，公司将全力发展更强的营销队伍，发展更多销售网点，把公司做强做精，成为行业中的领先者。在这个过程中，公司不仅致力于建立完善的管理体系，同时对专业素质人才求贤若渴。

公司现在上海地区就如下职位进行人才招聘：销售管理部经理、销售管理部经理助理、销售工程师、高级市场分析员、市场品牌主管、售后服务工程师、人力资源部经理、人力资源专员、行政专员、产品设计工程师、质量管理部经理、成本会计、结算会计、物流专员等。

人力资源部经理的职位要求

工作职责：

- 负责公司日常的人力资源管理工作。
- 制定公司人力资源规划，建立完善的人事制度。
- 完成公司的招聘计划，包括筛选、人员面试、薪资确定等工作。
- 完善、监管和执行公司薪资福利政策。
- 完善公司员工考核方案，指导并监督各部门员工的考核工作。
- 为公司各部门提供人事咨询和职业指导，推行公司经营理念及企业文化。

任职资格：

- 大专及以上学历，有较丰富的人力资源管理知识和现代企业管理知识，了解人力资源部的业务流程，熟悉国家相关法律法规和上海市劳动人事政策。
- 两年以上大、中型企业人力资源管理经验，有机械制造类企业工作经历者优先。
- 具有优秀的外联与公关能力、较强的执行力及突发事件处理能力，以及较强的分析、解决问题的能力，且能做好沟通、协调工作。
- 对现代企业管理模式有系统的了解和实践经验积累，在公司制度建设、业务流程管理等方面具有丰富的实践经验。
- 具有较强的逻辑思维能力和优秀的人品，工作认真积极、责任心强，处事态度积极进取。

（2）指导老师在实验中需承担的任务：制定实验规则，划分任务小组，观察实验操作，以及对实验结果进行评价。

2．对学生的要求

（1）学生应提供的材料：职位招聘的相关表格，如人员需求申请表、应聘登记表等。

（2）学生在实验中需承担的任务：根据模拟职位的要求提出人员需求申请，获得批准后进行招募、甄选、录用等。

9.1.3　实验条件准备

1．硬件条件

（1）多媒体教室或实验室。
（2）计算机若干台、投影仪。
（3）可移动的桌椅。

2．软件条件

（1）人员需求申请表（见表 9-1）。
（2）招聘广告。
（3）应聘登记表（见表 9-2）。
（4）结构化面试指导。
（5）初试测评表（见表 9-3）。
（6）复试测评表（见表 9-4）。
（7）录用决定（见表 9-5）。
（8）录用通知单。
（9）新员工体检通知书。

9.1.4　实验步骤与过程

1．实验准备（课前准备）

1）划分任务小组

本次实验可以划分为招聘组、求职组和观察组三组，每组包括 6～8 人。组内成员角色扮演和任务分配自行决定。每组自选一名组长，作为各任务小组的负责人。

2）面试模拟职位的分配

指导老师提供所要模拟的公司背景和职位招聘需求。模拟面试的职位涵盖面要广，要选择学生熟悉且未来有意向的职位。职位应涵盖高层、中层和基层，如副总经理、部门经理、经理助理、秘书等。实际操作时，职位的选择应考虑实验的规模、参与人员数量、方便操作等因素。高校模拟一般选择中层或基层管理职位较合适。

3）各小组的任务分配和准备

（1）招聘组。本实验的内容是模拟企业招聘的全过程。企业招聘将涉及用人部门、人力资源部、部门分管领导等角色。用人部门的招聘职责在于根据部门业务需求提出人员需求计划，填写招聘申请表，设计笔试、面试题目，担任考官进行面试，做出初步录用决策等。人力资源部负责招聘的组织工作，如编制公司人员需求计划、审核招聘申请表、拟定招聘广告并通过渠道发布招聘信息、筛选求职材料、组织安排笔试、组织和参与面试、安排拟录用人员体检、对拟录用人员进行背景调查、寄发录用通知书等事宜。部门分管领导（如副总经理、总经理）需要审核招聘申请、参与面试及对某些职位招聘做出最终的录用决策。

为此，招聘组应根据上述招聘流程分配角色及其任务。

角色分配的建议：各用人部门主管若干，人力资源部门主管1人，人力资源部其他员工若干，分管副总或总经理各1人。

（2）求职组。求职组的主要任务是，选择模拟职位，根据模拟职位制作简历，参加企业招聘，以及形成招聘过程中的心得体会报告。

（3）观察组。观察组的主要任务是，对招聘组的招聘组织和实施工作、求职组的求职表现进行观察，形成招聘观察报告。

2. 实验实施

（1）用人部门根据实际业务需求，提出正式的员工需求申请。即填写人员需求申请表（见表9-1），详列拟招聘职位的招聘原因、职责范围和资历要求，并报人力资源部核查。

（2）人员需求申请表审批。公司一般员工、临时用工的招聘申请由人力资源部分管副总批准；在人员编制预算计划内的公司中高层管理职位的招聘申请由公司总经理批准。

（3）撰写并发布招聘广告。人员需求申请审批通过后，用人部门拟定详细的招聘岗位工作职责和任职资格，人力资源部据此撰写招聘广告，并通过网络、报纸、杂志、招聘会、人才中介或猎头公司等渠道发布。

（4）应聘者投递推荐信、简历或应聘登记表（见表9-2）等求职材料，人力资源部对应聘资料进行收集、分类、归档，并按照所需岗位的职位描述做初步筛选。

（5）人力资源部将初步筛选出的求职材料递交各用人部门，由用人部门再次筛选，确定面试人员。

（6）人力资源部向初选合格的求职者发出笔试或面试通知，并要求其笔试、面试时提供学历证书、身份证等相关证件的原件。

（7）人力资源部组织笔试和面试工作，如组建招聘小组、准备笔试和面试试题、安排笔试和面试程序、选择面试方式、培训面试考官（主要是用人部门主管）等。

（8）初试。初试由人力资源部人员（面试官）和用人部门共同组成。初试一般使用笔试和面谈两种方式。人力资源部对应聘人员的智力、品德和综合素质进行初试和评价，用人部门从专业知识、工作经验与能力方面对应聘人员进行初试和评价。

（9）面试小组对应聘者的初试予以评价，得出初试成绩，确定复试人选，填写应聘人员初试测评表（见表 9-3）。初试合格者进入复试环节；初试表现突出者拟予聘任，交由主管领导审批。

（10）复试小组进行复试并予以评价，得出复试成绩，填写应聘人员复试测评表（见表 9-4）。

（11）汇总面试成绩和面试记录，做出录用与否的决策，填写"录用决定"（见表 9-5），并反馈给应聘者。

（12）人力资源部安排拟录用人员到指定医院进行体检。

（13）拟录用人员体检合格后，人力资源部将"录用决定"转用人部门签署聘用意见。用人部门同意聘用后，不同层次、不同级别的人员按不同的审批权限进行批准。

（14）要求经理级及以上职位应聘人员在面试时提供工作证明人，必要时对其做背景调查，并将背景调查报告记录在应聘人员登记表上。

（15）寄发录用通知书或报到通知书。

（16）办理入职手续，确定试用期。试用期考查、考核结束后，决定是否正式录用。被录用者办理转正手续。

（17）对招聘过程进行总结和评估。

9.1.5　实验成果及评价

1. 预期成果

（1）招聘模拟前的讨论会纪要。
（2）招聘总结和招聘评价报告。
（3）实验报告。

2. 评价内容及评价标准

（1）招聘模拟前的准备工作。即模拟企业内部的分工是否明确，职责是否清晰，笔试、面试试题是否具有针对性，招聘表格设计是否科学。
（2）招聘实施情况。即招聘各阶段是否连贯、协调，招聘组织是否得当。
（3）应聘者对模拟企业招聘工作的评价。即满意度如何。
（4）应聘者在模拟招聘中的表现。即笔试、面试成绩得分如何。
（5）招聘总结和评价报告。即总结和评价是否客观、全面。
（6）实验报告。即撰写的质量评价如何。

9.1.6　课后练习题

1. 影响招聘效果的主要因素有哪些？
2. 请对你所在小组的实验效果进行客观评价。

9.1.7　相关表单和范例

1. 招聘流程（见图 9-1）

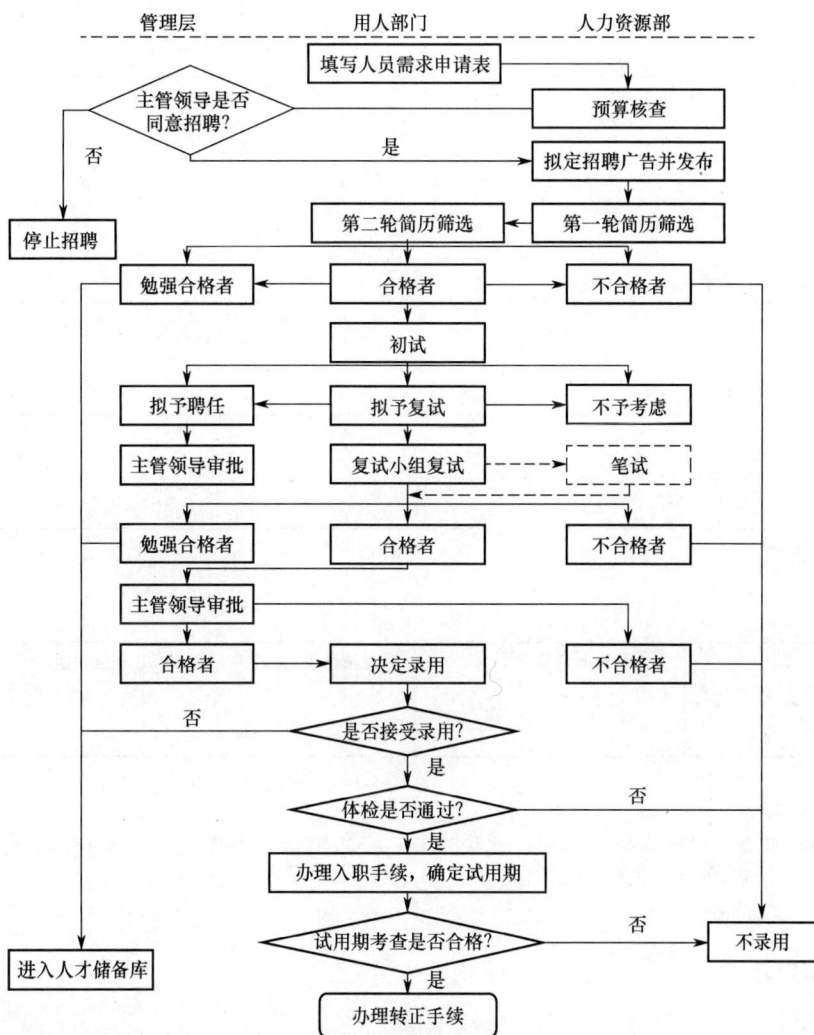

图 9-1　招聘流程

2. 人员需求申请表（见表 9-1）

表 9-1　人员需求申请表

编号：

申请单位：		申请日期：　　年　　月　　日
申请人数____人　　男 _____人 　　　　　　　女 _____人	职位名称： _____	本职现有人数：_____ 人
教育程度：学历：_____以上　专业：_____		希望报到日期：　　年　　月　　日
招聘事由：		

（续表）

岗位工作内容：
岗位任职资格要求：
（请详述工作所需经验的种类及程度或年数） 其他能力： □计算机操作　　　□汽车驾照　　　□语言：英语　　　□其他：
特别训练：
人力资源部说明栏：

申请人：	人力资源部意见：	分管领导意见：	相关说明：

注意事项：

1. 不同职别请另纸填写。

2. 申请流程：申请部门主管填写→人力资源部编注→权责主管核定→人力资源部刊登招聘广告→应征者来函→人力资源部初审→用人部门审核→人力资源部通知面试→面试→录用签核→新人报到。

3. 提出新人申请至其报到需 14～60 天。

3. 招聘广告

1. 公司简介

1）公司所处行业、性质、规模、业务经营范围

……

2）福利制度

……

3）培训

……

职位名称：<u>人力资源部经理</u>　　（人数：<u>1</u>名，工作地点：<u>上海</u>）

2. 职位描述

工作职责：

● 负责公司日常的人力资源管理工作。

● 制定公司人力资源规划，建立完善的人事制度。

- 完成公司的招聘计划，包括筛选、人员面试、薪资确定等工作。
- 完善、监管和执行公司薪资福利政策。
- 完善公司员工考核方案，指导并监督各部门员工考核工作。
- 为公司各部门提供人事咨询和职业指导，推行公司经营理念及企业文化。

任职资格：

- 大专及以上学历，有较丰富的人力资源管理知识和现代企业管理知识，了解人力资源部的业务流程，熟悉国家相关法律法规和上海市劳动人事政策。
- 两年以上大、中型企业人力资源管理经验，有机械制造类企业工作经历者优先。
- 具有优秀的外联与公关能力、较强的执行力及突发事件处理能力，以及较强的分析、解决问题的能力，且能做好沟通、协调工作。
- 对现代企业管理模式有系统的了解和实践经验积累，在公司制度建设、业务流程管理等方面具有丰富的实践经验。
- 具有较强的逻辑思维能力和优秀的人品，工作认真积极、责任心强，处事态度积极进取。

待遇：

……

报名方法：有意者请将个人简历、学历证明复印件及其他证明工作能力的材料寄送（或 E-mail）至公司人力资源部。

公司地址：上海市××路××号上海某通用设备制造有限公司

邮编：××××××

网址：××××

联系人：××××

电话：××××

E-mail：××××

4. 应聘登记表（见表 9-2）

表 9-2 应聘登记表

姓　　名		性　　别		出生年月		照片
学　　历		婚　　否		民　　族		
专　　业		毕业院校				
健康状况		户籍所在地				
政治面貌		身份证号码				
参加工作时间		有无住房		要求待遇		
联系电话		电子邮件		手机号码		
联系地址						
现工作所在地						
离职原因						
教育背景						

179

（续表）

专业技能					
工作经历					
家庭情况	姓　　名	关　　系	年　　龄	文化程度	现工作单位
特别提示	1. 本人保证所填写资料真实。 2. 保证遵守公司招聘有关规程和国家有关法规。				

5. 结构化面试指导样本

结构化面试

面试官指导语：你好，首先祝贺你顺利通过了笔试，欢迎参加今天的面试，以增进我们对你的直接了解。我们会问你一些问题，有些和你过去的经历有关，有些要求你发表自己的见解。对我们的问题，希望你能认真和实事求是地回答。面试时间为30分钟左右。回答每个问题前，你可以先考虑一下，不必紧张。回答时，请注意语言简洁明了。

1. 学历与教育背景

（1）请你简要介绍一下自己的求学经历。

（2）请问你在求学经历中参加过哪些社团组织或哪些公益活动？你在其中扮演什么角色？

（3）你接受过哪些能够帮助你从事所申请工作的教育和训练？

……

2. 专业知识

（1）战略性人力资源管理的核心是什么？

（2）公司有一个重要职位空缺，对于内部招聘和外部招聘，你更倾向于选择哪种方式？

……

3. 工作经历

（1）请你简要介绍一下自己的工作经历。

（2）除了简历上的工作经历，你还会关注哪些领域（或有没有其他潜在的兴趣或者想尝试、从事的其他职业）？

（3）你在目前的工作岗位上主要负责哪些工作内容？

（4）对于那份工作，你最喜欢的是什么方面？最不喜欢的是什么方面？

……

4．工作能力

（1）举个例子说明一下你曾经做过的一个成功计划及实施过程。

（2）工作中当你发现自己的实施结果与事先计划出现较大的偏差时，你将如何去行动？

（3）说说你是怎样理解决策方案中的"最优"与"更优"的关系的，它们对你的决策思想有怎样的影响。

（4）工作中，你发现上司的管理方式有些不妥，并有了自己的想法，此时你会如何去做？

……

5．个性特征

（1）请简要描述一下你的个性，以及你觉得自己是什么性格的人。

（2）你认为还需要提高哪方面的能力？

（3）你怎样看待游戏中的输赢？

……

6．兴趣爱好

（1）你在工作之余有哪些兴趣爱好？兴趣中有没有比较拿手的？

（2）你在大学所学的专业课中最感兴趣的是哪一门？

（3）谈谈你目前想去学习或弥补的知识。

……

7．其他问题

（1）你愿意工作地址迁至新地方吗？

（2）你怎样看待周末上班？

（3）你愿意出差吗？你愿意出差的最长时间是多少？

……

6．应聘人员初试测评表（见表9-3）

表9-3　应聘人员初试测评表

姓　名		性　别		年　龄		应聘岗位	
学　历			专　业			户口所在地	
形　象							
仪　表	□ 衣冠讲究 □ 整洁一般 □ 随便懒散			态　度		□ 大方得体 □ 傲慢 □ 拘谨	
语　言	□ 表达清晰 □ 尚可 □ 含混不清			精神面貌与健康状况		□ 佳 □ 一般 □ 差	
直观印象							

（续表）

能　　力			
语言表达能力			
沟通能力			
应变能力			
综合能力			
专业知识技能			
工作经验			
其他			
求职动机			
工作态度			
薪酬要求			
综合评价			
面试评语		初试结论： □ 拟予聘任 □ 拟予复试 □ 不予考虑	面试人签字

7. 应聘人员复试测评表（见表9-4）

表9-4　应聘人员复试测评表

姓　　名		应聘岗位	
初试成绩			
评价项目	评价记录		相关说明
学历背景			
专业知识技能			
工作经验			
求职动机			
工作态度			
发展能力			
薪酬要求			

（续表）

综合评价			
面试评语		复试结论： □建议录用 岗位： □可以试用 □不予考虑	复试小组成员签字

8. 录用决定（见表 9-5）

表 9-5　录用决定

应聘人姓名	
部　　门	
拟聘级别	
拟聘职位	
面　试　人	
薪资福利情况 （人力资源部填写）	
入职日期	
综合评估	

用人部门负责人签名：　　　　　　　　　　年　　月　　日

9. 录用通知书

_____先生/女士：

　　根据我公司的需要及对你各项基本情况的审查和考核，决定录用你为本公司员工。请你于____月____日____点____分到公司人力资源部报到。如有特殊情况，不能按时报到，请提前与人力资源部联系，否则视为自动放弃。

　　报到时请携带近期免冠一寸照片 3 张及身份证、学历证明复印件各两份。

此致
敬礼！

人力资源部电话：×××-×××××××××

××公司人力资源部
年　月　日

注：本单一式三份：一份交被录用人；一份装入被录用人档案；一份存于人力资源部以备查阅。

10. 新进员工体检通知书

××公司新进员工体检通知书

_____先生/小姐，欢迎你加入××公司之大家庭，在报到之前，请你持本通知单快速前往××市××医院北院进行健康检查。

检查地点：××市××医院北院（中山北路53号）六楼体检中心

1. 注意事项

（1）请于检查当日上午8:00到达医院，空腹受检，同时需携带身份证原件、近期彩色照片1张、现金人民币100元。

（2）体检程序：北院六楼体检接待室登记→六楼挂号处交款→各项体检→将体检表交回医院体检中心。

（3）体检结果由××医院直接报告公司人力资源部。如无特殊状况则不予通知；对体检不合格者，公司将会在报到日前提前通知体检者本人。

2. 体检注意事项

（1）填表时字迹要清楚，姓名、性别、年龄、既往病史一定要填写，个人病史、过敏病史、家族病史也要填写。

（2）体检当天空腹（禁食、禁水），体检前3天禁酒、禁高脂饮食。

（3）体检时抽血、肝胆B超需空腹，肝胆B超结束后可进食。

（4）体检完毕，单位、个人的体检表均交回体检中心。

（5）体检地点在××医院北院（中山北路53号）。

联系电话：××××××

9.2　招聘广告拟定与发布模拟实验

9.2.1　实验内容与目的

本实验的内容：关于人员招聘中招募环节的任务，即招聘广告的拟定与发布，通过课堂模拟开展。

本实验的目的：一是让学生掌握招聘广告写作的要点和注意事项，能够独立撰写招聘广告；二是通过模拟实验，让学生能够独立收集和了解各种媒体渠道的相关信息，如渠道类型、优缺点等，能够完成招聘广告发布。

9.2.2　实验要求

1．对指导老师的要求

（1）指导老师应事先提供的相关材料：实验背景（公司背景）、公司拟招聘的职位信息（包括职位名称、职责和任职资格要求）、实验的基本规则、实验评价标准等。

实验背景、拟招聘的职位及人力资源部经理的职位要求举例，详见 9.1 人员招聘模拟实验。

（2）指导老师在实验中需承担的任务：制定实验规则，划分任务小组，观察实验操作，并对实验结果进行评价。

2．对学生的要求

（1）学生应提供的材料：职位说明书、各媒体渠道的资料、招聘广告等。

（2）学生在实验中需承担的任务：根据模拟职位的要求，拟定招聘广告，并寻找合适的媒体渠道进行发布。

9.2.3　实验条件准备

1．硬件条件

（1）桌椅可以移动的多媒体教室或实验室。
（2）计算机、投影仪。
（3）网络。

2．软件条件

职位说明书。

9.2.4　实验步骤与过程

1．实验准备（课前准备）

（1）划分任务小组。本次实验划分成若干小组，每组 5 人左右。组内成员角色扮演和任务分配自行决定。每组自选一名组长，作为各小组的负责人。

（2）拟招聘的职位分配。指导老师提供所要模拟的公司背景、职位要求（包括职责、任职资格要求）。

（3）各小组的任务分配和准备。①公司背景和拟招聘职位分析。②拟招聘职位的招聘广告写作。③招聘渠道分析和选择，渠道分析报告形成。④招聘广告发布。

2．实验实施（课堂两节课）

本次实验包括以下步骤：

（1）公司背景和拟招聘职位分析——"我需要什么样的人"。公司期望招聘能够胜任工作的人员，即招聘的人员应该能够符合任职资格条件，能够胜任职位规定的工作职责。因此，企业招聘时首先应该分析拟招聘职位的资格条件和职责，其次需要了解该职位在企业所处的层次、职位重要程度、所属类别、招募的紧急程度、薪酬区间、市场供求状况、活动频繁区域等。

（2）拟招聘职位的招聘广告写作。①了解招聘广告的写作格式。②结合公司拟招聘职位的信息，着手招聘广告的写作。详见本书9.1.7的招聘广告范例。

相关链接

招聘广告的写作格式

一、标题

标题直接写"招聘广告"，或"××企业招聘××职位（岗位）广告"。

二、正文

正文的内容一般要求写清楚以下具体事项：

1. 介绍招聘单位的性质、所在城市、地理位置及企业的基本经营状况。

2. 说明应聘者的条件，如招聘的岗位、性别、年龄、学历、专业、工作经历等。

3. 明确应聘者的工作待遇、优惠条件。

三、待遇

四、报名办法

应说明报名的办法、需要准备的个人资料及应聘流程等。

报名办法：凡有意者，请将个人简历、学历证书、身份证等复印件电子文档，在××月××日前发到××企业人力资源部电子邮箱：××××@163.com

五、落款

应有招聘单位名称、地址、电话、联系人、网址。

（3）招聘渠道分析——"怎样去找到这样的人"。招聘渠道有多种，如报刊、电视广播、招聘会、猎头公司、人才服务中心、员工推荐、校园招聘、网络招聘等，其中网络招聘类型又分为人才网站、专业的大型网站、BBS、公司自己的网站等。不同的渠道，其信息传播范围、影响力、招聘成本等有所不同。所以，在选择招聘渠道之前必须对各渠道的优缺点予以分析。只有将各种招聘渠道的优点和缺点了然于胸，才能做到科学选择。

（4）招聘渠道选择。在选择招聘渠道时，必须将招聘渠道特性与招聘职位特性结合起来进行分析。例如，"人力资源专员"属于公司一般岗位，人才市场中供给较充足，所以可以选择招聘会或网络招聘的渠道。如果招聘的职位在公司属于重要职位，招募紧急，适合的人选在市场上呈现供不应求状态，这样的职位人选大多需要通过委托猎头公司来获得。

（5）招聘广告发布。在选择合适的招聘渠道后，企业应立即与相关的渠道方进行接洽。若选择报刊，则需要与报方联络，确定版面大小、费用等；若选择人才市场招聘会，则要经常性留意招聘会的召开时间、规模、费用，预订摊位，准备海报；若选择网络招聘，则需要选择网络媒体（全国性还是区域性、综合性还是行业专业性等），与网络媒体接洽，签订相关合同；若选择委托猎头公司招聘，则选择合适的猎头公司非常重要。

企业在发布招聘广告时应注意以下三点：一是根据不同职位人员需求的轻重缓急确定招聘活动的重点；二是重点职位要突出显示，如放大职位需求信息、加"急聘"二字等；三是注意广告发布的时间和时机。

9.2.5　实验成果及评价

1．预期成果

（1）拟招聘职位的招聘广告。
（2）招聘渠道分析报告。
（3）招聘渠道选择的分析报告。

2．评价内容及评价标准

（1）招聘广告写作。招聘广告是否清晰地表述了职位的要求，广告用词是否恰当，有无产生歧义或违反相关法律法规，词句是否简洁明了。
（2）招聘渠道分析。主要渠道有无遗漏，渠道分析是否全面、清晰。
（3）招聘渠道的选择及广告发布情况。有无针对职位特性进行选择，渠道选择是否恰当，渠道方资料的收集是否顺利、是否迅速。

9.2.6　课后练习题

1．招聘广告制作时应注意哪些问题？
2．招聘渠道选择的影响因素有哪些？
3．分析以下"招聘广告"的问题所在，并重新制作一份"招聘广告"。

招聘广告

××公司现诚聘秘书一名，要求：正直、诚实、勤奋、肯干，30 岁以下，女，名牌大学文秘专业毕业，本地户口，有三年以上工作经验。符合条件者，请将简历和学历证明的电子文档发送到××公司人力资源部邮箱：××××收。合则约见，勿电勿访。

4．请对你所在小组的实验效果进行客观评价。

9.3　结构化面试模拟实验

9.3.1　实验内容与目的

本实验的内容：关于人员甄选环节中甄选方法之一的面试技术，通过课堂模拟开展结构化面试操作。

本实验的目的：一是帮助学生掌握面试的特点、类型和流程；二是帮助学生掌握面试题目设计的方法，使其能够根据职位独立设计面试题；三是提供学生模拟操作的平台，帮助学生掌握面试工作的要点和面试技巧，以便在未来的工作中开展有效的面试。

相 关 链 接

结构化面试是指依据预先确定的内容、程序、分值结构进行面试的形式。面试过程中，面试官必须根据事先拟定好的面试提纲逐项对应聘者进行测试，不能随意变动面试提纲，应聘者也必须针对问题进行回答，面试各个要素的评判也必须按分值结构合成。在结构化面试中，面试的程序、内容及评分方式等标准化程度都比较高，使面试结构严密、层次性强、评分模式固定。

9.3.2 实验要求

1. 对指导老师的要求

（1）指导老师应事先提供的相关材料：实验背景（公司背景）、公司拟招聘的职位信息（包括职位名称、职责和任职资格要求）、实验的基本规则、实验评价标准等。

实验背景、拟招聘的职位及人力资源部经理的职位要求举例，详见 9.1 人员招聘模拟实验。

（2）指导老师在实验中需承担的任务：制定实验规则，划分任务小组，观察实验操作，并对实验结果进行评价。

2. 对学生的要求

（1）学生应提供的材料：职位说明书、面试题本及评分表、简历等。

（2）学生在实验中需承担的任务：根据模拟企业职位面试的要求，担任面试官、应聘者或观察者的角色，对结构化面试进行模拟操作。

9.3.3 实验条件准备

1. 硬件条件

（1）桌椅可以移动的多媒体教室或实验室。

（2）计算机、投影仪。

（3）面试官席、应聘者席、计分席、计时席、监督席、旁听席座牌若干。

（4）计时器、提示时间的提示牌。

2. 软件条件

（1）面试试题册：包括面试官题本和应聘者题本。面试官题本按面试官人数准备，应聘者题本 1～2 份即可。

（2）面试评分表：按应聘者人数 × 面试官人数准备。

（3）成绩测定表：按应聘者人数准备。

（4）成绩平衡表：按面试官人数准备。

（5）成绩排序汇总表：按应聘的职位数准备。

（6）职位说明书：面试小组应对招聘职位进行分析，形成职位说明书。

（7）应聘简历：扮演应聘者的学生要事先制作好自己的应聘简历。

相 关 链 接

　　结构化面试的面试官题本和应聘者题本。完整的面试官题本由导入语、试题、测试要素、评分标准、测试程序和结束语六项构成，应聘者题本中主要是试题。面试官题本见 9.3.7 的结构化面试试题和评分表范本。

　　面试评分表是用来对应聘者的回答进行评价的表格。一个完整的评分表应包括测试要素、评分标准、分值分布等。在每一位应聘者结束面试后，面试官要对应聘者的回答给予评价，并在表中记录分数。

　　成绩测定表是综合各面试官给某一位应聘者的评分而得出该应聘者的最终得分的表格。

　　成绩平衡表是为平衡各应聘者的最终分数而设计的，在应聘者全部面试结束后，面试官再运用成绩平衡表，根据整体面试情况对个别应聘者的分数进行适当调整。

　　面试排序表是将应聘同一职位的所有应聘者的分数进行排序（一般按由高到低的顺序排列）的表格。

9.3.4　实验步骤与过程

1. 实验准备（课前准备）

1）划分任务小组

　　本次实验可以划分为面试组、求职组和观察组三组，每组包括 6～8 人。组内成员角色扮演和任务分配自行决定。每组自选一名组长，作为各任务小组的负责人。

2）面试模拟职位的分配

　　指导老师提供所要模拟的公司背景和职位招聘需求。模拟面试的职位涵盖面要广，要选择学生熟悉且未来有意向的职位。职位应涵盖高层、中层和基层职位，如副总经理、总经理、经理助理、秘书等。实际操作时，职位的选择应考虑实验的规模、参与人员数量、方便操作等因素。高校模拟一般选择中层或基层管理职位较合适。

3）各小组的任务分配和准备

（1）招聘组。①对模拟职位进行职位分析，形成职位说明书。②根据模拟职位设计面试题目和相应的评分表格。③小组商议确定面试类型和流程。④面试官培训。

（2）求职组。选择模拟职位，根据模拟职位制作简历，参加招聘面试，形成面试心得体会报告。

（3）观察组。对面试组的面试工作、应聘者的表现进行观察，形成面试观察报告。

2. 实验实施（课堂两节课）

1）面试前准备

（1）招聘组。①招聘组成员角色分配。主持面试的面试官一般为 2～3 人，工作人员 1 人（负责计时、计分和材料呈送等），笔录 1 人（专门负责面试内容的记录）。②面试官培训。对面试官进行简要培训，使其熟悉招聘职位说明书、面试试题、面试评分标准及面试注意事项等。③选择面试的方式，安排面试的时间和地点。根据招聘职位的性质选择面试方式，如多对一还是一对一的面试方式、是否需要进行压力面试等。面试的时间一般规定为15～30 分钟。面试环境要确保安静，根据面试方式安排桌椅和座位次序，如圆桌或长方桌会议的方式。④面试官回顾职位说明书。侧重了解招聘职位的职责、任职资格、工作性质、职位关系和工作环境等。其中，职位职责包括工作任务、工作标准和权限；任职资格包括任职者的知识、经验、能力、个性、职业兴趣等内容。⑤仔细阅读应聘者的简历和其他应聘材料，做到对应聘者的基本情况胸中有数。⑥准备好面试试题和面试记录所需的纸、笔等。

（2）求职组。准备好个人应聘材料，以及保持良好的心态。

（3）观察组。准备好观察所需的纸、笔等。

2）面试实施与成绩测评

（1）面试实施程序。①召开面试官会议。面试工作开始前，面试官要开一次针对面试工作准备情况的小会，进一步明确面试方法、内容、要求，明确面试评分标准和方法，明确主面试官与其他面试官的职责分工与协调配合，检查考务工作准备情况。②考务人员引导应聘者进入面试考场，面试开始。面试过程包括三个阶段，即导入阶段、正式面试阶段和结束阶段。应聘者经过在规定时间的思考之后，开始回答面试官的提问；各面试官根据面试工作评分标准和应聘者的综合表现，各自独立打分。面试时间一般为20～30分钟。

（2）面试成绩测评。面试结束后，面试官对应聘者打分。完成评分后，面试官一起对应聘者的面试情况和各自给出的评分进行简单讨论，给出初步的综合评价，同时整理好应聘者的面试资料和面试记录，以便与其他应聘者比较。此外，面试小组对刚结束的面试也要给出简要评价，提出改进建议，以对下一场面试做出适当的调整。

整个面试结束后，面试官要及时整理面试的有关材料，报用人部门和人力资源部，以便确定合格人选。

相 关 链 接

人力资源部经理面试实施过程

1. 导入阶段

这一阶段主要以一般的社交话题进行交谈，目的是创造自然、轻松、友好的氛围，使应聘者自然地进入面试情境之中，以消除他们的紧张心理。一般采用简短回答的封闭式问题。所谓封闭式问题，即只要求应聘者做简单回答，甚至用"是"或"否"来回答。采用这种提问方式通常是为了明确某些不确定的信息，或者充当过渡性问题，用来引出后面的探索性问题。举例如下。

面试官：你怎么过来的？交通还方便吧？

面试官：请你先用1分钟时间介绍一下自己吧。

……

接着，主面试官向应聘者讲解面试的注意事项，如面试内容、面试时间等，一般以导入语形式出现。

导入语：今天我们想通过面试加深对你的了解。请不要紧张，发挥出你的水平，认真思考试题并做出回答。我们会向你询问一些问题，其中有些是和你过去的经历、工作有关的，有些要求你发表自己的见解。一共8道题，时间大约30分钟。

准备好了吗？好，我们现在开始。

在导入阶段，面试官观察应聘者的衣着、精神面貌，行、坐、立动作，以及礼貌用语等外在形象特征。导入阶段约占面试过程的10%。

2. 正式面试阶段

面试进入实质性阶段，主面试官提问，应聘者回答，一般采取一问一答的形式。

这一阶段，面试官围绕职位的胜任特征，通过开放式问题或探索性问题来了解应聘者不同侧面的心理特点、行为特征及能力素质。开放式问题的回答不是简单的"是"与"不是"，而是"为什么""怎么样""是什么"，深层次挖掘应聘者的思想。采用这种提问方式主要是启发应聘者的思考，鼓励其自由发挥，了解其语言能力、逻辑思维能力、应变能力等。探索性问题通常在应聘者希望进一步挖掘某些信息时使用，一般是在其他类型的问题后面做继续追问。问题的内容可以涉及个性、价值观、职业取向、教育培训、工作经历等，问题类型可以选择阅读理解、案例分析、情景模拟、演讲等。

这一阶段是整个面试中最重要的阶段。这一阶段面试官要考查应聘者的个性特征、价值取向、专业知识掌握程度及逻辑思维、灵活应变、情绪控制等能力，约占面试过程的 80%。

3. 结束阶段

结束要顺畅、自然，否则会给应聘者留下不好或太突然的感觉。

这一阶段，面试官要检查自己是否遗漏了关键问题并把握最后的追问机会，同时安排应聘者对自己的情况做出补充，以及给应聘者提供提问的机会。可以采用适当的行为性问题或开放性问题。这一阶段约占面试过程的 10%。

面试官：关于你个人的情况，有需要补充说明的吗？

应聘者：……

面试官：关于我们公司和这个职位，你还有什么问题需要问吗？

应聘者：……

相 关 链 接

人力资源部经理的职位测评要素及试题

人力资源部经理的职位测评要素包括专业知识的掌握程度、实际操作能力、语言表达能力、人际沟通能力、应变能力、决策和分析问题的能力、处理矛盾和冲突的能力等。

1. 专业知识

面试官：人力资源管理一般包括哪些职能？

应聘者：……

面试官：在企业人力资源管理实验中，你认为哪个职能模块最重要？哪个最难操作？能否举例说明？（开放式问题）

应聘者：……

面试官：绩效管理与绩效考核的主要区别有哪些？（开放式问题）

应聘者：……

面试官：谈谈你对目标管理的理解。（开放式问题）

应聘者：……

2. 业务操作能力

面试官：员工激励是一项挑战越来越大的事，如不少管理者抱怨无法管理自己手下的"佛系员工""他们对什么都不在乎，根本没有办法激励"。对此，你有何看法？你将如何激励"佛系员工"？（开放式问题）

应聘者：……

3. 分析问题的能力

面试官：当你所在的公司业务不断增长，而人员流失率却居高不下时，你认为可能的原因有哪些？

应聘者：……

4. 人际沟通能力

面试官：当你在说明自己的重要观点时，别人却不想听你说，你该怎么办？

应聘者：……

面试官：在与人沟通前，你认为比较重要的是了解对方的哪些方面？

应聘者：……

5. 应变能力

面试官：你认为什么样的人最难在一起共事？在这样的情况下，你会采取什么办法成功地和他共事？

应聘者：……

面试官：有人说"别人的成功就是你的失败"，请结合你的这次应聘经历谈谈你的看法。

应聘者：……

6. 处理矛盾和冲突的能力

面试官：当你与用人部门的主管对某一职位的用人要求有不同意见时，你该怎样处理？（开放式问题）

应聘者：……

面试官：那么，你能不能举出一个你所遇到的实例？（开放式问题）

应聘者：……

面试官：为什么会这样，那后来怎样呢？（探索性问题）

应聘者：……

面试官：什么样的情况或背景会使你的工作变得很难？请举例说明当遇到这种情况时你将如何处理？

应聘者：……

9.3.5 实验成果及评价

1. 预期成果

（1）面试小组总结讨论会纪要和小组实验报告。面试小组对面试任务的组织、小组成员的协作、面试的实施等情况进行总结，形成总结讨论会纪要。此外，就整场面试的模拟操作撰写小组实验报告。实验报告包括面试前准备、面试实施、面试评分、面试评价等内容。

（2）扮演应聘者的学生的心得体会报告。扮演应聘者的学生就自己在面试前的准备、面试中的表现及对模拟面试的面试小组工作人员和面试工作的印象进行总结，形成一份面试心得体会。

2. 评价内容及评价标准

（1）面试小组成员的分工协作情况。组内成员的任务分配是否合理，小组成员是否充分、有效参与。

（2）职位说明书设计情况。职位分析是否全面和切合实际，说明书设计是否规范。

（3）面试准备情况。面试准备工作是否充分，有没有对面试官进行培训，面试方式、流程、时间安排等是否事先讨论，面试题目、评分标准及面试表格等设计是否科学、合理，试题是否具有针对性、能否突出招聘职位的基本特征？

（4）面试实施情况。面试程序安排、时间节点控制是否恰当，面试官的现场表现如何

（对招聘职位的理解程度；提问方式；面试现场控制，如气氛、时间节点控制；有没有关键问题遗漏；有没有获得关于应聘者的重要信息等），应聘者的表现如何（情绪、对职位和相关问题的理解、与面试官的沟通是否顺畅等），面试实施的整体情况评价如何。

9.3.6 课后练习题

1. 你认为影响面试效果的主要因素是什么？
2. 请对你所在小组的面试效果进行客观评价。

9.3.7 结构化面试试题和评分表范本

1. 结构化面试应聘者题本范本1

试题：

（1）请你用3分钟的时间做一下自我介绍。（10分）——表象能力测试。

（2）你认为自己在生活习惯上有哪些缺点？你准备如何改正？（答题时间3分钟）（10分）——自我认知能力测试。

（3）你手头有许多重要工作，你的领导又交给你一项任务，而你没有多余的时间，你如何处理这件事？（答题时间3分钟）（10分）——专业能力测试。

（4）如果你新到一个科室，发现情况很糟，工作不顺利，同事之间关系很差，你会做哪些努力来改变这种状况？（答题时间3分钟）（20分）——专业能力测试。

（5）有句古话叫"木秀于林，风必摧之；堆高于岸，流必湍之"，你怎么看？（答题时间3分钟）（20分）——文化素养及综合分析能力测试。

（6）现在用人单位在招聘应届毕业生时，要求"有经验的"，而对有经验的又说"要30岁以下的"，你怎么看？（答题时间3分钟）（20分）——价值取向与文化素养测试。

（7）如果通过这次面试，我们单位录用了你，但工作一段时间发现你根本不适合这个职位，你怎么办？（答题时间3分钟）（10分）——价值取向与文化素养测试。

2. 结构化面试应聘者题本范本2

案例：江苏省公务员考试面试题（仅供参考）

5月10日

第一题：针对网络上经常出现谩骂造谣现象，某高校将不准在网络上谩骂造谣写入学生守则，引起一片争论。你对这个事情怎么看？

第二题：桶状方便面和长方体状方便面，均标有"标准牌方便面"字样。请根据这两个形状尽可能展开联想，你能想到什么？除此之外，你还有其他创意和思考吗？（考查应聘者的创新和发散性思维能力）

第三题：西部某自治区团委发来电传：兹定××书记于5月4日带领36人来南京雨花台烈士陵园进行参观教育活动，5月3日下午5点火车到达南京，请接待。根据以上电传，你能圆满完成接待任务吗？请谈一下你的接待安排思路。（考查应聘者的组织和策划能力）

第四题：某乡镇为了修筑并扩建公路，需要拆迁一部分民房，已提供了临时居住地。一部分村民已经搬迁，但有一位老人留恋祖宅不肯搬迁。作为搬迁组工作人员，你如何与老人进行谈话，以说服他搬迁。你将如何进行此次谈话？如果谈话中老人提出要去医院看病，你会怎么做？（贴近民生的问题，考查应聘者的沟通能力、依法执政能力、突发事件

处置能力，特别是依法处置能力和及时有效地解决问题的能力）

5 月 11 日

第一题：今年有 3 名农民工当选全国人大代表，某市也确立了"农民工日"。你对这种现象如何思考？（贴近民生的问题，考查的就是如何辩证地看待政府对农民工权益保护这项政策）

第二题：月亮城是卫生城、园林城、旅游城，今年改革开放 30 年，月亮城将举办"古城添新颜"庆祝活动。①作为参与组织者，请你提供一个活动方案。②当地要举办演讲比赛，请你拟 5 个有新意的演讲题目。

第三题：某市为方便市民，设立政务大厅，对政务进行集中办理。以下是该政务大厅的部分规章制度。

（1）要热情服务，对群众礼貌。

（2）每周一、周三上午 8:30—11:30 为集中办理业务时间。

（3）为提高办事效率，每周一、周三上午不提供咨询服务。

（4）没有特殊紧急情况，不允许擅离职守，大厅工作人员要坚守岗位。

你认为上面的规章制度有哪些不完善的地方？为了更好地发挥政务大厅的作用，你有什么好的建议？

第四题：某村有几个效益好的企业，但其中一个企业排放的污水污染了当地的水源，导致该村村民鱼塘中养殖的鱼类大面积死亡。村民对此很气愤，集体到该企业要求给个说法。在发生纠纷的时候，村主任也赶到了现场，但是村主任非但没有劝解双方，反而偏袒企业，这样的做法让村民们更加愤怒，导致事态进一步扩大。如果你是刚由乡里派到该村挂职的党委书记，你准备怎么办？事态平息后，你将如何进一步处理？（考查应聘者的群众意识、沟通能力、应变能力和对政策法规的执行力。）

3. 结构化面试应聘者题本范本 3

1）思维题（4.5 分钟）

请你迅速阅读以下文章。（阅读 1.5 分钟，回答问题 3 分钟）

国家兴盛，企业成败，人才为本，但要真正形成"人尽其才，才尽其用，人才辈出"的局面，关键在于企业管理者要科学地使用人才。

一要广纳人才、服务为本。企业管理者应有"俯首甘为孺子牛"的精神，自觉当好人才的"勤务员"。急人才之所急，想人才之所想，忧人才之所忧，积极主动、细心周到地为人才服务，切实有效地解决他们工作、生活中的实际困难，唯有如此，才能"以心换心"，获得人才的全力支持与倾情奉献。

二要任人唯贤、能力为本。企业管理者应当胸怀四海，唯才是举，不以好恶取人，不以亲疏用人，公道正派，选贤任能。同时，要严格坚持"优胜劣汰"原则，做到"能者上，庸者下"，使"南郭先生"在本单位永无藏身之地。

三要谦和待人、宽容为本。企业管理者应当气量宽宏，不端架子，不摆威风，不讲级别，视人才为师友，与人才推心置腹、谦和相待。同时，在工作中要放手大胆使用人才，不吹毛求疵，不求全责备，不刚愎自用，不指手画脚，做到"倾身下士，从善如流"，略其小过，取其大功。

四要奖惩分明、公正为本。古人云："废一善，则众善衰；赏一恶，则众恶归。"企业管理者应以人才的工作绩效、群众的公认结果作为奖惩依据，不徇私情，不讲关系，不搞"平均主义""好人主义"，客观公正地评价个人功过，不滥赏无功之士，不放任空谈之风，不任用闹事之徒，不挫伤有为之才，真正调动人才的积极性与自觉性，为社会、企业做出应有的贡献。

问题一：请用最简练的语言概括本文的中心思想。

问题二：分析本文的主要内容，谈谈你的认识。

2）情景模拟题（5 分钟）

题目：（阅读 1 分钟，回答问题 2.5 分钟，回答主面试官提问 1.5 分钟）

A 公司是一家刚成立不到两个月的公司，由某大型国有企业 M 公司控股。老王被任命为该公司副总经理，分管人事和技术部门的工作。由于 A 公司刚成立，人员尚未稳定，导致目前公司虽然有一系列管理制度，但是还不能有效地运行，内部管理混乱，部门和岗位职责不清，分配机制、激励机制不完善，很多技术人员纷纷向老王提出调离 A 公司的要求。如果你是老王，你将如何处理？

3）角色扮演题（4 分钟）

题目：（阅读 1 分钟，回答问题 3 分钟）

你刚到某部门任副部长不到一个月的时间，就发现很多同事对你不理不睬，暗地里经常议论你，另一位副部长有时还会说些冷嘲热讽的话，不配合你的工作。经了解你才发现原来大家以为你是因为你父亲的关系被调来的（你父亲原来是市里的老领导，该公司的现任总经理曾是你父亲的老部下）。面对这种局面，你打算如何做？

4）案例分析题（4 分钟）

题目：（阅读 1 分钟，回答问题 3 分钟）

某企业为攻克某领域重点项目 T，欲找一高校合作，共同进行研究开发。现有两个选择：一是省内 A 高校；二是省外 B 高校。A 高校与该企业在同一城市。近年来，A 高校在该领域发展迅速，成果显著。学校拥有强大的科研力量和先进的科研设施，而且研发费用较低。B 高校拥有该领域的一位权威专家，科研能力强，但是费用较高。经沟通还了解到，该专家的时间安排与 T 项目的进度有冲突，但他会安排得力助手参与该项目，并且他会负责整个研发的过程和质量。如果你是该企业的副总经理，你将如何进行决策？

5）讨论题（5 分钟）

题目：（阅读 1.5 分钟，回答问题 3.5 分钟）

哪些员工是你们公司的战略性人才？对这些战略性人才怎样进行战略性管理？

4. 结构化面试评分表（见表 9-6）

表 9-6　结构化面试评分表

测试要素	一、专业知识掌握程度	二、业务操作能力	三、分析问题的能力	四、人际沟通能力	五、应变能力	六、处理矛盾和冲突的能力	七、综合印象	总分
评分标准	专业知识精通	业务操作熟练	思路清晰，分析问题中肯、系统、全面	语言表达能力强，沟通能力强	应变能力强	能够及时、合理地处理矛盾和冲突	仪表得体、举止恰当、情绪稳定、自信心较强	
分值（分）	15	20	10	20	15	15	5	100

（续表）

测试要素		一、专业知识掌握程度	二、业务操作能力	三、分析问题的能力	四、人际沟通能力	五、应变能力	六、处理矛盾和冲突的能力	七、综合印象	总分
评分标准（分）	优	14～15	17～20	9～10	17～20	14～15	14～15	5	90～100
	良	11～14	15～17	8～9	15～17	11～14	11～14	4	75～89
	中	9～11	12～15	6～8	12～15	9～11	9～11	3	60～74
	差	0～9	0～12	0～6	0～12	0～9	0～9	0～2	0～59
得分									

5. 结构化面试成绩测定表（见表 9-7）

表 9-7　结构化面试成绩测定表

应聘者序号：　　　　　　　应聘者姓名：　　　　　　　应聘职位：

序号	考官	一、专业知识掌握程度	二、实际操作能力	三、分析问题的能力	四、人际沟通能力	五、应变能力	六、处理矛盾和冲突的能力	七、综合印象	小计
1									
2									
3									
4									
5									
…									
实际平均得分									

计分：　　　　　　　复核：　　　　　　　主面试官：

6. 结构化面试成绩平衡表（见表 9-8）

表 9-8　结构化面试成绩平衡表

应聘者序号	一、专业知识掌握程度	二、实际操作能力	三、分析问题的能力	四、人际沟通能力	五、应变能力	六、处理矛盾和冲突的能力	七、综合印象	小计
1								
2								
3								
4								
5								
…								

计分：　　　　　　　复核：　　　　　　　主面试官：

7. 结构化面试成绩排序表（见表 9-9）

表 9-9　结构化面试成绩排序表

应聘职位：

序　号	应聘者姓名	得　分	名　次　排　列
1			
2			
3			
4			
5			
...			

统计：　　　　复核：　　　　主面试官：

9.4　评价中心模拟实验一——无领导小组讨论

9.4.1　实验内容与目的

本实验的内容：关于人员甄选章节中人员甄选方法和技术之一的评价中心技术，主要模拟无领导小组讨论操作。

本实验的目的：一是让学生掌握无领导小组讨论的含义、作用、测评要素等；二是让学生了解无领导小组讨论实施的基本程序、讨论题目的编制、评分表的设计等；三是通过模拟训练，帮助学生掌握组织实施无领导小组讨论面试的基本技能和技巧；四是让学生参与无领导小组讨论，切身体验讨论的过程，加深对这种测评方式的理解，帮助学生更好地把握无领导小组讨论的实际操作。

9.4.2　实验要求

1. 对指导老师的要求

（1）指导老师应事先提供的相关材料：实验背景（公司背景）、公司拟招聘的职位信息（包括职位名称、职责和任职资格要求）、实验的基本规则、实验评价标准等。

相 关 链 接

实验背景、拟招聘的职位及职位要求举例

南京某科技有限公司是一家专业从事通信及 IT 服务领域的高新技术企业。公司主要业务涉及 VAS（电信增值服务）、IDC（互联网数据中心）、ITS（IT 服务）。公司的解决方案服务于广泛的客户群，包括国内外企业、政府机构及个人用户。

公司因业务发展需要，拟招聘营销总监、营销经理、物流部经理、网站运营主管、财务分析师等职位人员。

公司提供优厚的薪酬福利待遇和个人发展空间，欢迎您的加盟！

营销总监职位描述

工作职责：

- 配合营销副总，制定、实施合理的销售战略及规划。
- 负责各业务开展地区营销资源协调，保证营销体系高效运行。
- 负责各区域营销主管的培训和考核工作。

任职资格：

- 很强的执行力和销售能力。
- 很强的沟通能力。
- 很强的市场切入能力和独立开发行业渠道的能力。
- 本科以上学历，专业不限。
- 熟悉电信增值业务产品。
- 同行业、同等职位5年以上工作经验。
- 敏锐的市场行业销售意识。

（2）指导老师在实验中需承担的任务：制定实验规则、划分任务小组、观察实验操作及对实验结果进行评价。

2. 对学生的要求

（1）学生应提供的材料：无领导小组讨论题等。

（2）学生在实验中需承担的任务：根据模拟企业职位面试的要求，担任面试官、应聘者或观察者的角色，对无领导小组讨论实验进行模拟操作。

9.4.3 实验条件准备

1. 硬件条件

（1）桌椅可以移动的多媒体教室或实验室。

（2）面试官席、应聘者席、计分席、计时席、监督席、旁听席等座牌若干。其中应聘者座位标号如"1号""2号""3号""4号""5号"等。

（3）秒表4只（2只可以计秒，2只可以计分）。

（4）提示牌："第一次发言""第二次发言""第三次发言""第四次发言""第五次发言""第六次发言""30秒""时间到"。

2. 软件条件

（1）面试官题本：按面试官人数准备。

（2）应聘者题本：按应聘者人数准备（讨论规则、背景材料、补充材料）。

（3）评分表（见表9-10）：按应聘者人数×面试官人数准备。

（4）成绩表（见表9-11）：按应聘者人数准备。

（5）成绩平衡表（见表9-12）：按面试官人数准备。

（6）计时表1份（见表9-13）。

表 9-10 无领导小组讨论评分表

序号： 应聘者姓名：

项 目		一	二	三	四	五	六	七	八	小计	九	十	总分
评分标准		善于消除紧张气氛，以理服人，调解争议，创造和谐讨论气氛，引导众人意见	分析问题中肯、深刻、系统、全面	能提出系统可行的见解和方案，有决断魄力	能支持或肯定别人的正确意见，坚持自己的正确意见	善于倾听别人的意见，尊重别人	语言表达能力强，思维敏捷	发言主动，反应灵敏	综合评价（仪表、气质、自信心、承受压力等）		会议纪要文字简练，能清楚地反映会议实况	能有效把握时间	
分值（分）		15	15	15	10	5	10	5	5	80	15	5	100
评分标准（分）	优	13～15	13～15	13～15	9～10	5	9～10	5	5		13～15	5	
	良	12	12	12	8	4	8	4	4		12	4	
	中	9～11	9～11	9～11	6～7	3	6～7	3	3		9～11	3	
	差	0～8	0～8	0～8	0～5	0～2	0～5	0～2	0～2		0～8	0～2	
打分													

总分的评分等级与分值选择
□优：86～100 分 □良：76～85 分 □中：60～75 分 □差：0～59 分

| | | 面试官签字： | 评分签字： | 计时签字： |

举例说明：对某人评分，他的前六项都为优（优的最低值），后四项为良，得分为 13＋13＋13＋9＋5＋9＋4＋4＋12＋4＝86（分），总评为优。

表 9-11 无领导小组讨论成绩表

序号： 应聘者姓名：

序号	面试官	一	二	三	四	五	六	七	八	小计	九	十	总分
1													
2													
3													
4													
5													
6													
7													
减去一个最高分				减去一个最低分				实际平均得分					

计分： 复核： 主面试官：

表 9-12 无领导小组讨论成绩平衡表

序号	应聘者姓名	一	二	三	四	五	六	七	八	小计	九	十	总得分
1													
2													
3													
4													
5													
6													

面试官签名：

表9-13 无领导小组讨论计时表

序号	应聘者姓名	发言次数										合计发言时间	合计发言次数
		1	2	3	4	5	6	7	8	9	10		
1													
2													
3													
4													
5													
6													

9.4.4 实验步骤与过程

1. 准备阶段

1）成立测评小组并进行任务分配

（1）每组安排5～7人。组内成员角色扮演和任务分配自行决定。每组自选一名组长，作为测评工作的主要负责人。

（2）组内成员任务一般包括小组成员角色分配（如面试官、监督员、工作人员等），职位分析，测试题目选择或编制，评分标准、评分表格设计，测评流程确定，面试官培训等。

2）测评职位分配

指导老师提供公司背景和职位招聘需求。评价中心多用于管理人才的选拔，所以模拟职位主要选择中高层管理职位，如营销总监、人力资源部经理等。

3）应聘者角色扮演

应聘者角色，即被测评者，也由学生扮演。每位学生可以根据求职意向申请职位（在老师提供的职位中选择）。申请职位时需要注意两点：一是避免与小组任务冲突，即不要选择小组任务中的职位；二是确保每个职位至少有5人申请。无领导小组讨论成员通常为5～7人。若人数太少，则组员间讨论不易展开，形成不了争论；若人数太多，则可能因组员之间分歧太大，很难在规定时间内达成一致意见。学生在以后的实际操作中需要注意，分组时小组成员之间的背景和职位等不能悬殊太大。

4）测评前准备

各小组在课前自行安排测评准备。测评准备工作非常重要，准备充分与否将影响测评的效率和效果。关于测评准备，本次实验不作要求。事实上，测评准备是否充分将会在面试实施过程和结果中反映出来。

通常，测评前的准备工作包括：

（1）明确招聘职位的特征，侧重了解招聘职位的职责、任职资格、工作性质、岗位关系和工作环境等，构建测评指标，编制或选择讨论题目，设计评分量表。无领导小组讨论题目详见9.4.7，评分表格详见表9-10～表9-13。

🔁 相 关 链 接

无领导小组讨论题目的编制与选择

无领导小组讨论的题目对背景材料要求比较高，设计题目要把握三点：一是讨论的题目要有普遍性。如果题材过于专业化，势必影响那些不太熟悉该领域的小组成员。二是题目难度要适中。若题目太容易，则应聘者之间无法形成激烈争论，面试官难以全面考查应聘者；反之，如果太难，应聘者更多的时间在思考，需要较长时间才能进入讨论状态，或者难以形成一致意见，也不利于对应聘者进行观察，同时题目太难容易给应聘者带来较大压力，应聘者可能因压力过大而表现失常。三是题目要有一定的冲突性，应该具有讨论空间，能够引起充分的争论。争论的目的在于让应聘者的各项特点和综合能力充分发挥，让面试官能够看到应聘者更真实的行为，能够在互相对照的背景下对应聘者进行评价。

设计的题目有五种形式：第一种是开放式问题，即要求应聘者就某个话题发表个人观点，以考查其思考问题的全面性、针对性，以及思维能力及观点是否新颖、是否有说服力等。第二种是两难选择的问题，即要求应聘者在两个各有利弊的观点中做出选择，并说服别人接受，主要考查应聘者的分析能力、语言表达能力及说服力等。第三种是排序问题，即针对某个问题给应聘者多个备选方案，要求选出几项方案并按照要求排序，主要考查应聘者分析问题实质、抓住问题本质方面的能力。第四种是操作性问题，即给应聘者一定的工具、材料、资源，要求应聘者做出指定的物体，主要考查应聘者的动手能力、主动性和团队合作精神。第五种是资源抢夺问题，即让处于同等地位的应聘者就有限的资源进行分配，从而考查应聘者的语言表达能力、分析问题的能力、概括或总结能力、发言的积极性和反应的灵敏性等。

（2）测评小组成员角色分配。主持讨论的面试官一般为 5 人、工作人员 2 人（负责计时、计分和材料的呈送等）、监督员 1 人。

（3）面试官培训。无领导小组讨论相比一般的面试要复杂得多，所以必须对学生扮演的面试官进行培训，让面试官明确无领导小组讨论的目的，熟悉测评指标的定义和评分方法，掌握测评过程中行为观察、归类和行为评估技巧，统一评价的标准和尺度，提高测评结果的一致性。

（4）讨论场地的选择和布置。讨论应在宽敞、明亮、安静的场所进行。考场最好排成圆形，这样能给应聘者平等感，有利于"无领导"讨论，又有利于争辩的形成。至少满足 6 人入座。布置得体整洁、朴素大方。座位安排无主次之分，座位上依次标明 1、2、3 等序号。主面试官在易于观察的场外就座或在后排就座。主面试官应与应聘者保持一定的距离，以减轻应聘者的心理压力。

（5）仔细阅读应聘者的简历和其他应聘材料，做到对应聘者的基本情况胸中有数。

（6）准备好测评试题及供面试官记录和应聘者讨论记录所需的纸、笔等。

2．实施阶段（课堂两节课）

无领导小组讨论时间通常为 60 分钟左右。面试官主持测试，无领导小组讨论开始。应聘者抽签后对号入座。

（1）讨论前的准备阶段。面试官宣布考场规则，宣读讨论的注意事项和讨论题目。工作人员分发第一手背景资料及讨论规则。应聘者阅读背景材料后独立思考，列出发言提纲，准备个人发言。时间为 5 分钟。

（2）个人发言阶段。应聘者在集体讨论之前初步阐述自己的观点，面试官控制每人的发言时间不超过 3 分钟。

（3）集体讨论阶段。应聘者相互讨论，讨论的内容既可以是对自己最初观点的补充或修正，也可以是对他人的某一观点或方案进行分析或者提出不同见解，还可以是在对大家提出的各种方案进行比较的基础上提出更加有效、可行的行为方案。面试官掌握测试进度，根据讨论情况可以补充新的材料，继续讨论。集体讨论的时间一般为 30 分钟左右。

（4）讨论总结和汇报阶段。讨论最后必须达成一致意见，由小组推荐一名应聘者以小组领导身份向面试官汇报讨论结果，时间不超过 3 分钟。讨论结束。

讨论的四个阶段连贯进行，最后以汇报并提交汇报报告结束讨论，工作人员收回讨论题目和记录纸，应聘者离开考场。

3. 无领导小组讨论评分和成绩汇总

测试结束后，面试官统一给应聘者打分。完成评分后，面试官一起对应聘者的测试情况和各自给出的评分进行简单讨论，给出初步的综合评价，同时整理好该应聘者的评分材料和测试记录，以便与其他应聘者比较。

9.4.5 实验成果及评价

1. 预期成果

（1）测评小组总结讨论会纪要和小组实验报告。测评小组对此次测评的组织、小组成员的协作、测评的实施情况进行总结，形成总结讨论会纪要。此外，就整场测试的模拟操作撰写小组实验报告。实验报告包括测试前期准备、测试过程、测试评分等内容。

（2）扮演应聘者的学生的心得体会报告。扮演应聘者的学生就自己在测试前的准备、测试中的表现及对测评小组工作人员和测评工作组织的印象进行总结，形成一份心得体会报告。

2. 评价内容及评价标准

（1）测评小组成员的分工协作情况。组内成员的任务分配是否合理，小组成员是否充分、有效参与。

（2）测评准备情况。准备工作是否充分，对面试官培训的效果如何，测评流程、时间安排等是否事先讨论过，讨论题目、评分标准及面试表格等设计得是否科学、合理，测评要素能否突出招聘职位的基本特征。

（3）测评的实施情况。测评程序安排是否恰当，面试官对测评现场气氛、时间节点控制是否到位，讨论题目是否引起了应聘者的充分讨论，讨论中是否有激烈争论，测试实施的整体情况评价如何。

9.4.6 课后练习题

1. 无领导小组讨论主要突出对应聘者哪些方面的考查？
2. 请对你所在小组的实验效果进行客观评价。
3. 影响无领导小组讨论活动操作的主要因素有哪些？

9.4.7 无领导小组讨论测评场地布置、讨论题目及评分表范例

1. 测评场地布置范例（见图9-2）

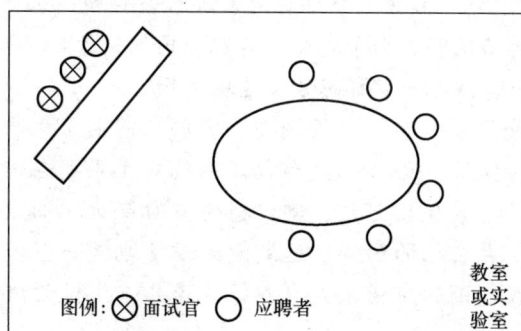

图9-2 测评场地布置

2. 无领导小组讨论面试官题本

导入语：

大家好！首先祝贺你们通过面试而有机会参加这次测试。我们即将进行的是无领导小组讨论，讨论的主要内容是如何开拓产品销售市场，寻求有效的营销策略。在讨论中，你们每位参与者的地位是平等的，主面试官只负责主持考场，不参与讨论。有关测试规则和背景材料将在测试开始时发给大家，大家在仔细阅读材料后即可发言讨论，讨论后每人起草一份会议纪要。讨论过程中，我将根据讨论的实际情况提供一些新的材料，供大家讨论参考。大家准备好了吗？好，我们的无领导小组讨论现在开始。

1）讨论情景

各位经理，会议开始，今天到会的有1号经理、2号经理、3号经理、4号经理、5号经理。总经理因有紧急事情需要处理而不能到会。我的身份是会议秘书。今天会议的内容是我公司如何开拓产品销售市场，寻求有效的营销策略。根据总经理的意见，要求大家就此问题充分发表意见，最好能形成一致意见。如不能形成一致意见，既不要强求一致，也不要用表决的方式确定方案。最后烦劳大家每人起草一份会议纪要。

现在用15分钟的时间，请大家阅读准备的资料。

2）背景资料

今天会议的主要内容是讨论如何开拓产品销售市场，寻求有效的营销策略，使我公司在日趋激烈的市场竞争环境中站稳脚跟并进一步得到发展。

集团公司为营销公司制定的战略目标是三年内实现市场份额名列同行业前两名。今年年初集团公司对我们营销公司下达的销售计划是2亿元，但年底将至，销售部提供的数据显示，我们的销售任务才完成了60%。而事实上，与前两年同期相比，公司的销售量有所萎缩。

今年，受国际金融危机影响，集团公司的外贸出口订单大量减少。因此，我们的当务之急是扩大国内市场。目前我公司产品市场主要集中在A、B两个地区，但据市场调查，C地区的市场潜力也很大。

3）地区情况

A地区是我公司最早开发的市场。在该市场，我公司有稳定的客户，几个产品都有良

好的口碑。迄今为止，今年的销售额已达 6 000 万元，占领了该地区 26.3%的市场。公司在 A 地区有系统完善的营销网络，营销队伍达 100 人，其中高级营销人员有 20 人。目前该地区的主要竞争对手有 5 家，甲公司占领了 32.5%的市场，乙公司占领了 25.1%的市场，其余 16.1%的市场分别由丙、丁公司占领。今年有两家日本企业和一家美国企业已进入该市场，但市场份额加起来还不到 0.02%。由于我公司与乙公司同处于 A 地区，而且市场份额不相上下，所以长久以来，两家公司一直都想做大这块市场。

B 地区属尚未被完全开发的市场。据调查，国内几家主要竞争对手进入的时间和我公司不相上下，各家都只占据了不到 15%的市场。我公司上半年在该地区的销售业绩斐然，仅两个产品的销售收入就达 5 000 万元，实现利税 430 万元。目前各家都集中力量，在该地区进行广告宣传，以扩大自己的影响，达到最大限度地提高市场占有率。据了解，一家意大利公司有意开拓其在我国的市场，并准备将其产品首先投放该市场。该公司产品价格明显低于国内产品。

C 地区由于处于中国内陆地区，几家竞争对手均未下大力气对该地区进行开发。随着国家相关开发政策的出台，该地区各产业正在兴起。据了解，甲公司已试探性地进入该地区，在当地建立了办事处。乙公司也已派人前去做市场调查，并有意进入。我公司也已派人前往。该地区的潜在需求不容忽视。

4）补充材料

补充材料1

A 地区：调查发现，在质量、价格上，各公司的产品差异性较小，而当地的客户都愿意购买他们所熟知的品牌。因此，各公司都极力维护自己所占的份额。几年前，甲公司的研发机构投入了相当的资金，进行新产品的研发，新品问世后已投入该市场，估计将吸引一部分顾客的购买力。今年，我公司在该地区的销售额中有 1 920 万元的应收账款未收回，占销售额的 32%。

B 地区：该地区一客户投诉，称因我公司产品质量有问题，使他遭受了 20 万元的损失，昨天集团公司已派出有关人员前往该地，负责处理。

C 地区：长久以来，该地区一直使用当地生产的某替代品，虽然技术、性能落后，但由于当地政府的地方保护主义，市场一直处于相对封闭的状态。至今，各公司在开拓该市场时都遇到了阻碍。

补充材料2

A 地区：甲公司的新产品在该市场引起了广泛好评，而乙公司已有意与欧洲某公司联手进行新产品的生产合作，以提高产品的质量、性能，并以 A 地区作为试点。

B 地区：此事已被当地新闻媒体了解，它们准备将其作为一条重要新闻于近日见报，并展开一系列的讨论。

C 地区：据当地知情人士透露，该地区政府正寻求合作事宜，甲、乙公司已派人前往联系。

补充材料3

A 地区：该地区销售经理已投入 500 万元资金用于广告宣传，据财务部反映，A 地区的销售额仍保持在原来的水平。公司员工对此很有意见，认为该经理乱花钱。

B 地区：尽管销售经理采取了一系列措施，但是公司所培训的部分高级营销人员流失，有一部分被甲公司和乙公司以高薪聘走。

C 地区：据说该地区的销售经理为迅速开拓市场，利用公司大量资金向政府有关部门人员展开公关活动。可靠消息说，该地检察机关已立案。

5）测试要素

（1）事业心与进取心。

（2）控制局面的能力（组织、协调、沟通、引导等能力）。

（3）思维能力与分析、解决问题的能力。

（4）计划、决策能力与魄力（方案系统、可行）。

（5）口头表达能力与辩论艺术。

（6）文字表达能力与综合概括能力。

（7）仪表、气质。

6）评分依据、标准

（1）善于消除紧张气氛，以理服人，调解争议，创造和谐讨论氛围，把众人的意见引向一致。（15分）

（2）分析问题中肯、深刻、系统、全面。（15分）

（3）能提出系统可行的见解和方案，有决断魄力。（15分）

（4）能支持或肯定别人的正确意见，能坚持自己的正确意见。（10分）

（5）善于倾听别人的意见，尊重别人。（5分）

（6）语言表达能力强，思维敏捷。（10分）

（7）发言主动，反应灵敏。（5分）

（8）综合评价（仪表、气质、自信心、承受压力等）。（5分）

（9）会议纪要文字简练，能清楚地反映会议实况。（15分）

（10）能有效把握时间。（5分）

7）测试程序

（1）主面试官主持考场，宣讲具体事宜。

（2）工作人员分发第一手背景资料及讨论规则。

（3）应聘者阅读资料。（15分钟）

（4）讨论。

（5）工作人员分发补充材料1，继续讨论。

（6）工作人员分发补充材料2，继续讨论。

（7）工作人员分发补充材料3，继续讨论。

（8）讨论结束，起草会议纪要。（15分钟）

（9）收回会议纪要，结束测试。

8）讨论规则

（1）总测试时间为100分钟。应聘者阅读资料并准备讨论的时间约为15分钟，小组讨论为70分钟，最后15分钟起草会议纪要。

（2）讨论过程中，每人总的累计发言时间不得超过10分钟，最多发言次数为6次，每次发言时间（含插话超过时间）最多不超过4分钟，违反规定者被制止发言且被扣分。

（3）在别人发言的过程中，可插话，但每次插话时间仅限10秒，超过则计发言时间和次数。

（4）会议纪要起草完毕后即可离开考场。考试结束时间一到，应聘者必须离开考场。

结束语：

无领导小组讨论到此结束，谢谢各位。

3. 无领导小组讨论评分表（见表 9-10）

4. 无领导小组讨论成绩表（见表 9-11）

5. 无领导小组讨论成绩平衡表（见表 9-12）

6. 无领导小组讨论计时表（见表 9-13）

7. 无领导小组讨论试题库

无领导小组讨论题目有五种形式，分别是开放式问题、两难选择的问题、排序问题、操作性问题、资源抢夺问题。

1）开放式问题

你认为什么样的领导是好领导？

怎样才能提高下属的积极性？

建设村村通公路，让农民交钱，农民不同意，说以前交过，都没用。领导派你去解决，你该怎么办？

你认为在什么样的环境中可以最大限度地发挥自己的才能？如果没有这种环境，你将怎么办？

情景式开放式问题

样题 1 捷迅公司是一家中等规模的汽车配件生产企业。最近由于总经理临近退休，董事会决定从公司的几个重要部门经理中挑选接班人，并提出了三位候选人。这三位候选人都是在公司工作多年、经验丰富，并接受过工作转换轮训的有发展前途的高级职员。就业务而言，三个人都很称职，但三个人的领导风格有所不同。

（1）贾旺。贾旺对自己所负责部门的产出量非常满意。他总是强调对生产过程和质量控制的必要性，要求下属员工必须很好地理解生产指令，并迅速、准确、完整地执行。当遇到小问题时，贾旺喜欢放手交给员工去处理。当问题严重时，他则委派几个得力的下属去解决。通常，他只是大致规定下属人员的工作范围和完成期限，他认为这样才能发挥员工的积极性，获得更好的合作。贾旺认为，对下属采取敬而远之的态度是经理最好的行为方式，亲密关系只会使纪律松散。他不主张公开批评或表扬员工，相信每个员工都心中有数。贾旺认为他的上司对自己现在的工作非常满意。贾旺说在管理中的最大问题是下级不愿意承担责任。他认为，他的下属可以把工作做得更好，如果他们尽力去做的话。他还表示不理解他的下属如何能与前任——一个没有多少能力的经理相处。

（2）李东。李东认为应该尊重每一位员工。他同意管理者有义务和责任去满足员工需求的看法。他常为下属员工做一些小事：帮助员工的孩子上重点学校、亲自参加员工的婚礼、同员工一起去郊游等。他还为一些员工送展览会的参观券，作为对员工工作的肯定。李东每天都要到工作现场去一趟，与员工们交谈，共进午餐。他从不愿意为难别人，他还认为贾旺的管理方式过于严厉，贾旺的下属也许不那么满意，只不过在忍耐。李东注意到管理中存在的不足，不过他认为大多是由于生产压力造成的。他想以一个友好、粗线条的管理方式对待员工。他也承认本部门的生产效率不如其他部门，但他相信他的下属会因他的开明领导而努力地工作。

（3）王卫。王卫认为作为一个好的管理者，应该去做重要的工作，而不能把时间花在与员工的握手交谈上。他相信如果为了将来的提薪与晋职而对员工进行严格考核，那么他们会更多地考虑自己的工作，自然会把工作做得更好。他主张，一旦给员工分派了工作，就应该让他以自己的方式去做，可以取消工作检查。他相信大多数员工知道自己应该怎样做好工作。如果说有什么问题的话，那就是本部门与其他部门的职责分工不清，有些不属于他们的任务也安排在他的部门，但他一直没有提出过异议。他认为如果提出异议会使其他部门产生反感，他希望主管叫他去办公室谈谈工作上的问题。

要求应聘者分别以推举候选人的董事身份参加讨论，决定总经理的最终人选。

应聘者须知：

（1）应聘者接到讨论题后，用 5 分钟时间拟写讨论提纲。

（2）按考号顺序，每人限 3 分钟阐述自己的基本观点。

（3）依次发言结束后，应聘者用 30 分钟时间进行自由交叉辩论。在辩论过程中，应聘者可更改自己原来的观点，但对新观点必须加以明确说明。

（4）辩论结束后，应聘者将拟写的发言提纲交给面试官并退场。

评分要素及权重：

言谈举止得体（5%）；发言主动生动（15%）；论点准确（15%）；综合分析与论证说理能力（15%）；提纲挈领（20%）；组织、领导能力（30%）。

样题 2　某小区由于地理环境等多方面因素，有不少外来务工人员租住在此，另外还住着一些有犯罪前科的人，导致小区环境卫生和治安状况存在不少隐患。

现小区业主委员会向小区物业管理人员提出以下三个要求：

（1）坚决清理小区外来租住人员和有犯罪前科的人。

（2）为了维护小区广大业主的治安环境，物业应该建立出入登记制度。

（3）如果物业不答应以上两个条件，以后小区发生的所有治安事件，都由物业负全责。

如果你是小区物业管理人员，你应该怎样去答复他们？

答题要求：

（1）每个人对小区业主委员会提出的要求进行答复，阐述自己的观点，不超过 3 分钟。

（2）小组成员讨论，得出一个统一的答复意见，推选一名代表进行总结。

（3）对于小区业主委员会提出的第三条要求，全体成员进行讨论，提出具体的关于环境卫生、治安隐患的解决方案。

（4）推选一名代表进行总结。

2）两难选择的问题

你认为以工作为取向的领导是好领导还是以人为取向的领导是好领导？

你认为大力固定人民币汇率是有利于国家经济的发展还是不利于国家经济的发展？

你认为大学生离开学校后应该选择先生存还是先发展？

样题 3　假设你是市政府信息处的工作人员。信息处的重要职责是将关于本市政治、经济、生活等方面的重要信息每日摘要向市领导呈报。下面有两条信息：

信息一：某居民小区原有一个菜市场，在前一阶段的全市拆除违章建筑大行动中被拆除了。市政府一直没有重新给菜市场安排场地。这样，该小区的居民就要到距小区很远的其他菜市场购菜，给居民尤其是家中仅有老人的居民生活带来极大的不便。居民呼吁市政府尽快解决该问题。

信息二：本市有一家中型企业，常年亏损，开不出工资。本年年初新厂长及领导班子上任后，通过完善内部管理，改善经营机制，用半年多时间使企业扭亏为盈。

由于各种原因，上述两条信息只能呈报一条给领导。请问，您认为应该将哪一条信息呈报给市领导？理由是什么？

3）排序问题

样题 4 你被调到某旅游饭店当总经理，上任后你发现去年第四季度的利润指标没有完成，究其原因，发现该饭店存在着许多问题。它们是：

（1）食堂伙食差，职工意见大，餐饮部饮食缺乏特色，服务又不好，对外宾缺乏吸引力，导致外宾到其他饭店就餐。

（2）分管组织人事工作的党委副书记调离一个多月，人事安排无专人负责，不能调动职工积极性。

（3）客房、餐厅服务人员不懂外语，接待国外旅游者靠翻译人员。

（4）服务效率低，客房挂出"尽快打扫"门牌后，仍不能及时把房间整理干净，外宾意见很大，纷纷投宿其他饭店。

（5）商品进货不当，造成有的商品脱销、有的商品积压。

（6）总服务台不能把市场信息、客房入住信息、财务收支信息、客人需求、意见等及时传递给总经理及客房部等有关部门。

（7）旅游旺季不敢超额订房，生怕发生纠纷而影响饭店声誉。

（8）饭店对上级的报告中存在弄虚作假、夸大成绩、掩盖缺点的现象，而实际上确定的利润指标根本不符合本饭店的实际情况。

（9）仓库管理混乱，吃大锅饭，物资堆放不规则，失窃严重。

（10）任人唯亲，有些局干部、公司干部的无能子女被安排到重要的工作岗位上。

请问：上述十项因素中，哪三项是造成去年第四季度利润指标不能完成的主要原因（只准列举三项），请陈述你的理由。

样题 5 近年来，腐败现象引起了广大人民群众的强烈不满，成为社会舆论的一个热点问题。导致腐败现象滋生蔓延的原因很多，有人把它归纳为以下十个方面。

（1）所谓"仓廪实而知礼节，衣食足而知荣辱"，由于现在还是社会主义初级阶段，市场经济还不发达，人民群众的物质生活水平不高，贫富差距拉大，造成"笑贫不笑娼"等畸形心态。

（2）商品经济、市场经济的负面效应诱发了"一切向钱看"的负面效应，导致拜金主义和个人主义泛滥。

（3）国家在惩治腐败问题上，政策太宽，打击不力。

（4）精神文明建设没跟上，从而形成"一手硬一手软"的现象。

（5）与市场经济发展相配套的民主制度与法律法规不健全。

（6）过去，国家穷，人民穷，腐败现象少。现在国富民强，所谓"饱暖思淫欲"，这助长了腐败的蔓延。

（7）谁都痛恨腐败，但对反腐败问题却无能为力，有时自觉或不自觉地参与或助长腐败行为。

（8）中国传统封建意识中的"当官发财""当大官发大财""不捞白不捞"等思想死灰复燃，一些干部"为人民服务"的思想淡化。

（9）随着改革开放的深入，西方不健康思潮涌入我国，给人们带来消极的影响。

（10）有人认为，腐败在任何社会、任何国家都无法避免，它是人类社会无法根除的"毒瘤"。

你认为上述十项中，哪三项是导致腐败现象滋生蔓延的主要原因（只准列举三项），并阐述你的理由。

4）操作性问题

样题6 沙漠求生游戏

8月上旬某一天上午10点，你乘坐的飞机迫降在美国亚利桑那州索纳拉大沙漠。飞行员已经遇难，其他人均未受伤，机身严重毁坏，将会着火燃烧。你在飞机迫降前已获知，飞机迫降地点距离原定目标位置100公里左右，离飞机迫降点大约80公里附近有个村落。

你所在的沙漠相当平坦，除偶见一些仙人掌外，可以说是一片不毛之地，日间温度约45℃。你们穿着T恤、短裤和教练鞋，每个人都带有手帕。你们总共有50美元现金、一盒烟和一支圆珠笔。飞机即将燃烧，机上有15件物品，性能良好，现要求你们对这些物品按重要性排序。如果只能抢救出其中5件，你们会选择什么？

首先，个人分别单独将这些物品按对你生存的重要性排序，不得与其他人讨论，时间为5分钟。其次，你将把你的排序情况与小组其他人员进行讨论，并得出小组一致同意的"排序"。这一步骤时间为10分钟。机上幸存者与你们组人数相同。假设大家选择共进退，不会分开各走各的路。机上物品清单：

（1）手电筒（4节电池大小）。

（2）迫降区的地图。

（3）每人一公升水。

（4）降落伞（红白相间）。

（5）每人一副太阳镜。

（6）指南针。

（7）手枪和6发子弹。

（8）书——《沙漠里能吃的动物》。

（9）塑料雨衣。

（10）每人一件外套。

（11）1升伏特加酒。

（12）急救箱。

（13）折刀。

（14）一瓶盐片（1 000片）。

（15）化妆镜。

样题7 请参加小组讨论的人员用报纸搭建一个1米高的塔。

5）资源抢夺问题

样题8 公司提供一笔内部创业基金，参加讨论的每个人都有一个项目，他们的目标是说服创业委员会支持他的项目。

样题 9 公司买了一辆轿车。各部门推荐一位候选人，每人的情况都有所不同（具体情况……）现在请你们扮演其中一个角色，对分配方案进行讨论，最后将讨论结果汇报给面试官。

9.5 评价中心模拟实验二——公文处理测验

9.5.1 实验内容与目的

本实验的内容：关于人员甄选章节中人员甄选方法和技术之一的评价中心技术，主要模拟公文处理操作。

本实验的目的：一是让学生掌握公文处理测验的含义、作用、测评要素等；二是让学生了解公文处理测验的基本程序、讨论题目的编制、评分表的设计等内容；三是通过模拟训练帮助学生掌握组织实施公文处理测验的基本技能和技巧；四是让学生参与公文处理测验，切身体验整个测验的过程，加深对这种测评方式的理解，帮助学生更好地把握公文处理测验的实际操作。

9.5.2 实验要求

1. 对指导老师的要求

（1）指导老师应事先提供的相关材料：实验背景（公司背景）、公司拟招聘的职位信息（包括职位名称、职责和任职资格要求）、实验的基本规则、实验评价标准等。

相 关 链 接

实验背景、拟招聘的职位及职位要求举例

江苏某集团是一家集食品、房地产、旅游、物流等产业于一体的企业，下属子（分）公司近百家，分别设立在江苏、安徽、北京、上海等全国 28 个省、自治区和直辖市，员工总数达 50 000 人。食品是该集团的主营产业。集团现有 3 个品牌 1 000 多种产品，产品出口俄罗斯、中国香港、东南亚等国家和地区。为满足集团公司业务专业化、经营多元化、市场国际化的快速发展需求，现诚邀优秀成熟人才加盟。招聘职位包括：子（分）公司总经理、销售总监、项目经理等。

子（分）公司总经理职位描述

工作职责：
- 负责子（分）公司的组织管理。
- 负责制定子（分）公司发展规划。
- 负责整合企业的各种资源，实现经营目标。
- 负责整合子（分）公司外部的各种资源，为企业发展创造良好的社会环境。
- 负责为集团发展培养人才。

任职资格：
- 32 岁以上，大专（含）以上学历，营销、管理、食品等相关专业。
- 8 年以上大中型制造企业管理经验，至少 3 年中高层工作经历。

- 诚信，有高度的责任感，执行力强，有良好的团队意识。
- 掌握现代企业管理理论，具备极强的均衡生产观念，具有良好的实际操作经验。
- 具有很强的市场意识，能够根据市场变化及时做出应对策略。
- 拥有丰富的生产管理、成本控制、质量管理等实务经验。

（2）指导老师在实验中需承担的任务：制定实验规则、划分任务小组、观察实验操作及对实验结果进行评价。

2. 对学生的要求

（1）学生应提供的材料：公文处理测验题等。

（2）学生在实验中需承担的任务：根据模拟企业职位测试要求，担任面试官、应聘者或观察者的角色，对公文处理测验进行模拟操作。

9.5.3　实验条件准备

1. 硬件条件

（1）桌椅可以移动的多媒体教室或实验室。

（2）计算机、投影仪。

（3）面试官席、应聘者席、计分席、计时席、监督席、旁听席等座牌若干。

（4）计时器、提示时间的提示牌。

2. 软件条件

（1）公文处理试题册：包括面试官题本和应聘者题本。面试官题本按面试官人数准备，应聘者题本 1～2 份即可。

（2）评分表（见表 9-14）：按应聘者人数 × 面试官人数准备。

（3）成绩测定表（见表 9-7）：按应聘者人数准备。

（4）成绩平衡表（见表 9-8）：按面试官人数准备。

（5）成绩排序表（见表 9-9）：按应聘的职位数准备。

9.5.4　实验步骤与过程

1. 实验准备（课前准备）

各小组在课前自行做好实验前的准备。测评准备工作非常重要，准备充分与否将影响测评的效率和效果。测评准备是否充分将在测试过程和结果中反映出来。

1）划分任务小组

本次实验可以划分为招聘组、求职组和观察组三组，每组包括 6～8 人。组内成员角色扮演和任务分配自行决定。每组自选一名组长，作为各任务小组的负责人。

组内成员任务一般包括：小组成员角色分配（如面试官、工作人员等），职位分析，测试题目选择或编制，评分标准、评分表格设计，测评流程确定，面试官培训等。

2）模拟职位的分配

指导老师提供公司背景和职位招聘需求。模拟职位主要选择中高层管理职位，如营销总监、人力资源管理经理等职位。

3）各小组的任务分配和准备

（1）招聘组。①对模拟职位进行职位分析，形成职位说明书。②根据模拟职位设计公文处理题和相应的评分表格。③小组商议确定公文处理测验的类型和流程。④对面试官进行简要培训，使之熟悉招聘职位说明书、试题、评分标准及测评注意事项等。

（2）求职组。选择模拟职位，根据模拟职位制作简历，参加公文处理测验，以及形成测验的心得体会报告。

（3）观察组。对面试官组的工作、应聘者的表现进行观察，形成公文处理测验的观察报告。

2. 实验实施（课堂两节课）

1）公文处理测验前准备

（1）招聘组。①招聘组成员角色分配。主持测验的面试官一般为 2～3 人、工作人员 1 人（负责计时、计分和材料的呈送等）、笔录 1 人（专门负责测验内容的记录）。②面试官回顾职位说明书。侧重了解招聘职位的职责、任职资格、工作性质、职位关系和工作环境等，其中职位职责包括工作任务、工作标准和权限等，任职资格包括应聘者的知识、经验、能力、个性、职业兴趣等。③仔细阅读应聘者的简历和其他应聘材料，做到对应聘者的基本情况心中有数。④准备好测验试题和记录所需的纸、笔等。

（2）求职组。准备好个人应聘材料，保持良好的心态。

（3）观察组。准备好观察所需的纸、笔等。

2）测验实施与成绩测评

（1）测验实施程序。①召开面试官会议。测试开始前，面试官要召开一次针对测验工作准备情况的小会，进一步明确测验方法、内容、要求，明确测验的评分标准和方法，明确主面试官与其他面试官的职责分工与协调配合，检查考务工作准备情况。②工作人员引导应聘者进入考场，测试开始。首先，主面试官讲解测验的注意事项，如测验内容、测验时间等，一般以导入语形式出现。公文处理题一般有 5～6 份材料需要应聘者阅读并处理，这些材料包括电话记录、函电、报告、声明、请示及有关材料等文件，内容涉及人事、资金、财务、工作程序等方面。应聘者将针对每一材料采取适当行动。测验时间一般为 30 分钟。其次，正式进入公文处理测试环节。由工作人员将书面材料送给应聘者，应聘者在规定时间内阅读并准备回答。面试官针对应聘者的表现在评分表上打分。

（2）成绩测评。测验结束后，面试官们对应聘者的面试情况和各自给出的评分进行简单讨论，给出初步的综合评价。同时整理好该应聘者的相关资料和测验记录，以便与其他应聘者比较。此外，面试官小组对刚结束的测验也要进行简要评价，提出改进建议，以便对下一场测验做出适当的调整。

9.5.5 实验成果及评价

1. 预期成果

（1）任务小组总结讨论会纪要和小组实验报告。各任务小组对任务的组织、小组成员的协作、测验实施等情况进行总结，形成总结讨论会纪要。此外，就整场测验的模拟操作撰写小组实验报告。实验报告包括前期准备、实验实施、评分、实验评价等内容。

（2）各位学生的心得体会报告。

2．评价内容及评价标准

（1）任务小组成员的分工协作情况。组内成员的任务分配是否合理，小组成员是否充分、有效参与。

（2）测验准备情况。准备工作是否充分，有没有对面试官进行培训？测验方式、流程、时间安排等是否事先讨论过，公文处理题、评分标准及评分表格等设计是否科学、合理，试题是否具有针对性，试题能否突出招聘职位的基本特征。

（3）测验实施情况。测验程序安排、时间节点控制是否恰当，面试官对招聘职位的理解程度如何，现场控制是否到位（如气氛、时间节点控制），有没有获得关于应聘者的重要信息，应聘者对职位和相关问题的理解是否清晰，应聘者与面试官的沟通是否顺畅。

9.5.6　课后练习题

1．公文处理题主要考查应聘者哪些方面的能力？
2．请对你所在小组的实验效果进行客观评价。

9.5.7　公文处理题及评分表范例

1．公文处理题

1）测验要素
决策能力，计划能力，应急能力，组织能力。

2）测验程序
（1）工作人员将题目送至应聘者。
（2）应聘者阅读题目。（1分钟）
（3）工作人员将四份文件送至应聘者。
（4）应聘者阅读文件并回答。（5分钟）
（5）工作人员收回材料。

3）题目
你所在的公司有三名副总：张副总赴美参观学习，10天后回来；王副总前日生病住院；赵副总刚退居二线。现在公司只有你——公司总经理何总在主持工作。今天是4月27日，上午8:30，你一到办公室，助理小李就将四份今天上午需要处理好的文件摆在你的案头。你必须在5分钟之内将所有文件阅读完毕并将处理意见向小李交代清楚，因为你马上要赶往市委汇报一个重点项目的工作计划。司机小刘已在外面等候。好，你现在可以开始工作了。

文件一

关于参加系统内部经验交流会的报告

何总：

刚刚接到行业协会发来的传真，邀请您亲自参加本月28日上午拟召开的系统内部经验交流会，并希望您在会上对我公司创建学习型企业的情况进行介绍。

办公室：王涛

4月27日

文件二

关于安排美国立人公司咨询结果汇报会的请示报告

何总：

我公司聘请美国立人管理咨询公司为我公司进行战略目标规划。经过专家组近一个月的工作，已形成方案。按照原定计划在 4 月 28 日上午安排召开咨询结果汇报会。立人公司专家组成员将于 4 月 28 日下午飞往东京洽谈其他业务。请您尽快给予批示。

助理：小李
4 月 26 日

文件三

关于接待公司重大客户的请示报告

何总：

我部近来正在与北欧一家知名公司——WT 医药公司洽谈一笔 500 万元的销售业务。该公司经济实力雄厚，是一家不可多得的大客户，而且它有意与我公司建立长期的合作关系。在商谈过程中，该公司业务代表希望在 28 日上午能与公司高层进行会谈。他们已经买了 29 日自上海返回的机票。请您尽快给予批示。

市场营销部：钱斌
4 月 27 日

文件四

关于召开公司员工表彰大会的通知

何总：

我公司日前举行的"希望杯"知识竞赛已圆满结束，现定于本月 28 日上午 9 时举行颁奖大会。请您届时出席大会并颁奖。

工会：陈明
4 月 26 日

4）评分标准

（1）有责任心，处事果断，有条理。（20 分）

（2）能够全面完成工作任务。（20 分）

（3）考虑问题系统全面，计划周密，资源配置合理，没有漏洞。（20 分）

（4）方案的确定有充分依据。（20 分）

（5）对方案实施后可能产生的问题有足够认识，并有备选方案或应对措施。（20 分）

2. 公文处理题评分表（见表 9-14）

表 9-14 公文处理题（决策、计划能力）评分表

评分要素	有责任心，处事果断，有条理	能够全面完成工作任务	考虑问题系统全面，计划周密，资源配置合理，没有漏洞	方案的确定有充分依据	对每种方案实施后可能产生的问题有足够认识，并有备选方案或应对措施	总分
分值	20	20	20	20	20	100
得分						

后 记

　　人员招聘与甄选，是人力资源管理专业的基础课程之一，也是人力资源管理工作的重要职能模块。写作本书的目的有三个：一是出一部既适合高等院校人力资源管理专业学生学习，又能帮助任课教师高效率地开展课程教学的指导性教材；二是本书既能被当作普通高校的教材来使用，又能为已经走向工作岗位的学生从事人力资源管理工作提供有价值的参考；三是本书不仅要系统地阐释人员招聘的理论知识，而且要全面地介绍人员招聘实践中的方法和经验。根据这些目的和要求，本书从构思写作开始，牢牢把握针对性、操作性和创新性三项原则，直至写作完成。本书从提纲的拟定、章节的写作一直到各部分书稿的验收，经历了无数次的讨论、修改，乃至完全推倒重来。值得欣慰的是，本书终于与广大读者见面了。

　　本书在写作过程中，得到了李海东、张新岭、康丽、周效名、沈宗军、刘宇瑛、周希舫、刘华俊等的大力支持和帮助。他们有的参与了本书的资料收集和写作，为本书提供了一些原始草稿；有的对书稿进行了认真细致的审阅，提出了许多宝贵的修改意见。在此，向他们表示衷心的感谢。编写中笔者也走访了一些企业单位，参阅了众多的论著、文章，从中吸取了不少有益的思想和个案，在此不能一一列举，一并深表谢意。

　　如果本书能够进一步提升学生、教师及其他读者对招聘的理解能力和实验能力，得到读者们的认可，那是作者所期盼的，也是对作者的极大鼓励。由于作者的水平有限，书中难免存在缺陷和不足，恳请广大读者批评、指正。

作　者

参 考 文 献

[1] 赵永乐，等. 招聘与面试[M]. 上海：上海交通大学出版社，2006.

[2] 赵永乐，等. 人力资源管理概论[M]. 上海：上海交通大学出版社，2014.

[3] 滕超臣. 像猎头一样做招聘[M]. 北京：北京理工大学出版社，2016.

[4] 黄志伟. 华为人力资源管理[M]. 苏州：古吴轩出版社，2017.

[5] 陈伟. 阿里巴巴人力资源管理[M]. 苏州：古吴轩出版社，2017.

[6] 白睿，王伯岩. 卓越 HR 必备工具书[M]. 北京：中国法制出版社，2017.

[7] 胡江伟. 金牌面试官[M]. 广州：广东人民出版社，2017.

[8] 刘远我. 招聘面试[M]. 北京：电子工业出版社，2017.

[9] 孟广桥. 把面试做到极致[M]. 北京：中华工商联合出版社，2018.

[10] 李靖. 面试官不会告诉你的那些面试技巧[M]. 天津：天津人民出版社，2018.

[11] 康丽，赵永乐. 岗位管理与人岗匹配（第 2 版）[M]. 北京：中国电力出版社，2019.

[12] 黄渊明. 海外人力资源管理：帮企业成功"走出去"[M]. 昆明：云南科技出版社，2021.

[13] 李祖滨，陈媛，孙克华. 人才画像：让招聘准确率倍增[M]. 北京：机械工业出版社，2021.

[14] 谭长春，要学就学真华为[M]. 北京：企业管理出版社，2022.

[15] 任康磊，招聘面试入职离职管理实操[M]. 北京：人民邮电出版社，2022.

[16] 保罗·E. 斯佩克特. 工业与组织心理学（第 5 版）[M]. 孟慧，译. 北京：机械工业出版社，2010.

[17] 戴维·尤里奇. 人力资源转型——为组织创造价值和达成成果[M]. 李祖滨，孙晓平，译. 北京：电子工业出版社，2015.

[18] 费洛迪. 合伙人：如何发掘高潜力人才[M]. 高玉芳，译. 北京：中信出版社，2015.

[19] 博克. 重新定义团队：谷歌首席人才官的团队管理法则[M]. 北京：中信出版社，2015.

[20] 埃里克·施密特、乔纳森·罗森伯. 重新定义公司：谷歌是如何运营的[M]. 北京：中信出版社，2015.

[21] 雷蒙德·诺伊，约翰·霍伦贝克，巴里·格哈特，帕特里克·赖特. 人力资源管理：赢得竞争优势（第 9 版）[M]. 刘昕，柴茂昌，译. 北京：中国人民大学出版社，2018.

[22] 加里·德斯勒. 人力资源管理（第 14 版）[M]. 刘昕，译. 北京：中国人民大学出版社，2017.

[23] 戴维·E. 佩里，马克·J. 哈鲁斯卡. 招募顶尖人才[M]. 赵磊，任艺，译. 北京：人民邮电出版社，2017.

[24] 罗显华. 试论包商银行国际化人才甄选的流程与模式[J]. 内蒙古金融研究，2013（12）：20-21.

[25] 刘亚军，孙华平. 如何提高面试评分的准确性——面试评分 ORCSE 五步法[J]. 企业管理，2014（3）：78-80.

[26] 魏华颖. 国际外派人才研究新思路及对我国的启示[J]. 领导科学，2014（2）：43-45.

[27] 郦巍铭. 品牌运营企业人才招聘的有效性研究——以 FY 公司为例[J]. 当代经济研究，2015（7）：88-92.

[28] 陈思诗. 无领导小组面试中的"冷场"现象[J]. 管理观察，2018（2）：55-59.

[29] 中国贸易报社中贸国际智库与领英中国（LinkedIn），中国企业海外人才发展白皮书[EB/OL].

[30] 北森人才管理研究院，人大商学院. 2022 年中国企业招聘科技趋势报告[EB/OL].

[31] 领英（LinkedIn）. 2023 未来招聘趋势报告[EB/OL].

[32] 艾瑞咨询研究院. 2023 年中国网络招聘市场发展研究报告[EB/OL].

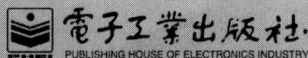